KB155884

파견에서 귀임까지

해외주재원
A to Z

파견부터 귀임까지

해외주재원
A to Z

박성민 · 리상섭 지음

가디언

이 책이 누군가의 여행이 아닌
생활의 출발점에 자그마한 도움이
되기를 희망합니다.

CONTENTS

해외주재원 Q&A

Q1 해외주재원으로 어떤 사람을 어떻게 선발해서 파견해야 할까?

선발 프로세스 | 현지 생활에 적합한 인재, 도전 정신이 있는 인재를 선발하는 것이 좋습니다.

Q2 해외에서의 주재원 업무 수행을 원활하게 하기 위해서는 어떤 교육을 어떻게 해야 할까?

파견 전 교육 | 현지 비즈니스, 경제 상황, 어학, 외국인과의 관계 형성, 이문화 적응에 대한 교육 과정이 필요합니다.

Q3 파견 후 빠른 현지 적응을 위해서는 무엇을 해야 할까?

파견 후 교육 | 사전에 현지에 대한 관심과 학습이 필요하고 업무 인수인계 시 업무 외 이문화 및 네트워킹 전달이 필요합니다.

Q4 해외주재원의 연봉, 수당, 복리후생… 어떤 기준에 따라 지급해야 하는 걸까?

연봉 패키지 설계 | 주재원의 안전과 생활 편의를 고려해 타 기업과 큰 편차가 발생하지 않는 범위 내에서 설정해야 합니다.

Q5 현지 부임을 위한 준비는 빠짐없이 다 완료된 것일까?

부임 준비 체크리스트 | 항공권 예약 및 발권, 이삿짐 발송 의뢰, 세금 처리, 국내 주택 처리, 임시 거주지 예약, 자녀 전학계 제출, 거래처 정리, 전임준비금 수령, 근태 현황 보고, 업무 인수인계, 건강 및 의료보험

Q6 빠른 시간 내 현지에 적응해야 성과가 난다. 회사에서는 무엇을 지원하면 좋을까?

정착 지원 서비스 | 현지 정착을 위한 이문화 교육, 현지 생활 정보 제공, 어학 교육 환경 분석 등 주재원과 가족 구성원을 위한 정착 지원이 필요합니다.

Q7 해외주재원이 해외에서 뛰어난 성과를 내면 어떻게 보상해야 할까?

성과
평가 시스템
주재원의 현지에서의 성과를 합리적으로 평가하여 즉시 보상을 제공함으로써 지속적인 성과 창출의 동기를 부여하고 경쟁력을 강화하는 성과평가 방법을 제안합니다.

Q8 현지의 세금제도가 너무 복잡한데 어떻게 임금을 지급해야 할까?

급여 관리
각 나라마다 다른 세금제도와 주재원의 임금 지급 방법에 대한 다양한 정보를 제공하여 급여에 대한 투명성을 보장하고 연말정산에 대한 차액을 보상해야 합니다.

Q9 본국으로의 귀임, 복잡한 준비 과정에서 빠진 것은 없을까?

귀임 준비
체크리스트
업무 인수인계서 작성 및 제출, 귀임보고서 자료 수집, 귀임 휴가, 은행계좌 정리, 주거지 정리, 이사 준비와 전기 통지, 재산처분, 항공권 예약 및 발권, 자녀 전학계

Q10 파견보다 어려운 성공적인 귀임을 위해서는 어떤 교육 과정이 필요할까?

귀임 교육
귀임 후, 조직의 변화, 담당 직무의 변화 등에 순조롭게 적응하고 복귀 후에도 높은 성과를 창출할 수 있도록 귀임 교육 과정을 설계·운영합니다.

Q11 해외 근무를 하면서 쌓은 경험과 노하우를 어떻게 정리해서 공유할 수 있을까?

귀임 후
보고서 작성
현지 업무 수행 과정에서 습득한 노하우의 효과적인 조직 전이를 위해 기업에서 실제 활용된 정보 위주의 보고서 작성이 필요합니다.

Q12 해외 경험까지 갖춘 유능한 인재를 조직 내에서 어떻게 성장·발전시킬 수 있을까?

경력관리
조직의 중요한 글로벌 자산인 해외주재원의 성공적인 귀임 적응과 귀임 후에도 지속적 성장을 위해 귀임주재원의 다양한 경력 경로와 목표를 설정하고 이를 위한 효과적인 경력 개발 방법을 제시합니다.

들어가는 글

박성민

○ 해외주재원 발령. 30년 전에 해외주재원 발령은 당시 직장인들에게는 꿈 같은 일이었으며 조직 내에서 부러움의 대상이 되는 아주 소수만의 특권이었다. 하지만 현재를 살아가는 직장인들에게 해외주재원 발령은 30년 전 소수의 엘리트만 누리던 꿈 같은 인사발령이 아니다.

나 역시 해외주재원은 남의 일이었다가 어느 날 현실이 되었다. 이제 해외주재원은 많은 직장인들에게 열려 있는 기회가 되거나 거쳐야 할 필수적인 커리어가 되고 있다. 그렇다면 어떤 사람이 해외주재원으로 성공할까?

본사에서 유능한 인재가 해외에서도 유능할까? 최고의 실력을 갖췄다고 판단해서 해외로 파견한 인재들이 해외에 파견된 이후 자신의 실력을 제대로 발휘하지 못하는 경우가 나타나기 시작했다. 심지어 기대 이하의 성과로 한국으로 중도 귀임하거나 이직하는 경우도 발생하였다. 왜 이런 문제가 발생하고 있는 것인가? 나에게도 해외주재원의 처음은 쉽지 않았다. 해외주재원의 저성과나 부적응 문제는 일부 대기업을 제외하고는 체계적인 해외주재원 교육이 부재하거나 부족하기 때문에 해외주재원 개인에게 스스로 해외에서의 문제를 해결하기를 바라기 때문이다. 선배들이 잘해왔으니 후배들도 당연히 잘할 것이라는 생각이 이어지고 있는 것이다. 하지만 세계는 급속도로 변화하면서 모든 비즈니스 환경이 바뀌고 한국기업이 진출하는 국가도 다양해지고 있다. 이제 해외주재원의 적응과 성과의 문제를 개인에게 맡겨서는 안 되는 이유이다. 나는 해외주재원으로 시행착오를 거치면서 많은 고민을 했었다. 선배들은 이 문제에 대해 어떻게 대처했을까? 이 문제의 해결방안은 무엇일까? 이 일까지 내가해야 하는가? 등 여러 가지 고민이 많았었다. 그렇기 때문에 기업에서 학교로 직장을 옮기게 된 후 가장 먼저 한 일이 해외주재원에 관한 책을 쓰는 일이었다. 이 책을 처음 출간한 2014년만 하더라도 해외주재원들이 발령을 받거나 글로벌 인사 및 교육담당자들이 참고할만한 편한 책이 거의 전무하였다. 그리고 7년이 지나 이 책의 개정판을 실제 기업에서 해외주재원 육성 업무를 담당하시던 리상섭 교수님과 집필하는 시점에서, 우리 나라에서도 해외주재원에 대한 다양한 책들이 출간되어서 다행이고, 이는 정말이지 기쁜 일이 아닐 수 없다. 이 책의 개정판을 출판하면서 리상섭 교수님과 나는 이 책이 해외주재원분들이나 기업의 인사 및 교육담당자 분들에게 도움이 되는 책이 되는 동시에 또 다른 해외주재원에 관한 책들이 더 많이 출간되는 마중물이 되길 바란다. 다시 이 책의 개정판을 쓸 때에는 해외주재원에 대한 더 많은 책들이 출간되어 많은 해외주재원분들과 기업의 인사 및 교육담당자분들이 선택의 다양성이 넘치기를 기대한다. 우리나라 기업의 해외 진출이 더욱 활발해지기를 기대한다.

리상섭

○ 2004년 한국 글로벌 기업에 근무하는 한국인 주재원의 관점에서 본 파견 전 교육 요구 분석으로 박사 학위를 취득 후 LG전자와 동덕여자대학교에 근무하면서, 삼성전자, 현대자동차, LG전자, LG디스플레이, 외교부 국립외교원, 국가공무원인재개발원 등에서 해외주재원, 현지채용인, 외교관, 외국인 공무원 관련 프로젝트, 강의, 자문 등을 수행해오면서 국내에 해외주재원 관련 도서가 없다는 사실이 매우 부끄러웠다. 그러던 중 2014년 주재원 출신이신 박성민 교수님께서 국내 최초로 해외주재원과 관련한 〈해외주재원 A to Z〉를 집필해주셔서 해외주재원을 연구하고 다양한 방면에서 실행해온 한 사람으로서 매우 감사한 마음을 느꼈었다. 그러던 중 박성민 교수님께서 〈해외주재원 A to Z〉 개정판 출간에 나를 초대해 주셔서 정말 즐거운 마음으로 부족하게나마 개정판 집필에 참여하게 되었다.

중국 주재원 출신으로 글로벌 HR 전문가이신 박성민 교수님과 미국에서 학위 취득 후 LG전자의 해외주재원, 현지채용인, 해외법인을 담당한 글로벌 HRD 전문가인 나의 협업은 해외주재원분들과 기업의 해외주재원, 현지채용인, 법인을 담당하는 인사 및 교육담당자분들께 실제와 이론 모두에서 많은 도움이 될 것을 믿어 의심치 않는다.

해외주재원분들의 성공을 기원하며
박성민, 리상섭

CHAPTER 1

이문화 이해와 다양성 관리 및
한국인 주재원과 현지 채용인 육성

해외주재원의
역할과 책임

2016년 한국기업이 해외에 파견한 해외주재원의 수는 50만 명을 넘어섰다. 물론, 해외에 파견된 해외주재원들은 당연히 해외법인에서 현지에서 채용한 외국인 직원들과 일하고 있다. 하지만 이것이 글로벌 인적구성 변화의 다가 아니다. 2010년 삼성전자의 외국인 직원 비중은 이미 10만 명을 넘어서서 한국인 직원 수보다 외국인 직원 비중이 더 많아졌다. 2017년 기준으로 삼성전자, 삼성물산, 현대자동차, 기아자동차, LG전자, LG디스플레이, 현대모비스 7개 대기업의 외국인 직원수가 37만 명을 넘어섰다. 이와 같은 수치를 보면 이제 외국인 직원들과 일하는 환경이 비단 해외주재원에게만 발생하는 상황이 아니고 한국에서 일하는 직원들에게도 비일비재하게 발생하는 일반화된 현상이 되어 가고 있다. 실제로 한국기업 현장에서 외국인 임직원들과 협업하며 회의하는 일들은 드라마나 영화에서만 나오는 그림이 아니라 실제 우리 일상에서 발생하는 일반적인 일이 되고 있다. 하지만, 외국어만 잘한다고 해서 외국인 직원들과 함께 일을 잘할 수 있는 것은 아니다. 우리는 학교나 직장에서 외국어 이외에 외국인들과 함께 일하는 법을 배웠는가? 외국인들과 갈등이 발생하면 어떻게 해야 하는지를 배웠는가? 외국인들과 생각의 차이와 문화의 차이가 왜 발생하는지를 배웠는가?

해외주재원으로 글로벌 경영환경에서 살아가게 된 우리가 어떻게 외국인과 함께 일하며 갈등관리를 처리하고 생각 및 이문화의 차이를 극복하며 협업할 수 있는지를 이제부터 배우고 익혀보도록 하자. 해외주재원의 역할과 책임의 시작이다.

한국인과 외국인의 일하는 방식의 차이

한국인 주재원과 외국인 직원 사이의 대화	
박차장	고객을 응대하기 위해 이번 주 일요일에 누군가 출근을 해야 할 것 같습니다.
왕밍	알겠습니다.
박차장	일요일에 나와 줄래요?
왕밍	알겠습니다.
박차장	큰 도움이 되겠네요.
왕밍	네, 일요일은 아주 중요한 날입니다.
박차장	어떤 점에서요?
왕밍	제 딸 생일입니다.
박차장	축하합니다. 가족들 모두 즐거운 시간이 되길 바랍니다.
왕밍	양해해 주셔서 감사합니다.

위와 같은 대화는 한국인 주재원과 외국인 직원 사이에 진행된 대화이다. 한국인의 입장에서 보면, 한국 사람들은 왕밍에게 잘못이 있다고 생각할 것이다. 하지만, 과연 고객을 응대하기 위해 일요일에 출

근해야 하는 상황에서 일요일이 딸의 생일이기에 출근하기 어렵다고 이야기하는 왕밍에게 모든 책임이 있는 것인가? 그렇다면 한국인의 경우는 동일한 상황에서 어떻게 행동할 것인가? 아마도 세대 간에 차이는 있더라도 절반 이상의 한국인은 딸의 생일이라 하더라도 일요일에 고객을 응대하기 위해 출근할 것이다.

외국인들과 생각의 차이는?

고객을 응대해야만 하는 일요일에 누군가 출근을 해야 하는 상황에서 절반 이상의 한국인은 딸의 생일이라 하더라도 일요일에 출근을 강행할 것이다. 하지만, 외국인의 입장에서는 절반 이상이 딸의 생일이라는 조건이 고객을 응대해야 하는 조건보다 앞서기 때문에 일요일에 출근하지 않을 것이다. 동일한 상황을 놓고, 한국인은 고객응대라는 조건이 딸의 생일이라는 조건보다 앞서 있고, 외국인은 딸의 생일이라는 조건이 고객응대라는 조건보다 앞서 있다. 서로 동일한 조건이 있다고 하더라도 우선순위가 다르게 나타난 것이다. 이것이 바로 생각의 차이이다.

그렇다면 생각의 차이는 왜 나타나는 것일까? 여러 가지 이유가 있겠지만 생각의 차이에 가장 크게 영향을 주는 요인은 바로 문화의 다름이다. 한국인과 외국인의 문화의 다름이 가장 크게 나타나는 요인은 바로 그림 1-1과 같은 차이에서 기인한다.

한국의 문화는 흔히들 '하이 콘텍스트 문화'로 설명되는 반면, 외국의 문화는 국가 또는 지역별로 차이가 있겠지만 '로우 콘텍스트 문화'로 설명된다. '하이 콘텍스트 문화'는 그림에 설명된 대로 말에 대한

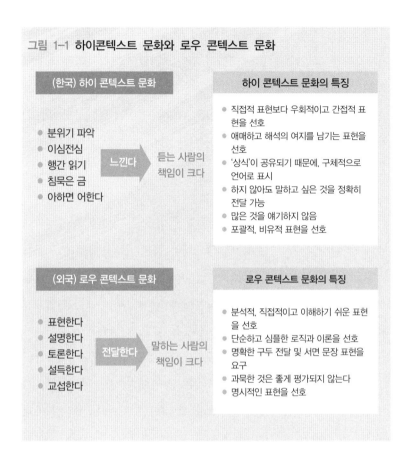

그림 1-1 하이콘텍스트 문화와 로우 콘텍스트 문화

(한국) 하이 콘텍스트 문화

- 분위기 파악
- 이심전심
- 행간 읽기
- 침묵은 금
- 아하면 어한다

느낀다 → 듣는 사람의 책임이 크다

하이 콘텍스트 문화의 특징

- 직접적 표현보다 우회적이고 간접적 표현을 선호
- 애매하고 해석의 여지를 남기는 표현을 선호
- '상식'이 공유되기 때문에, 구체적으로 언어로 표시
- 하지 않아도 말하고 싶은 것을 정확히 전달 가능
- 많은 것을 얘기하지 않음
- 포괄적, 비유적 표현을 선호

(외국) 로우 콘텍스트 문화

- 표현한다
- 설명한다
- 토론한다
- 설득한다
- 교섭한다

전달한다 → 말하는 사람의 책임이 크다

로우 콘텍스트 문화의 특징

- 분석적, 직접적이고 이해하기 쉬운 표현을 선호
- 단순하고 심플한 로직과 이론을 선호
- 명확한 구두 전달 및 서면 문장 표현을 요구
- 과묵한 것은 좋게 평가되지 않는다
- 명시적인 표현을 선호

해석이 말하는 사람話者의 책임이 아니라, 듣는 사람聽者의 책임이 더 큰 문화적 특성을 가진 문화이다. 예를 들어, 한국인의 경우 직장에서 흔히들 점심시간에 상사나 선배가 "가자"라고 이야기하면, 듣는 후배나 부하들은 '아! 점심식사하러 가자는 의미이구나'라는 사실로 인지하고 이해하게 된다. 이 같은 커뮤니케이션은 한국에서 태어나 한국에서 살아온 한국인이라면 너무나 당연한 상황이다. 하지만, 이 부분에서 외국인들은 그렇지 않다. 흔히들 한국어가 외국인에게 배우기

어려운 이유에 대해 대다수의 한국인들은 한국어의 높임말과 어순어 다음에 동사가 오는 구조을 생각한다. 물론 한국어의 높임말과 어순도 외국인에게 한국어가 배우기 힘든 이유이다. 하지만 숨겨진 중요한 이유 중 하나가 바로 한국어 자체가 한국이 가진 하이 콘텍스트 문화로 인해 압축과 생략이 무척이나 많기 때문에 외국인이 이해하기가 어렵다는 것이다. 동일한 상황에서 들은 한 구절의 문장에 대해 한국인과 외국인의 생각과 이해는 다르게 된다.

12시, "가자"

한국인 '아! 점심식사하러 가자는 의미이구나'

외국인 '앗! 어디를 가자는 걸까?'

이렇게 동일한 상황에서 들은 한 구절의 문장에 대한 해석이 달라지면, 그 다음의 커뮤니케이션이 달라지고 결국에는 갈등의 상황도 발생할 수 있다. 이 "가자"라는 한 구절의 문장에 대한 한국인과 외국인이 어떻게 해석하고 결국에는 어떠한 갈등으로 이어지는지 다음의 표를 살펴보자.

표 1-1 하이 콘텍스트 문화와 로우 콘텍스트의 커뮤니케이션 차이

	문장	해석차이	다음 대화	속마음
한국인	12시, "가자"	아! 점심식사하러 가자는 말이구나.	어떤 음식 드시러 가실까요?	오늘은 어떤 메뉴를 먹자고 할까?
외국인	12시, "가자"	앗! 어디를 가자고 하는 걸까?	대체 어디를 가자는 말이세요?	정말 답답하다! 왜 구체적으로 이야기하지 않는 걸까?

"가자"라는 한 문장에 대해 한국인과 외국인의 해석의 차이가 발생하게 되어 다음 대화가 달라지고 결국에는 속마음의 차이에서 갈등까지 발생하게 된다. "가자"라는 한국인 상사나 선배의 한 마디에 대해 외국인 직원의 속마음은 '정말 답답하다! 왜 구체적으로 이야기하지 않는 걸까?'로 갈등의 씨앗이 될 수 있다. 그러나 실제 갈등은 외국인 직원에게만 발생하지 않을 수 있다. 외국인 직원의 말을 들은 한국인 상사나 선배는 외국인 직원이 마뜩지 않을 수 있다. 실제 외국인 직원이 "대체 어디를 가자는 말이세요?"라고 한국인 상사나 선배에게 질문을 이어가게 되면, 한국인 상사나 선배는 '역시 외국인이라 커뮤니케이션이 어렵군'이라는 속마음이 생기게 된다. 이 속마음을 표현하지 않는다면 갈등은 외국인의 속마음에서 끝날 수 있다. 하지만 이 속마음을 표현하면 또 다른 갈등이 발생한다.

"왕밍씨는 왜 그렇게 한국어를 못 알아듣지? 한국에서 한국사람과 일하려면 한국어 공부를 좀 더 해야 하지 않겠어?"

이 말을 들은 왕밍의 마음은 어떨까? 외국인 직원 왕밍은 이 말을 듣고 나면 또 다른 속마음이 생길 것이다. '도대체 한국인들은 자신들이 제대로 이야기하지 않고서 왜 외국인들이 잘못 이해한다고 일방적으로 생각하는 걸까?'라고 생각할 수 있을 것이다. 물론 이 속마음을 한국인 상사나 선배에게 입 밖으로 표현한다면 한국인과 외국인 사이에는 또 다른 갈등이 계속 이어지게 될 것이다. 결국 "가자"라는 압축되고 생략된 말 한 마디에 외국인 직원 왕밍은 점심을 먹으러 가기 전에 마음이 상해서 입맛이 없어지게 될 것이다.

외국인 입장에서 보면 한국의 하이 콘텍스트 문화는 정말로 어려운 문화적 특성이 될 것이다. 말을 듣는 사람이 말하는 사람의 입장에서 상황을 이해하여 압축과 생략이 많은 말을 하더라도 이를 찰떡같이 이해해야 하기 때문이다. 이러한 하이 콘텍스트 문화는 비단 한국문화만의 특성은 아니다. 이웃국가인 일본과 중국도 이러한 비슷한 하이 콘텍스트 문화적 특성이 있다. 반면, 알파벳을 문자로 사용하는 유럽과 미국의 서구권에서는 로우 콘텍스트의 문화적 특성이 강하다. 따라서, 듣는 사람이 아니라 말하는 사람이 제대로 상황을 잘 전달해야 한다. 이 때문에 한국인 입장에서는 서구인이 한국인보다 표현력, 설명력, 토론력, 설득력, 교섭력이 높다고 생각할 수 있다. 문제는 이러한 문화적 특성으로 인해 커뮤니케이션의 문제가 발생하고 앞에서 설명한 대로 갈등의 문제로까지 이어질 수 있다는 점이다. 그렇다면 이러한 문화적 특성이 서로의 언어가 아닌 공용어인 영어로 표현한다면 사라질 수 있는 문제인 것인가? 앞에서 설명했던 12시경 한국인 상사 또는 선배가 이야기했던 "가자"라는 표현을 영어로 쓴다면 표 1-1과 같은 갈등이 발생하지 않을 것인가?

표 1-2 하이 콘텍스트 문화와 로우 콘텍스트의 영어 커뮤니케이션 차이

	문장	해석차이	다음 대화	속마음
한국인	12시, "Let's go"	He(She) means we will go out for lunch.	What do you have for dinner?	What menu do he(she) want to eat?
외국인	12시, "Let's go"	I don't understand his(her) words.	You mean, where are you going?	It is frustrating! Why do not you tell me specifically?

표 1-2에서 보는 바와 마찬가지로 한국어로 이야기를 하든, 전 세계 공용어인 영어로 이야기하든 문화적 특성에 따라 한국인과 외국인의 해석이 달라지게 되고 결국에는 비슷한 갈등문제로 이어지게 된다. 그렇다면 어떻게 해야 할까? 어느 한 쪽에서 일방적으로 노력하면 해결될 수도 있다. 가령, 한국 예능 프로그램에서 자주 등장하는 호주 출신 연예인 샘 헤밍턴은 한국어에 능숙하고 한국에서 오랫 동안 거주했기 때문에 한국의 하이 콘텍스트 문화에 익숙하여 "가자"라는 한국어를 듣게 되면 대다수의 한국인처럼 '점심먹으로 가자'라는 말로 찰떡같이 이해할 것이다. 이렇게 되기 위해서는 샘 헤밍턴처럼 한국어에 능숙하고 한국에 오랫동안 거주하여 한국의 하이 콘텍스트 문화에 익숙해져야 가능하다. 반대로 외국인이 샘 헤밍턴처럼 한국어에 능숙하지 않고 한국에 오랫동안 거주하지 않아서 한국의 하이 콘텍스트 문화에 익숙하지 않은 상황에서, 반대로 한국인이 영어에 익숙하고 로우 콘텍스트 문화에 익숙하여 "Let's go" 대신 "we will go out for lunch"로 표현해준다면 마찬가지로 표 1-1, 1-2와 같은 갈등상황은 발생하지 않을 것이다. 하지만 이 같은 상황은 아주 특수한 경우가 아니라면 어렵다. 그렇다면 일반적인 상황에서는 어떻게 해야 할까? 방법은 의외로 간단하다. 서로가 서로의 입장을 이해하고 노력하면 된다는 것이다. 표 1-3을 살펴보자.

표 1-3 **하이 콘텍스트 문화와 로우 콘텍스트의 커뮤니케이션 접근방법**

	문장	속마음	다음대화
한국인	12시, "가자"	아! 왕밍씨는 외국인이어서 이렇게 표현하면 이해하지 못할 수 있겠구나!	우리 점심식사하러 밖으로 나갈까요?
외국인	12시, "가자"	앗! 내가 이해하기 힘든 말인데. 어떻게 물어보는 것이 좋을까?	점심식사 시간이 되었으니, 점심식사하러 밖으로 나가자 는 말씀이신 거죠?

표 1-3처럼 12시경 함께 일하는 직장에서 "가자"라는 말에서 문화적 차이가 있는 한국인과 외국인이 서로의 입장을 조금만 이해하고 배려해 준다면 표 1-1, 1-2와는 다르게 문화적 특성에 따라 커뮤니케이션의 갈등이 발생하지 않고, 서로를 더 존중하는 자세로 국적과 문화는 다르지만 동일한 조직구성원임을 느낄 수 있는 배려를 느낄 수 있다. 생각과 문화의 차이가 있다고 하더라도, 언어의 차이가 있다고 하더라도, 서로를 이해하려는 입장이 조금만 있게 되더라도 이러한 차이에서 발생하는 갈등의 문제를 사전에 예방할 수 있다.

외국인 직원들과의 협업

외국인 직원들과의 협업은 한국에서 태어나서 교육받고 한국회사에서 직장생활을 하던 직장인들에게는 참 낯설고 원하지 않는 상황일 수 있다. 하지만 글로벌 경영환경이 일반화되고 한국 사회의 다양성이 증가하면서 세대교체가 활발히 진행되는 작금의 상황에서는 '왜 주재원인 나에게만 이런 상황이 발생하는 걸까?'가 아니라 누구에게나 일반적인 상황이 될 수 있다.

　2019년 유행한 〈90년생이 온다〉라는 책에서 세대 간 갈등의 문제가 결국 세대 간의 문화적 차이이고 그로 인해 발생하는 커뮤니케이션의 문제라고 언급되었다. 90년대생들의 문화가 간단하기 때문에, 빠르고 압축적인 단어를 선호하기 때문에 '사진' 대신 더 짧은 '짤'이라는 단어를 사용한다는 것이다. 그래서 70~80년대생은 이러한 90년대생의 문화를 이해하여 90년대생의 간단하고 단순한 언어를 이해하려고 노력하고 90년대생들은 자신의 세대와 다른 70~80년대생의 줄이지 않는 문화를 이해하여 단순화하지 않은 원래의 언어를 쓰도록 노력해야 한다.

　이와 마찬가지로 외국인과 한국인의 경우도 앞에서 설명한 대로 하이 콘텍스트 문화와 로우 콘텍스트 문화적 차이로 인해 커뮤니케이션 등 여러 가지 갈등의 문제가 발생할 수 있기 때문에 서로의 입장에서 생각하고 이해하려 하면서 조금만 배려를 한다면 생각, 문화적 차이는 물론 언어에서 오는 갈등의 문제도 줄이거나 예방할 수 있을 뿐 아니라 상대방에 대한 배려심을 느끼면서 국적과 문화는 다르지만 더

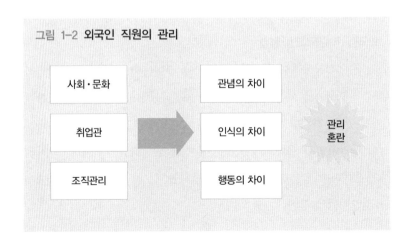

그림 1-2 **외국인 직원의 관리**

사회·문화	→	관념의 차이	
취업관		인식의 차이	관리 혼란
조직관리		행동의 차이	

욱 애틋한 조직구성원임을 느낄 수 있게 된다.

앞에서도 언급한 대로 외국인 직원들과 일하는 것은 비단 해외에서 일하는 해외주재원만의 일이 아니다. 한국기업에서 일하는 외국인 임직원들은 계속해서 증가할 것이 자명한 일이다. 그렇다면 이들을 자연스럽게 대하고 배려해야 한다.

'외국인직원들과 본격적으로 함께 일하려면?' 앞에서도 언급하였지만 한국에서 태어나 교육받고 한국기업에서 직장 생활을 하는 한국인 관리자들에게는 달갑지 않은 상황일 수 있으나, 이제는 자연스럽게 받아들여야 한다. 외국인 직원의 관리를 외국어를 잘하는 후배에게 맡길 수는 없다. 그렇다고 제스처를 써가면서 커뮤니케이션을 최소화하면서 함께 일할 수도 없다. 외국인 직원에게 한국문화를 이해하고 한국어에 능숙해지라고 강요할 수도 없다. 모두 요즘 모든 사람들이 인지하는 소위 '갑질' 행위이기 때문이다. 그렇다면 외국인 직원이 내 부하직원으로 들어온다면 나는 어떻게 행동해야 할까? 다음의 6가지 상황만 잘 인식하여 실제로 실행하면 된다.

① 외국인 입장에서 먼저 생각해 보기
② 대화를 할 때, 모든 상황을 안다고 가정하지 말고 나누어서 구체적으로 설명하고 표현하기
③ 끝까지 듣고나서 외국인 입장에서 생각해보고 말하기
④ 외국인 직원이 있어서 불편하다고 생각하지 말기
⑤ 외국인 직원이 있어서 자신의 표현력이 풍부해진다고 믿기
⑥ 외국인, 외국어, 외국문화에 관심을 가져보기

이 6가지 상황이 물론 생각하기에 따라 불편할 수 있다. 그러나, 이러한 생각은 글로벌 경영환경이 보편화되고, 한국 사회에 다양성이 증가하는 현실에서 아주 안 좋은 생각이 될 수 있다. 과거로 돌아갈 수는 없다. 변화하는 현실에 맞추어 적응을 해야 하기 때문에 관리자로 지금까지 익숙했던 하이 콘텍스트 문화에서 벗어나 로우 콘텍스트 문화에도 익숙해질 필요가 있다. 변화는 불편할 수 있지만, 또 다른 즐거움이고 확장일 수 있다. 70년대 세대가 처음부터 햄버거와 피자에 익숙해진 세대는 아니다. 88서울 올림픽을 지나면서 우리의 식생활이 다양해졌다. 물론 아직도 한식이 익숙하지만 70년대생들이 또는 그 이전 세대들이 한국음식만 고집하고 있다면 이 세상의 다양하고 맛있는 미식의 세계에 입문하지 못했을 것이다. 그리고 현재에는 한국의 음식과 전 세계의 음식이 서로 교류하고 융합하여 다양하고 맛있는 퓨전요리들이 탄생하고 있다. 마찬가지로 한국인들끼리 일하는 시대는 이미 저물고 있다. 그리고 한국인들끼리만 일하는 것은 그 한계가 있다. 생각의 한계가 있고 능력의 한계가 있다. 음식의 다양성처럼 일하는 동료들의 다양성은 한국인들끼리 일했던 과거의 한계를 극복하고 탈피하여 새로운 기회와 성장동력을 제공해 줄 수 있다. 이를 얻기 위해서는 그 과정에서의 불편함이라 생각하지 말고 함께 협업해야 하는 다양성을 위한 투자, 성장을 위한 변화로 생각하며 나의 외국인 부하 또는 후배직원을 위해 6가지 행동강령을 실행해보도록 하자. 해외주재원의 역할과 책임의 시작점이 될 것이다.

한국인과 외국인은 함께 즐겁게 일할 수 있을까?

한차장	레과장님, 전표와 실제 지출금액과 금액이 맞지 않는데 이거 확인했다고 하지 않았나요?
레	한차장님, 오래되어서 잘 기억이 나지 않습니다.
한차장	아니 불과 한 달 전 일인데 기억이 나지 않는다니요? 제가 확인해 봤는데 전표와 지출금액이 동일하지 않습니다. 확인하고 수정해 주세요.
레	한차장님, 확실히 맞지 않는 거 확신하시고 제게 말씀하시는 건가요?
한차장	내가 그럼 확인도 안 하고 레과장님께 말한다는 의미인가요? 제가 부임해 온 3달 동안 매번 같은 실수를 하고 있으십니다. 레과장님이야 말로 경력이 10년 이신데 왜 이런 실수를 계속 하시는 건가요?
레	아마도 전표를 올린 부서에서 잘못 올린 것 같습니다. 아무튼 제가 한 번 알아보지요.
레	한차장님, 확인해 봤는데 사소한 일이었습니다.
한차장	레과장님, 사소한 일이라니요? 전표와 실제 지출금액이 맞지 않으면 회사 ERP 모든 내용에 영향을 줄 수 있습니다. 우리 부서뿐만 아니라 전체 베트남 법인의 성과에 영향을 줄 수 있는 일이라고요. 과장님이신데 왜 그러시는 거예요?
레	과장 직위랑 이 일이랑 무슨 상관관계가 있나요?
한차장	(기가 막히는 어투로) 제가 분명히 지속적으로 3개월 동안 살펴보았는데 매 달 같은 실수를 하셨어요. 과장 직위로 경력이 있으신 분이 신입사원과 같은 실수를 계속 하시길래 얘기한 겁니다.
레	한차장님, 이전에 근무했던 박차장님은 이런 식으로 사람을 모욕주지 않았습니다. 설령 제가 잘못을 했다고 하더라도 사무실에서 여러 직원들 보는 데에서 이러시는 것은 너무 모욕적입니다.
한차장	(화가 나서) 아니 그러면, 이번 사항이 내가 잘못해서 발생한 문제라는 건가요?

앞의 대화 역시 해외법인에서 일하는 한차장과 베트남인 레의 업무 중의 대화이다. 이 사례 역시 해외법인에서 실제로 발생한 사건을 대화식으로 엮은 것이다. 이 대화를 본 한국인들은 대부분 모든 잘못이 레에게 있다고 생각할 것이다. 그렇다면 과연 모든 잘못이 레에게만 있는 걸까?

로우 콘텍스트 문화를 가진 베트남인 레의 입장에서 살펴보면 한국인 한차장에게도 다음과 같은 3가지 잘못이 있다.

① 레의 잘못이 심각한 경우 3개월 동안 지켜볼 필요없이 바로 조치를 취했어야 함
② 업무를 잘하는 것과 '과장' 직위와는 상관관계가 없음
③ 모두가 함께 일하는 공개적인 장소에서 사람을 망신주고 질책함

한차장이 레의 입장에서 살펴본 이 3가지 잘못에 대하여 아마 한국인들은 매우 당혹스러울 것이다. 그도 그럴 것이 한차장 입장에서 보면 과장 직위를 달고 일처리를 제대로 못한 레에게 잘못에 대해 질책하는 것이 한국 조직문화에서는 이상할 것이 없기 때문이다. 이 사건에 대해 한차장과 레는 표 1-4와 같이 생각할 것이다.

표 1-4를 보고 나면, 다시 한번 한국인들은 당황하게 될 것이다. 분명 한차장 쪽에는 아무런 잘못이 없는 것 같은데 이렇게 생각의 차이가 나고 레의 입장에서 보면 한차장 쪽에서도 분명히 잘못이 있기 때문이다. 따라서, 한차장의 입장에서는 차후에 다음의 3가지 잘못에 대한 수정이 필요하다.

표 1-4 **하이 콘텍스트 문화와 로우 콘텍스트 문화의 업무접근 방식의 차이**

	사건	대화	속마음
한차장	3달 동안 동일 실수 반복	3달 동안 매번 똑같은 실수를 하고 있으십니다	내가 한두 번 실수를 가지고 이야기하는 것이 아니다
	과장 직위 언급	경력이 10년 이신데 왜 이런 실수를 계속하시는 건가요?	과장직위로 일하는 사람이 도대체 왜 신입사원과 같은 실수를 하는 걸까?
	공개적인 장소에서 질책	사무실에서 여러 직원들 보는 데에서 이러시는 것은 너무 모욕적입니다	과장직위로 일하는 사람이 이리 큰 실수를 했는데 사람많은 장소에서 질책하는 것은 아무 문제 없다
레	3달 동안 동일 실수 반복	확인해 봤는데 사소한 일이었습니다	회사 존망이나 이익에 영향을 주는 요인이 아니다
	과장 직위 언급	과장직위랑 이일이랑 무슨 상관관계가 있나요?	일에 대한 잘못과 경력은 아무런 상관관계가 없다
	공개적인 장소에서 질책	이전에 근무했던 박차장님은 이런 식으로 사람을 모욕주지 않았습니다	공개적인 장소에서 큰 잘못도 아닌 일로 사람을 질책하는 것은 매우 모욕적이다

① 3달 동안 동일 실수 반복 → 실수가 1회성이라 하더라도 중대하거나 중요한 실수의 경우 지켜보지 말고 바로 지적하여 행동을 수정하도록 할 것

② 과장 직위 언급 → 한국인의 고정관념경력이 많을수록 업무를 잘 수행할 것이다을 버리고 향후 과장 직위와 잘못을 연관시켜 언급하지 말 것

③ 공개적인 장소에서 질책 → 칭찬이 아니라 질책의 경우 공개적인 업무장소가 아닌 일대일 면담을 통해 진행하고 공개적인 장소를 피할 것

그렇다면 이 같은 입장차이는 어디에서 비롯되는 걸까? 결국 업무스타일의 차이라고 생각할 수 있는데, 이 같은 업무스타일의 차이는 결국 문화의 차이 때문에 발생한 일이다. 한국과 외국의 문화차이는 앞서 설명한 하이 콘텍스트와 로우 콘텍스트 문화의 차이로도 설명할 수 있지만 그림 1-3처럼 한국, 중국, 미국의 문화차이를 하이 콘텍스트와 로우 콘텍스트 문화를 포함하여 7가지 기준으로 문화적 차이를 이해할 필요가 있다.

그림 1-3 **문화적 차이를 나타내는 8가지 기준**

1. 의사소통	저맥락		고맥락
2. 평가	직접적인 부정적 평가		간접적인 부정적 평가
3. 설득	원칙 우선		적용우선
4. 조직관리	수평적		수직적
5. 의사결정	합의적		하향적
6. 신뢰	업무중심적		관계중심적
7. 이의 제기	대립적		대립회피적
8. 일정관리	직선적 시간		탄력적 시간

첫 번째, 하이 콘텍스트와 로우 콘텍스트 문화는 이미 설명한 바대로 대화가 이루어지는 상황에 대한 설명을 말하는 사람話者이 따로 설명하지 않고 듣는 사람聽者이 알아서 이해하는 문화가 하이 콘텍스트 문화적 특성이 강한 한국과 중국이다. 반대로 미국의 경우 로우 콘텍스트 문화로 대화가 이루어지는 상황에 대한 설명을 말하는 사람話者

이 정확히 설명하여 듣는 사람_{聽者}이 이해가 제대로 이루어지도록 하
는 문화이다. 다음 상황을 가정해보자.

12시 정오,
한국사람 "가자" / 중국사람 "請之"
vs
미국 사람 "What do you have for dinner"

이 상황에 대해 한국사람이나 중국사람이 생각할 때에 미국사람은
동일한 말을 왜 길게 이야기하는지 의아해 할 것이다. 하지만 이것이
바로 하이 콘텍스트와 로우 콘텍스트 문화 차이에서 나타나는 대화
방식의 차이인 것이다. 따라서, 하이 콘텍스트 문화권의 사람들은 즉,
한국 사람들이나 중국 사람들은 로우 콘텍스트 문화권에 있는 미국
사람들에게 압축과 생략된 표현을 지양하고 상황을 상세히 설명하여
전달하려는 배려가 필요하다.

둘째, 평가의 정도이다. 유럽권의 해양국가로 전성기를 누렸던 영
국, 네덜란드의 경우 직접적인 부정적 평가에 대해 매우 수용적이
다. 반면에 유교문화권의 한국과 중국, 그리고 이민자 사회로 다양성
이 높은 미국의 경우 직접적인 부정적 평가가 어렵고 간접적인 부정
적 평가를 해야 한다. 즉, 상대방이 듣기 싫은 부정적인 말을 직접적
으로 하는 것보다는 애둘러서 간접적으로 표현해야 한다는 의미이다.
그렇다면 영국과 네덜란드의 경우 같은 미국과 같은 서구 문화권임에
도 불구하고, 왜 직접적으로 부정적인 평가를 할 수 있는 것일까? 이

유는 간단하다. 영국과 네덜란드는 스페인과 포르투갈에 이어 인도
와 중국 등 아시아로의 무역확장을 위해 새로운 항로를 개척하는 것
이 필요했다. 이를 위해서는 새로운 항로를 개척하기 위한 조류, 바
람, 항해법, 지리 등 다양한 정보가 필요했고 여기에서 발생하는 다양
한 상황에 대한 시행착오를 최소화하는 것이 필요했다. 신대륙으로부
터 대규모 은이 차입되던 스페인과 포르투갈에 비해 상대적으로 자원
이 열세였던 영국과 네덜란드는 시행착오를 최소화하는 것이 급선무
였다. 따라서 새로운 항로나 무역거점을 확보하기 위해 상대방으로부
터 어떤 부정적인인 평가를 받더라도 시행착오를 최소화해야 했기에
이 같은 문화가 형성된 것이다. 미국의 경우 같은 서구권이라 하더라
도 다양한 이민자들에 의해 건설된 국가이기 때문에 다양성을 수용하
는 문화가 필요했기에 서로 다른 이문화를 가진 구성원들에게 직접적
으로 부정적인 피드백을 주는 것을 지양했기 때문이다.

셋째, 설득의 기준이다. 유교문화권인 한국과 중국의 경우 상대방을
설득하는 기준이 '원칙'보다는 '적용'이 우선이다. 왜냐하면 중국의 경
우 전 세계에서 가장 경제적으로 풍요롭고 거래선이 풍부했으나 통일
과 분열의 반복으로 단순한 거래선이 아닌 가족처럼 믿을 수 있고 신
뢰할 수 있는 거래선의 확보가 필요했기에 거래를 하기 전에 서로 간
에 신뢰를 확보하는 소위 '꽌시'가 중요한 거래의 조건이다. 일단 서
로 간에 '꽌시'가 형성되면 설득의 기준이 원칙이 될 필요가 없이 그
냥 서로가 신뢰하기 때문에 적용이 우선된다. 한국의 경우도 삼국시
대 및 후삼국 시대를 제외하고는 통일 국가를 형성했기 때문에, 지배
층과 피지배층의 신분구조와 경제적 지위가 명확했기 때문에 상대방

에 대한 설득기준이 '원칙'이 아닌 '적용'이 우선될 수밖에 없었다. 미국의 경우는 앞서 설명한 대로 이민자에 의해 건설된 다양성의 국가였기 때문에 한 가지 원칙을 세워 다양성을 가진 이민자들을 설득하고 포용하기가 어려웠기 때문에 실용주의를 표방하며 설득에 있어 '원칙'보다는 '적용'을 우선시할 수밖에 없었다.

이에 비해 유럽권, 특히 서유럽권의 경우 기독교를 수용한 이후 강력한 교황권을 바탕으로 신권사회가 중세에까지 이어졌고, 르네상스 이후에는 중앙집권화된 왕권을 바탕으로 국가가 지배되었기 때문에 상대방을 설득함에 있어 철저한 '원칙'과 법이 필요하게 되었다. 이로 인해 현대법이 경우도 독일을 중심으로 한 대륙법과 미국을 중심으로 한 해양법으로 양분화되어 있다.

넷째, 조직관리의 방식이다. 유교문화권인 한국과 중국의 경우 조직관리에 있어 '상명하복'의 문화가 강한 것이 현실이다. 중국의 경우 황제를 중심으로 한 통치방식이, 한국의 경우 왕권은 미약했지만 양반을 중심으로 한 신분사회가 공고히 이어져왔기 때문에 조직관리에 있어 지위나 신분 또는 선후배 간의 관계가 우선시되어 조직문화가 형성되었다. 이에 비해 이민자에 의해 건설된 미국의 경우 건국초부터 대통령제가 정치의 근간이 되었고, 신분과 경제적 토대가 세습되는 국가 구조가 아니었고 지속적으로 외부에서 이민자들이 유입되었기 때문에 서로가 평등하게 대할 수밖에 없었다. 따라서 한국 및 중국과는 다르게 조직 내에서 신분이 아닌 능력에 의해 대우를 받는 문화가 형성되어 조직관리에 있어 구성원 간의 수평성이 중시될 수밖에 없었다.

다섯째, 의사결정의 방식이다. 앞서 설명한 대로 한국과 중국은 유교적인 문화와 더불어 지배와 신분구조가 지속적으로 세습되었기 때문에 조직관리에 있어서 '수평'이 아닌 '수직'의 관리문화가 지배적이다. 이 때문에 당연히 조직 내 의사결정 방식이 하향적일 수밖에 없다. 즉 신분, 지위, 선배 등 조직 내 상위층의 의견이 하위층에 그대로 하향적으로 전달되는 Top-down방식으로 의사결정이 되는 것이 일반적이다. 이해 비해 이민자들에 의해 건설된 미국의 경우 앞서 설명한 대로 신분과 경제적 토대가 세습되는 국가 구조가 아니었고, 지속적으로 외부에서 이민자들이 유입되었기 때문에, 서로가 평등하게 대하는 것이 당연했기 때문에 조직 내 의사결정 방식이 서로가 합의하는 방식으로 형성되었다.

여섯째, 신뢰의 방식이다. 미국의 경우 이민자들에 의해 건설된 다양성이 높은 사회이기 때문에 구성원들이 서로 다른 이문화를 가진 채 서로의 생활방식을 유지하는 사회이다. 이 때문에 서로가 서로를 대하는 방식이 동일문화권이 아니기 때문에 업무중심적으로 상대방을 대하게 되었다. 즉, 문화적 다양성이 허용되는 사회이기 때문에 서로의 문화에 대한 갈등은 뒤로 한 채 업무를 최우선 순위에 놓고 업무를 중심으로 상대방을 신뢰하는 문화가 형성된 것이다. 이에 비해 앞에서 설명한 대로 중국의 경우 거래에 앞서 서로가 서로를 신뢰할 수 있는 '꽌시'가 형성된다면 상대방을 업무를 중심으로 대하기보다는 지속적으로 신뢰의 관계가 유지될 수 있도록 관계중심적으로 상대방을 대하는 것이 일반적이 되었다. 한국의 경우도 오래도록 폐쇄적인 신분제를 중심으로 한 국가가 이어졌기 때문에 권력을 유지하기 위해

지배계층끼리 서로의 관계를 형성하는 것이 일반적인 관습이 되었다. 조선시대에 유행하던 유력 가문끼리의 결혼이 이러한 관습을 설명해 주는 좋은 사례가 된다. 이 때문에 한국과 중국의 경우 상대방을 신뢰하는 방식이 일, 다시 말해 업무가 아닌 관계중심적으로 형성된 것이다.

일곱째, 이의제기에 대한 수용방식이다. 앞서 설명한 대로 이민자에 의해 건국된 미국의 경우 실용주의를 표방하며 상대방을 설득하는데 있어 '원칙'보다 '적용'이 우선된다고 하였다. 실용주의를 표방한 이유는 이민자들에 의해 건설된 다양성이 높은 국가임과 더불어 동부에서 서부로 국가가 확장되면서 원주민인 인디언과의 충돌, 이웃국가인 멕시코와의 충돌, 미지의 세계에 대한 정보 부족 등으로 다양한 시행착오를 겪게 되었다. 이 과정에서 이 시행착오를 최소화하고 다양한 이해 집단과의 충돌에서 승리하기 위해 이의 제기에 대해 적극적으로 나서면서 갈등에 대해서는 주저하지 않으며 승리하고 차지하기 위해 대립을 피하지 않았다. 반면 유구한 역사를 가진 한국과 중국의 경우 물론 분열과 통일이 반복되기는 하였지만 분열보다는 안정적인 통일의 기간이 더 길었기 때문에 이의제기에 대해서는 대립 관계를 피하고 안정성을 유지하고자 하는 문화가 형성되었다. 특히 통일과 분열이 반복된 중국의 경우 한국보다는 서로 간의 이해관계가 대립되었기 때문에 한국과 동일하게 유교문화와 동아시아권의 문화에 있으면서도 필요한 경우 대립에 대해서는 적극적으로 나서는 문화가 나타났다. 반면 거의 분열이 없으면서 안정적으로 통일국가를 유지한 한국의 경우 지배층-피지배층의 구조가 명확했기 때문에 이의제기가 아무런 의

미가 없었고, 지배층의 경우 오래도록 체면문화가 형성되었기 때문에
극한 대립이 아니고서는 한국 속담처럼 '좋은 것이 좋은 것이다'라는
대립회피적인 문화가 형성되었다.

여덟째, 시간에 대한 인식수준이다. 시간에 대한 인식수준에 있어서
는 한국도 과거에 "Korean Time"이라는 말이 있을 정도로 서구 사
람들에게 있어서는 자신들에 비해 상대적으로 한국인의 시간관념이
없다고 생각해 왔다. 하지만 2000년대가 넘어서는 한국인의 시간관
념도 변화하기 시작했다. 한국인의 시간관념에 대한 변화는 산업화의
정도에 따른 생활방식의 변화가 큰 원인이 되었다. 하지만 국가별로
시간에 대한 관념은 우리나라처럼 특수한 경우보다 그 나라의 역사적
문화가 큰 작용을 한다. 다음 그림 1-4를 보자.

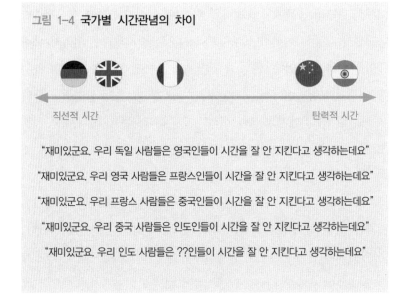

그림 1-4 **국가별 시간관념의 차이**

직선적 시간   탄력적 시간

"재미있군요. 우리 독일 사람들은 영국인들이 시간을 잘 안 지킨다고 생각하는데요"

"재미있군요. 우리 영국 사람들은 프랑스인들이 시간을 잘 안 지킨다고 생각하는데요"

"재미있군요. 우리 프랑스 사람들은 중국인들이 시간을 잘 안 지킨다고 생각하는데요"

"재미있군요. 우리 중국 사람들은 인도인들이 시간을 잘 안 지킨다고 생각하는데요"

"재미있군요. 우리 인도 사람들은 ??인들이 시간을 잘 안 지킨다고 생각하는데요"

  이렇게 국가별로 시간관념의 차이가 나는 이유를 간단히 설명하자면 역사문화적 배경 때문이다. 우선 독일 사람들이 영국, 프랑스, 중국, 인도 사람들에 비해 시간관념이 상대적으로 가장 철저한 이유는 독일이 19세기에 통일이 되었기 때문이다. 갑자기 시간관념을 이야기하면서 독일의 통일을 이야기하는 것이 이해가 되지 않을 것이다. 그러나 다음 표 1-5를 보면 그 상황을 알 수 있다.

표 1-5 **국가별 시간관념의 차이가 나타난 역사적 배경**

국가	역사적 배경	시간관념
독일	19세기 통일됨 / 통일 전까지 수십 개의 도시국가 또는 영주(공작/후작/백작/자작/남작령)국가로 유지되어 왔기 때문에 경제적 자급자족이 어렵고 외침에 대한 공동대응이 필요함	연맹 또는 연합한 상대방과의 시간약속에 대해 철저함 / 실제 전 세계에서 가장 시계탑이 많은 국가가 독일임
영국	경제적으로 풍족하지 않았기 때문에 해양 국가로의 진출이 필수적이었기 때문에 향해에 대한 시간관리가 필요함	독일보다는 철저하지 않지만 항해를 위한 시간관리와 무역과 거래를 위한 시간관리가 비교적 철저함
프랑스	상대적으로 다른 유럽국가에 비해 물질적으로 풍요롭고 장원제가 오래도록 유지되어 자급자족이 이루어지는 지역에서 교류가 많지 않았고 농업위주의 시간관리가 중시됨	중농주의로 인해 상업보다 농업을 위한 시간관리가 이루어져서 상대적으로 중상주의 국가에 비해 시간관념이 떨어짐
중국	전 세계에서 경제적으로 가장 풍요롭고 거래선이 풍부했으나 통일과 분열의 반복으로 단순한 거래선이 아닌 가족처럼 믿을 수 있는 신뢰할 수 있는 거래선의 확보가 필요했음	일단 신뢰할 수 있는 관계(관시)가 형성되면 서로간에 시간 약속을 지키지 않더라도 '관시'가 이어진다면 시간약속에 대해 철저하지 않음
인도	인도의 주 종교인 힌두교는 유일신교가 아닌 다신교로 신이 6천 개가 넘고, 힌두교는 현세(지금 사는 세상)보다 내세(죽은 후 가는 세상)를 더 중실하는 교리가 있음	힌두교에서 우선시하는 내세를 중시하는 종교적 믿음과 카스트 제도(신분제)로 인해 '시간을 잘 지킨다'는 의미가 중요하지 않음

이문화 이해와
다양성 관리

해외주재원의 역할과 책임의 시작점은 앞에서 살펴본 대로 이문화 이해와 다양성 관리가 될 것이다. 코로나19로 인해 일부 한국 기업의 국내 유턴 현상인 리쇼어링reshoring이 보고되고 있으나, 코로나19 이후의 시대에도 전 세계적인 트랜드로 자리잡은 글로벌화는 지속적으로 유지될 것으로 보인다. 4차 산업혁명 시대에 한국 기업의 글로벌화는 더욱 더 빠르게 진행되면서 한국 기업의 해외 매출이 증가하고 동시에 해외 법인 및 지사의 수와 비한국인 임직원의 수가 지속적으로 증가하고 있다(리상섭과 최효식, 2007; 리상섭, 2012; 리상섭, 2015, 3월; 리상섭, 2017). 이러한 글로벌 환경에서 한국 기업이 지속적으로 경쟁력을 확보하고 해외 현지에서 성공적인 현지화를 통해 업무를 잘 수행하기 위해서는 해외 법인과 지사에서 근무할 우수한 법인장과 주재원의 선발과 육성 및 한국 본사와 해외 법인 및 지사에서 근무할 우수한 현지 채용인현채인의 채용과 육성이 필요하다(Lee, 2004; Lee, 2005; 리상섭과 최효식, 2006; 리상섭과 최효식, 2007; 리상섭, 2012; 리상섭, 2017). 따라서, 한국 기업에서는 한국과 해외 지역에서 이문화 역량을 갖추고 타인과 함께 잘 협업할 수 있는 임직원의 육성을 위해 이문화 이해와 다양성 관리 역량 증진과 글로벌 HRD에 대한 관심이 지속적으로 높아지고 있다(리상섭과 최효식, 2006; 리상섭과 최효식, 2007; 리상섭, 2012; 리상섭, 2015, 3월; 리상섭, 2017). 따라서, 이제부터는 최근 한국 기업에서 이슈가 되고 있는 이문화 이해와 다양성 관리 및 글로벌 HRD 내용을 중심으로 한국인 주재원과 현채인 육성에 대하여 살펴보고자 한다.

문화와 이문화

학자마다 문화에 대한 정의를 다양하게 제시하고 있으나, 국가 수준의 문화를 연구한 Hofstede와 Hofstede는 문화에 대하여 "한 집단 또는 한 범주를 구성하는 사람들을 다른 집단 또는 범주의 성원과 달라지게 만드는 집합적 정신 프로그램"이라고 정의한다Hofstede & Hofstede, 2005. 결국 문화란 "동시대의 사람들이 동일한 지역에 거주하면서 다양한 환경의 영향을 받아 다른 시대와 다른 지역의 사람들과 다른 규칙, 규범, 관습 등을 만들고 이를 유지 및 계승하는 것"이라고 정의할 수 있다.

따라서 문화는 본인이 속한 시, 도, 국가뿐만 아니라 본인이 속한 팀, 사업부, 사업부문, 조직 등에 따라 차이가 날 수 있다. 즉 한 국가 내에서도 도시에 따라 문화가 다를 수 있으며, 한 도시 내에서도 조직에 따라 문화가 다를 수 있고, 한 조직 내에서도 사업부문에 따라 문화가 다를 수 있으며, 한 사업부문 내에서도 사업부에 따라 문화가 다를 수 있고, 한 사업부 내에서도 팀에 따라 문화가 다를 수 있다.

즉 내가 현재 인지하는 문화는 개인이 경험한 문화이며, 이 문화는 다양한 문화 중 하나라고 할 수 있다. 따라서 문화는 매우 다양하기 때문에 개인이 인생을 살아가면서 모든 문화를 경험할 수는 없다. 하지만 개인의 이문화 경험은 또 다른 이문화를 이해할 수 있는 기반으로 작용하여 개인의 이문화 수용성 또는 이문화 감수성을 높일 수 있다. 그러나 단순히 이문화 경험이 많다고 해서 개인이 다른 문화를 모두 이해할 수 있다고 말하기는 어렵다.

그러므로 개인이 경험한 문화는 그 개인 또는 그 개인이 속한 조직, 시, 도 등에 적용된 문화인 것이지 그 문화가 타인 또는 국가 수준까지 동일하게 적용되기는 어려울 수 있다. 따라서 개인 스스로 타인의 문화를 이해하려고 적극적으로 노력하지 않으면 타인의 문화를 이해하기는 매우 어려울 수 있다.

이문화 이해와 다양성 관리 증진 프로그램 트랜드[*]

일부 한국 대기업은 1990년대 세계화 교육을 통해 이문화 이해 개발 프로그램을 본격적으로 도입하기 시작하였고, 2000년대 일부 한국 대기업을 중심으로 이문화 이해와 다양성 관리 증진 프로그램 개발을 위한 사례 개발, 사내 강사 육성, 워크숍 등이 시행되었으며, 2010년대부터 주요 그룹 혹은 주요 그룹 내 주력사를 중심으로 이문화 이해와 다양성 관리 역량 개발을 위한 다양한 활동이 전개되었다 (리상섭, 2012, 1월; 리상섭, 2017). 이문화 이해와 다양성 관리 증진 프로그램은 단순히 다른 지역과 문화에 대한 지역 연구가 아닌 나와 다른 문화권에서 성장한 사람은 나와 많은 면에서 다를 수 있다는 것을 개인이 인식하게 하고 이를 바탕으로 조직 내외의 타인과 함께 고성과 창출을 위해 상호 신뢰 구축을 바탕으로 업무를 함께 할 수 있도록 프로그램이 구성되어 있다(리상섭, 2011, 8월; 리상섭, 2017). 한국 기업과 비교하여 서구 글로벌 기업의 이문화 이해와 다양성 관리 증진 프로그램은 주재원 및 가족을 포함하여 운영되는 사례도 있으며 필요시 교육과 동시에 문화 관련 진단을 수행하여 그 결과를 주재원 선발과 육성에 적절히 사용하고 있다(리상섭, 2012, 1월; 리상섭, 2017). 다음

● 리상섭(2017). 글로벌 HRD. 이찬, 리상섭, 신제구, 이성엽, 전기석(편). 인적자원개발론: HRD 이론과 실제의 내용 중 트랜드를 발췌 및 수정보완함.

은 한국 기업의 이문화 이해와 다양성 관리 증진 프로그램의 최근 트렌드이다(리상섭, 2013, 9월; 리상섭, 2014, 12월; 리상섭, 2017).

첫째, 한국 기업의 '이문화 이해와 다양성 관리' 증진 프로그램의 기업 내 적극적인 도입과 실행이다. 최근 한국 기업의 이문화 이해와 다양성 관리 증진 프로그램은 개인의 관점과 인식의 변화에 초점을 둔 프로그램으로 구성되어 있다. 프로그램의 전체 구성은 각기 다른 환경의 영향을 받은 개인은 서로 다른 관점을 개발하고 이러한 관점의 차이는 문화별로 다양한 규칙을 만들어 다양한 문화가 형성된다는 것을 이해할 수 있도록 구성되어 있다. 동시에 문화는 유전이 아닌 학습을 통해 형성되며 어린 나이에 개인에게 형성된 문화는 잘 바뀌지 않기 때문에 성인인 주재원은 다른 문화에서 성장한 사람과 협업 시 자신의 관점이 옳지 않을 수 있다는 사실을 인지하고, 개인이 사실과 가정의 차이를 인식하는 방향으로 프로그램이 구성되어 있다(리상섭, 2016, 2월). 따라서, 프로그램은 학습자가 직접 참여하여 스스로 자신에 대하여 생각해 볼 수 있는 다양한 사례, 게임, 동영상 등을 제공하여 개인의 이문화 이해와 다양성 관리 역량을 증진할 수 있도록 구성되어 있다. 특히 팀별 활동을 통해 타인의 다양한 의견을 듣고, 상호 의견을 수용 및 공유할 수 있는 방향으로 프로그램이 구성되어 있다(리상섭, 2016, 2월).

둘째, 한국 기업의 주재원 대상 개인과 국가 간 문화 비교 진단의 비활성화이다. 한국 기업은 주재원을 대상으로 한 개인과 국가 간 문화 비교 진단 시 고가의 진단비용과 진단을 해석할 수 있는 사내외 강사의 확보 이슈, 조직에 잘 맞지 않는 비주문식 진단도구와 결과로 인하여 주재원을 대상으로 한 개인과 국가 간 문화 비교 진단을 잘 실시하지 않고 있다. 일부 개인과 국가 간 문화 비교 진단을 실시하는 한국 기업은 온라인 시스템 및 축적된 점수 비교 분석을 위해 주로 해외에서 개발한 개인과 국가 간 문화 비교 진단지를 사용하고 있다. 그러나 소수이기는 하나 최근 추세는 조직의 상황에 맞는 개인과 국가 간 문화 비교 진단지를 자체 또는 외부 전문가와 함께 개발하는 추세이다. 또한, 소수이기는 하나 자사에서 발생하고 있는 다양한 사례들을 사례연구로 개발한 후 이를 해결할 수 있는 다양한 해결 방법을 객관식으로 구성한 후 해외 지역 또는 법인별로 객관식 모범 답안을 도출하여 객관적으로 개인과 국가 간 문화를 비교하려는 다양한 시도가 이루어지고 있다.

셋째, 한국 기업의 주재원 대상 이문화 민감성 진단 실시의 비활성화이다. 이문화 민감성 진단은 최근 주재원 대상 개인과 국가 간 문화 비교 진단을 넘어 일부 한국 기업에서 시도되었던 진단 도구이다. 그러나, 일부 대기업 중심으로 진단이 도입된 이후 진단을 받은 교육생의 진단 점수 결과에 대한 문제 제기와 경험과 역량이 검증된 사내외 강사 수급 문제 등으로 인해 진단지의 사용을 중단하거나 줄이고 있다. 초기 극소수의 한국 대기업이 온라인 시스템 및 점수 비교 분석을 위해 해외에서 개발한 이문화 민감성 진단지를 사용하였으나 진단 비용과 강사 양성 과정을 포함한 강사 수급 등의 이슈로 점진적으로 사용하지 않고 있다. 하지만 일부 그룹 차원에서는 이문화 민감성 진단을 그룹에서 자체 개발하여 사용하고 있기도 하다. 현재 이문화 민감성 진단은 주재원 선발보다는 육성 관점에서 접근하고 있다.

이문화 이해와 다양성 관리 역량 증진 방법˚

이문화 이해와 다양성 관리 역량 증진을 위해서는 5단계의 선순환 과정이 요구되며, 5단계는 각각 진단, 강의, 사례 연구 및 토론, 실행 계획 수립, 지속적인 지원으로 구성되어 있다(리상섭, 2015, 3월, 55; 리상섭, 2017).

1단계는 '진단'으로 현재 나 자신의 모습을 파악하기 위해 개인과 국가 간 문화 비교 진단 또는 필요한 진단을 실시한다.

2단계는 '강의'로 문화와 이문화에 대한 정의와 설명, 국가 간 문화 비교 진단 모형 및 필요한 진단 모형에 대한 설명 후 개인의 진단 점수에 대하여 해석한다.

3단계는 '사례 연구 및 토론'으로 실제 이문화 사례 연구를 통한 이문화 이해 및 다양성 관리 역량을 증진하고 팀 토론을 통해 타인의 다양한 관점을 수용하고 이문화 상황에서 적절한 문제 해결 절차와 방법을 습득한다.

4단계는 '실행 계획 수립'으로 실제로 자신이 실행 가능한 실행 계획을 수립하고 이를 실천할 수 있는 지원 방법 등을 직속 상사 등에게 요청한다.

5단계는 '지속적인 지원'으로 조직 및 개인 수준에서 지속적으로 지원이 필요한 항목을 타인과 조직에게 지원받고 모니터링하는 과정이다.

1단계에서 5단계로 이어지는 과정은 5단계에서 끝나는 것이 아니

● 리상섭(2017). 글로벌 HRD. 이찬, 리상섭, 신제구, 이성엽, 전기석(편). 인적자원개발론: HRD 이문화 이해와 다양성 관리 역량 증진을 발췌 및 수정보완함.

라 원형으로 구성되어 5단계는 다시 1단계로 연결되어 다시 1단계에서 5단계로 이어지는 선순환 과정이다.

글로벌
인재 육성

4차 산업혁명 시대를 맞은 글로벌 시대에 이문화 상황에서 타인과 협업을 통해 고성과를 창출하기 위해서는 한국 기업 내 글로벌 HRD가 정착되어야 한다. 그러나 아직까지 대다수의 한국 기업은 그 노력에도 불구하고 체계적인 글로벌 HRD를 구축하지 못해 글로벌 HRD 영역에서 다양한 문제점이 발생하고 있다(리상섭, 2017). 따라서, 한국 기업의 HRD는 이문화 이해와 다양성 관리 역량을 바탕으로 기존의 한국 지역의 한국인 임직원 육성에서 벗어나 한국을 포함한 전 세계 지역의 한국인과 비한국인 임직원 육성을 위한 체계적인 글로벌 HRD를 구축해야 한다(리상섭, 2011, 8월; 리상섭, 2017). 그러므로, 한국 기업의 한국인과 비한국인 임직원을 대상으로 글로벌 HRD 시스템을 구축하기 위해서는 HRD 조직, HRD 제도, HRD 담당자의 글로벌 최적화가 반드시 필요하다(리상섭, 2009년 11월; 리상섭, 2017).

본격적으로 이문화 이해와 다양성 관리 역량을 기반으로 한 한국인 주재원 육성 논의에 앞서 먼저 한국인 주재원 육성이 개인 문제인지 또는 환경조직 문제인지 살펴보고자 한다(리상섭, 2017). 나는 한국 글로벌 기업 A사에서 현재 주재원으로 근무하고 있는 한국인 주재원 1,000여 명을 대상으로 한 연구에서 주재원에게 요구되는 5가지 역량군으로 환경조직 역량에 초점을 둔 1개의 가족 역량군과 개인 역량에 초점을 둔 4개의 언어, 이문화, 직무, 리더십, 가족 역량군을 제시하였다(Lee, 2004; Lee, 2005; 리상섭, 2017). 이후 최효식과 진행한 후속연구에서는 한국인 주재원 업무수행에 영향을 미치는 요인을 "개인-환경 상호 작용 모형"에 맞추어 개인적 측면의 역량 영역과 선호 영역, 환경적 측면의 조직 영역과 가족 영역으로 구분하여 분석하였다(리상섭과 최효식 2006; 리상섭과 최효식 2007; 리상섭, 2012; 리상섭, 2017).

한국인 주재원이 성공적으로 주재원 업무를 수행하기 위해서는 개인적 측면의 역량 영역 이외에 개인적 측면의 선호 영역, 환경적 측면의 조직 영역 및 가족 영역이 중요하며, 결국 성공적인 한국인 주재원 육성을 위해서는 한국인 주재원의 개인 역량의 증진과 함께 조직 지원이 필요하다(리상섭과 최효식, 2006; 리상섭과 최효식, 2007; 리상섭, 2012; 리상섭, 2017). 그러므로, 성공적인 한국인 주재원 육성을 위해서는 개인적 측면의 역량 영역인 "직무 역량, 직무 공통 역량, 리더십/관리 역량, 외국어 역량, 이문화 역량"과 개인적 측면의 선호 영역인 "직무/법인 적합성, 자신감"의 증진과, 환경적 측면의 조직 영역인 "도구와 자원, 평가와 보상, 성과 목표와 피드백, 관계", 환경적 측면의 가족 영역인 "외국어 역량, 이문화 역량, 자신감"의 지원이 모두 필요하다(리상섭; 2017).

글로벌 기업은 임직원이 모국인Parent-country nationals: PCNs, 현채인Host-country nationals: HCNs, 제3국인Third-country nationals: TCNs의 세 가지 인적 구성으로 구성되어 있다Briscoe, 1995; Dowling, Welch, & Schuler, 1999. 따라서, 한국 기업의 글로벌 인재 육성과 관련하여 다음과 같이 세 가지 관점을 살펴볼 수 있다. 첫째, 한국에 근무하고 있는 한국인 및 비한국인 임직원 육성, 둘째, 해외 법인이나 지사에 근무 예정 및 근무하고 있는 한국인 주재원 육성, 셋째, 해외 법인이나 지사에 근무하고 있는 현채인 육성이다.

이 중 본 장에서는 두 번째인 한국인 주재원 육성과 세 번째인 현채인 육성에 대하여 중점을 두고 알아보고자 한다. 또한, 본 장에서는 한국인 주재원과 현채인의 개인적 측면 중 역량 영역 개발에 초점을 맞춘 한국인 주재원 육성과 현채인 육성에 대하여 살펴보고자 한다.

한국인 주재원 육성

글로벌 환경에서 이문화 이해와 다양성 관리 역량을 바탕으로 해외에서 성공적인 업무를 수행하기 위해서는 본국 또는 제3국에서 해외로 파견될 주재원을 육성할 것인지 또는 현지화를 위해 현지의 현채인을 육성할 것인지에 대하여 학자마다 다양한 주장과 논의가 있다. 하지만, 주재원 또는 현채인 육성은 각각의 장단점이 있으며, 동시에 주재원 또는 현채인 육성만이 각각 옳은 방법이라고 주장하기는 어렵다. 따라서 조직의 상황에 따라 주재원과 현채인 육성에 대한 전략적인 판단이 필요하다. 현재까지 한국 기업은 현채인 육성보다는 주재원 육성에 보다 중점을 두고 있으며 이는 다음의 세 가지 이유에 크게 기인한다.

첫째, 한국 기업의 본사에서 근무하는 한국인 임직원은 한국어를 모국어로 사용하기 때문에 비한국인 임직원과의 의사소통에 제약이 있다. 한국 본사와 해외 법인의 한국인 임직원과 한국인 주재원은 한국어를 모국어로 사용하여, 한국어를 모국어로 사용하지 않는 비한국인 임직원과의 의사소통이 쉽지 않고, 비한국인 임직원의 조직 적응도 쉽지 않다(리상섭, 2015, 3월; 리상섭, 2017).

둘째, 상대적으로 위계질서를 따지고, 집단주의 성향이 강한 한국 기업의 조직 문화 특수성 때문에 비한국인 임직원의 한국 기업의 조직 문화 적응에 제약이 있다. 최근 한국 기업의 조직문화가 점차 위계질서를 덜 따지고, 집단주의 성향에서 개인주의 성향으로 바뀌고 있으나, 아직까지 상대적으로 위계질서 유지와 집단주의 성향이 강하다고 할 수 있다. 또한 최근 주 52시간 근무제 도입으로 한국 기업에도 많은 변화가 있으나, 아직까지 한국 기업의 조직문화 특수성 중 하나로 볼 수 있는 야근과 박봉 등의 이미지로 인해 전 세계적으로 위계질서를 덜 따지고, 개인주의 성향이 강한 역량있는 비한국인 임직원의 채용과 육성이 어렵다(Lee, 2004; Lee, 2005; 리상섭과 최효식, 2006; 리상섭과 최효식, 2007; 리상섭 2015, 3월; 리상섭, 2016, 2월; 리상섭, 2017).

셋째, 최근에는 K-POP과 한류등으로 한국 국가 브랜드가 많이 높아졌으나 선진국 대비 아직까지 낮은 한국 국가 브랜드 때문에 전세계적으로 글로벌 핵심 인재 채용에 제약이 있다. 지속적으로 한국의 국가 브랜드가 상승되고 한국 기업이 진출한 국가에 따라 상황이 다르지만 해외에서 역량이 검증된 우수한 비한국인 임직원의 채용이 어렵다(Lee, 2004; Lee, 2005; 리상섭과 최효식, 2006; 리상섭과 최효식, 2007; 리상섭 2015, 3월; 리상섭, 2016, 2월; 리상섭, 2017).

(1) 한국인 주재원의 특징

한국인 주재원에 대하여 알아보기 전, 역할과 책임에 있어 주재원과 법인장은 차이가 있으나 본 장에서는 법인장을 큰 범주인 주재원에 포함하여 주재원 육성에 법인장 육성을 포함하여 설명한다. 앞에서 살펴본 바와 같이 한국 기업의 주재원은 주로 모국인 한국에서 해외 법인이나 지사로 파견되는 한국인 주재원으로 구성되어 있다(Lee, 2004; Lee, 2005; 리상섭과 최효식, 2006; 리상섭과 최효식, 2007; 리상섭, 2012; 리상섭, 2017).

한국 기업의 한국인 주재원 역량은 과거와 비교하여 점진적으로 나아지고 있으나 상대적으로 이문화 이해와 다양성 관리 역량과 영어를 포함한 현지어 어학 역량이 다소 부족하다(Lee, 2004, 2005; 리상섭과 최효식, 2006, 2007; 리상섭, 2012). 또한, 주재원으로 파견될 주재원 풀pool에 속하는 역량 있는 주재원 후보자의 수가 많지 않아, 한국인 주재원 선발에 어학 역량, 리더십 역량, 이문화 역량보다 직무 역량이 중요한 선발 기준으로 작용하고 있다(Lee, 2004, 2005; 리상섭과 최효식, 2006, 2007; 리상섭, 2012).

한국 기업의 한국인 주재원의 수는 여성보다 남성의 수가 월등하게 많으며, 한국인 주재원은 결혼을 하여 가정을 이루고 있는 경우가 많고, 한국 기업마다 약간의 차이는 있으나 단독 파견보다는 가족과 함께 해외 법인이나 지사로 파견되어, 성공적으로 주재원 업무 수행 시 4~5년 정도 해외 현지에서 업무를 수행한다(Lee, 2004; 리상섭과 최효식, 2006, 2007; 리상섭, 2012). 이러한 한국인 주재원의 특징 때문에 한국 기업의 해외 법인과 지사에 근무하는 한국인 주재원은 상대적으로 어학 역량, 리더십 역량, 이문화 역량 등이 부족하여 해외에서 현채인과 협업 시 문제가 발생하는 경우가 있다(리상섭, 2012). 그러나 한국 기업의 글로벌 HRD 역량 부족으로 한국인 주재원을 체계적으로 육성하는 데 다소 문제점이 발생하고 있다(Lee, 2005; 리상섭과 최효식, 2006, 2007; 리상섭, 2012).

(2) 한국인 주재원의 현황과 이슈 ⁰

주재원 육성에 대하여 논의하기 전 한국 기업의 주재원 현황과 이슈를 정리해 보면 다음과 같다(리상섭, 2015, 3월, 53-54; 리상섭, 2017).

첫째, 지역에 따라 한국인 주재원 후보자의 수가 충분하지 않다(Lee, 2004; Lee, 2005; 리상섭과 최효식, 2006; 리상섭과 최효식, 2007; 리상섭, 2012). 일반적으로 한국 기업은 한국인 주재원 후보자를 일정 수준의 어학 점수와 3년간의 고과 점수 등을 바탕으로 선발한다. 그러나 상대적으로 인력을 쉽게 확보할 수 있는 미국이나 중국의 주재원 후보자는 필요한 주재원의 2~3배수의 충분한 주재원 후보자를 선발하고 관리하지만, 아프리카와 중동 지역과 같은 특수 지역은 필요한 주재원의 수보다 부족한 수의 주재원 후보자가 선발 및 관리되기도 한다. 따라서, 지역에 따라 주재원 선발 단계에서 충분한 수의 주재원 후보자가 확보되지 않을 수 있기 때문에 지역에 따라서는 검증되지 않은 주재원이 선발될 수 있다.

둘째, 상대적으로 계획에 따른 한국인 주재원의 정시 파견율보다 해외 법인의 요청 등에 따른 수시 파견율이 높다. 한국 기업에 따라 차이가 있으나 해외 법인 등의 요청에 따른 주재원의 수시 파견율이 정시 파견율 대비 50% 이상인 한국 기업이 많다. 따라서, 검증된 주재원이 선발되지 않거나, 검증된 주재원 후보자라도 수시 파견으로 인해 기본적으로 정해진 주재원 육성 프로그램을 이수하지 못하는 경우도 많다.

● 리상섭(2017). 글로벌 HRD. 이찬, 리상섭, 신제구, 이성엽, 전기석(편). 인적자원개발론: HRD 이론과 실제의 내용 중 주재원 육성을 발췌 및 수정보완함.

셋째, 팀장 경험이 없는 한국인 주재원의 파견으로 한국인 주재원과 현채인 간의 리더십 문제가 자주 발생한다(리상섭, 2012). 한국 기업은 앞서 설명한 바와 같이 해외 법인과 지사의 조직 책임자로 본사의 문화와 시스템에 익숙한 한국인 주재원을 주로 파견한다(Lee, 2004, 2005; 리상섭과 최효식, 2006, 2007; 리상섭, 2012). 따라서, 한국 기업의 해외 법인과 지사의 인적 구성은 현채인이 대다수를 구성하고 있으나 아직까지 선임 조직 책임자 및 최고 경영층은 대다수 한국인 주재원이 담당하고 있다(Lee, 2004, 2005; 리상섭과 최효식, 2006, 2007; 리상섭, 2012). 한국 기업에 따라 차이가 있으나 일반적으로 한국인 주재원의 한국에서의 직급은 사원에서부터 부장으로 이 중 한국에서 팀장 역할을 수행하고 주재원으로 파견된 한국인 주재원의 수는 많지 않다. 주재원의 선발이 실무 업무 능력을 기반으로 선발되기 때문에 주재원 후보자의 실무 역량은 일반적으로 검증이 되어 있다. 그러나 주재원 후보자의 경우 팀을 이끌어 본 리더의 경험이 없어도, 해외 법인과 지사 파견 시 해당 법인 또는 지사의 현채인 직속상사로 파견되는 경우가 많다. 물론 글로벌화가 상당한 수준에 오른 일부 한국 기업의 경우 한국인 주재원이 현채인의 부하사원이나 고과권이 없이 본사와 법인 및 지사간의 조율을 담당하는 코디네이터의 역할을 담당하기도 하나 이 경우는 매우 소수이다. 따라서 이문화 상황에서 효율적으로 사람을 관리하고 성과를 관리하는 리더십의 부재로 인해 현채인과의 갈등 상황이 많이 발생한다.

넷째, 한국인 주재원의 부족한 이문화 이해와 다양성 관리 역량이다(Lee, 2004; Lee, 2005; 리상섭과 최효식, 2006; 리상섭과 최효식 2007; 리상섭, 2012). 한국 기업은 주로 업무 역량에 바탕한 직무 전문성이 높은 한국인 임직원을 주재원으로 선발한다. 그러다 보니 상대적으로 다른 문화권의 현채인과 함께 의사소통하고 협업할 수 있는 이문화 이해와 다양성 관리 역량에 대한 관심이 상대적으로 높지 않았고 동시에 그러한 역량을 높일 기회도 적었다. 특히, 이문화 이해와 다양성 관리 역량은 단순히 몇 시간의 교육 훈련을 통해 단기간에 개발되는 역량이 아니라 필요에 따라 개인의 관점을 변화시키는 과정이기 때문에 다양한 사례를 통한 비판적 성찰과 자기 인식이 필요한 다소 시간이 소요되는 과정이다. 따라서 해외 법인 또는 지사에 근무하는 한국인 주재원과 현채인 사이에 신뢰가 구축되지 못한 상황에서 이문화 이해와 다양성 관리 역량에 바탕한 상호 이해가 부족한 경우가 종종 발생한다.

다섯째, 배우자 또는 자녀의 현지 생활 부적응이다. 아직까지 한국 기업에서 주재원 업무수행 시 배우자나 자녀의 현지 부적응에 대한 이슈는 한국인 주재원의 이슈와 비교하여 현실적으로 문제가 발생함에도 불구하고 상대적으로 많이 노출되고 있지 않다. 하지만 현실적으로 주재원의 해외 법인 또는 지사 파견 후 배우자나 자녀의 해외 현지 부적응으로 인해 주재원이 한국으로 조귀 귀임하는 경우도 종종 있다.

(3) 한국인 주재원의 필요 역량[*]

국내 주재원의 필요 역량에 대한 연구는 크게 네 가지 관점에서 진행되었다(리상섭, 2012). 첫째, 한국인 주재원의 관점에서 바라본 한국인 주재원의 개인 필요 역량 연구에 초점을 둔 연구(Lee, 2004, 2005),

---

● 리상섭(2012). 한국인 주재원의 필요 역량에 대한 한국인 주재원과 현채인의 인식 차이 분석. 지식융합, 2, 160-188의 내용을 발췌 및 수정보완함.

둘째, 한국인 주재원의 관점에서 한국인 주재원의 필요 역량을 개인과 환경의 차원에서 한국인 주재원 업무수행결과에 영향을 미치는 요인을 분석한 연구(리상섭과 최효식, 2006), 셋째, 한국 글로벌 기업의 해외 법인에 근무하는 현채인의 관점에서 본 한국인 주재원의 개인과 환경 차원에서의 필요 역량 분석에 관한 연구(리상섭과 최효식, 2007), 넷째, 글로벌 기업의 해외 법인에 근무하는 한국인 주재원의 필요 역량에 대한 한국인 주재원과 현채인의 인식 차이 분석 연구(리상섭, 2012)이다.

나는 문헌 분석과 한국 글로벌 기업의 한국인 주재원의 핵심 역량 모델을 바탕으로 해외에서 성공적인 주재원 업무 수행을 위한 주재원의 역량으로 언어, 이문화, 직무, 리더십개인 성격, 대인 관계, 종합, 가족 역량군의 5가지 역량군을 제시하였다(Lee, 2004, 2005). 그러나 한국인 주재원에 대한 연구(Lee, 2004, 2005; 리상섭과 최효식, 2006, 2007; 리상섭, 2012)에 의하면, 한국인 주재원의 성공적인 해외 업무 수행을 위한 환경 요소 중 조직의 기능과 역할에 대한 연구는 많지 않으며, 현재 업무를 수행하고 있는 한국인 주재원을 대상으로 한 선행 연구 또한 많지 않다고 주장한다. 즉, 주재원이 근무하고 있는 회사로 대표될 수 있는 조직 영역은 조직의 주재원에 대한 기대, 조직의 주재원의 업무 관련 자원의 제공, 조직의 주재원에 대한 공정한 평가와 보상, 주재원이 속한 조직의 주재원에 대한 우호적인 조직 문화, 조직에서 제공하는 주재원에 대한 교육 및 경력 개발, 주재원이 근무하는 조직에서의 역량 있는 부하 사원의 확보, 조직에서의 주재원에 대한 충분한 권한 부여 등 환경적인 측면에 속하는 다양한 조직 영역이 있을 수 있다(리상섭과 최효식, 2006, 2007).

기존의 교육 훈련 중심이었던 한국인 주재원의 개인 역량뿐만 아니라 선호, 조직, 가족 변인 또한 한국인 주재원의 업무수행결과를 예언하는 중요한 변인임을 경험 과학적으로 확인하였다(리상섭과 최효식, 2006). 그러므로 한국인 주재원의 선발 및 육성 과정에 주재원 개인의 역량뿐만 아니라 주재원의 선호 및 조직의 후원과 가족에 대한 배려가 필요하며, 교육 훈련만으로 쉽게 풀 수 없는 개인의 선호 문제와 환경적 측면의 조직 후원, 가족 문제 등을 개인과 환경의 전체적인 관점에서 교육 훈련과 함께 조직 문화 및 조직 구조를 재설계해야 한다(리상섭과 최효식, 2006).

한국 글로벌 기업의 해외 법인에 근무하는 현채인의 관점에서 본 한국인 주재원의 필요 역량 분석 연구(리상섭과 최효식, 2007)를 통해 다음과 같이 결론을 제시한다. 한국 글로벌 기업의 해외 법인에 근무하는 현채인의 관점에서 본 한국인 주재원은 직무는 잘 수행하나 외국어와 이문화를 바탕으로 한 리더십/관리 역량이 부족하고, 조직 구성원들이 합의한 명확한 법인/부서의 성과 목표 설정, 목표달성을 확인할 수 있는 측정 가능한 구체적인 평가 지표 개발, 업무 성과 달성에 대한 이해 관계자의 구체적이고 시의적절한 피드백 제공, 업무추진상의 권한과 책임의 부여가 매우 낮은 것으로 확인되어 한국 글로벌 기업의 해외 법인에 근무하는 한국인 주재원의 외국어, 이문화, 리더십/관리 역량(조직 운영, 성과 관리, 직원 육성, 동기 부여, 문제 해결, 미래 예측, 갈등 관리/협상 역량) 증진을 위한 다양한 방법과 교육 훈련이 필요하며, 조직 구성원들이 합의한 명확한 법인/부서의 성과 목표 설정, 목표달성을 확인할 수 있는 측정 가능한 구체적인 평가 지표 개발, 업무 성과 달성에 대한 이해 관계자의 구체적이고 시의적절한 피드백 제공, 업무추진상의 권한과 책임의 부여를 증진시킬 필요성이 있다(리상섭과 최효식, 2007).

한국인 주재원의 필요 역량에 대한 한국인 주재원과 현채인의 인식 차이 분석에 대한 연구(리상섭, 2012)는 한국의 국가 브랜드가 서구 선진 국가보다 상대적으로 낮은 상황에서, 한국 글로벌 기업에 근무하고 있는 현채인의 관점에서 바라 본 한국인 주재원에 대한 연구에 중요한 시사점을 제공한다. 이 연구에서는 한국인 주재원의 관점에서 평가한 한국인 주재원의 필요 역량뿐만 아니라 현채인의 관점에서 바라 본 한국인 주재원에 대한 인식 분석을 바탕으로 한국인 주재원 선발 및 교육 훈련을 설계하는 것이 중요한 것으로 나타났다(리상섭, 2012). 특히 한국인 주재원이 이문화 상황 하에서 리더십/관리 역량을 바탕으로 언어 역량과 직무 역량을 강화할 수 있도록 교육 훈련이 설계될 필요성이 있는 것으로 나타났다. 또한, 해외 법인/지사 진단 및 지원 시 한국인 주재원의 관점과 현채인의 관점에서 평가한 해외 법인/지사의 조직에 대한 인식 분석을 바탕으로 해외 법인/지사가 성과 목표와 피드백, 도구와 자원, 평가와 보상, 관계 영역을 긍정적으로 강화할 수 있는 방향으로 재구조화되어야 하는 것을 발견하였다.

나는 개인적 측면에서 현채인이 한국인 주재원에게 가장 많이 요구하는 역량은 리더십/관리 역량이라고 설명한다(리상섭, 2012). 즉, 해외 법인/지사로 파견되는 한국인 주재원은 한국에서의 조직 책임자 수행 경험 여부와 상관없이 해외 현지에서 현채인의 조직 책임자 역할을 수행하나, 이문화 상황에서 현채인을 대상으로 적절한 리더십/관리 역량 발휘가 어렵다고 주장한다. 따라서 한국 기업의 한국인 주재원 선발 시 어학 및 직무 역량뿐만 아니라 조직 책임자 경험이 반영되어야 하며, 해외 법인/지사의 상황에 따라 한국인 주재원이 조직 책임자뿐만 아니라 현채인 조직 책임자의 조직 구성원으로 일할 수 있는 구조가 되어야 한다.

또한, 현채인은 환경적 측면에서 해외 법인/지사의 현재 성과 목표와 피드백, 도구와 자원, 평가와 보상, 관계 영역을 필요 역량 수준까지 끌어 올려야 한다고 인식하고 있다고 설명한다(리상섭, 2012). 즉, 한국 기업은 해외 현지 법인/지사에서 현채인을 대상으로 한국적 조직 운영을 하며, 이는 현채인의 한국적 조직 운영에 대한 몰이해와 연관되어 환경적 측면에 있어 많은 문제를 발생할 수 있다고 주장한다(리상섭, 2012). 따라서 한국 기업은 법인/지사의 상황에 따라 적절한 현지 방식의 조직 운영과 더불어 현채인을 대상으로 한국 문화 이해, 한국적 조직 운영 이해, 한국 기업 이해와 관련된 교육 훈련 및 기타 제도, 환경을 제공해야 한다고 주장한다(리상섭, 2012).

현지 채용인 육성

삼성전자, 현대자동차, LG전자 등을 주축으로 한국 기업의 글로벌화, 현지화, 해외 매출 증가 등과 연동하여 현채인의 수는 빠르게 증가하고 있으나 한국 기업의 본사 또는 해외 법인 및 지사에 근무하는 현채인에 대한 선행 연구는 매우 부족한 상황이다. 일반 연구자의 입장에서 한국 기업의 현채인의 대한 데이터 접근이 어려울 뿐만 아니라 일부 한국 기업 내에서 연구된 현채인의 데이터 또한 외부로 잘 노출되어 있지 않다. 일반적으로 한국 기업의 현채인은 글로벌화를 위한 전략적 파트너의 역할을 수행해야 함에도 불구하고 아직까지 일부 한국 기업에서는 현채인을 해외 진출 초기의 저임금 및 단순 노동자로 보는 관점이 있는 것도 현실이다. 따라서, 한국 기업의 현채인을 글로벌화를 위한 진정한 전략적 파트너로 바라보는 시각의 전환이 매우 필요하다.

(1) 현지 채용인의 특징

한국 기업의 현채인은 좀 더 구체적으로 살펴보면 한국계 현채인과 비한국계 현채인으로 구성되어 있으며, 비한국계 현채인이 다수로 구성되어 있다. 따라서, 한국 문화와 한국어에 상대적으로 익숙한 소수의 한국계 현채인과 그렇지 않은 다수의 비한국계 현채인 간의 이슈가 종종 발생하기도 한다. 한국계 현채인의 경우 소수이지만 한국인 주재원과의 관계가 다수인 비한국계 현채인과 비교하여 가까운 경우가 많아 다수인 비한국계 현채인이 소외감을 느끼기도 한다. 상대적으로 한국계 현채인의 경우 대우는 현채인과 동일하게 받는 반면, 한국계 현채인이라는 이유로 종종 한국인 주재원에게 요구되는 업무량과 조직 문화를 수행해야 하기 때문에 그에 대한 이슈가 발생하기도 한다.

한국 기업의 현채인의 경우 일반적으로 영어 또는 현지어를 사용하며, 상대적으로 한국어를 사용하는 현채인의 수는 적은 편이다. 따라서, 한국인 주재원의 어학 역량이 부족한 경우 한국어가 가능한 비한국계 현채인의 채용이 쉽지 않기 때문에 종종 한국어가 가능한 한국계 현채인을 채용하는 경우가 많다. 따라서, 한국어가 가능한 현채인의 채용이 많아질수록 반대로 한국인 주재원의 어학 역량이 잘 늘지 않는 경우도 종종 있다.

한국 기업의 현채인은 어학과 조직문화 등 다양한 이유로 상대적으로 근속 연수가 짧으며, 해외 법인과 지사의 상황에 따라 다르나 일반적으로 연령, 경험, 직급 등이 한국인 주재원과 비교하여 상대적으로 낮은 경향이 있다. 또한, 한국 기업의 임직원은 글로벌 기업의 임직원과 비교하여 상대적으로 제3국인Third-country nationals: TCNs의 수가 매우 적어, 한국 기업의 현채인은 본인이 채용된 국가의 법인과 지사에서만 근무하는 경우가 매우 많다. 따라서, 한국 기업의 현채인은 한국 본사보다 해외 법인 또는 지사에 근무하는 인원 수가 절대적으로 많다.

(2) 현지 채용인의 현황과 이슈

한국 기업의 현채인의 현황과 이슈를 정리해 보면 다음과 같다.

첫째, 한국 기업 특히 해외 법인과 지사에 근무하고 있는 현채인이 육성될 수 있는 현채인 인사제도와 경력개발 제도를 구축해야 한다. 일반적으로 한국 기업에는 제3국인Third-country nationals: TCNs의 수가 매우 적어, 해외 법인과 지사에 근무하고 있는 현채인은 퇴직 전까지 본인이 근무하는 해외 법인과 지사에서만 근무하게 된다. 이는 한국 기업의 해외 법인과 지사에 근무하는 현채인의 경우 500~3,000여명 규모의 생산 법인 또는 10~50여명 규모의 판매 법인에 근무하여, 실제로 중소기업에 근무하는 상황과 동일한 조건에서 근무하게 된다. 따라서, 현채인 육성을 위해 글로벌 HR과 연동한 다양한 인사제도와 경력개발 제도의 구축이 필요하다.

둘째, 해외 법인과 지사에 근무하고 있는 대다수의 현채인을 대상으로 한 육성 체계가 구축되어야 한다. 핵심인재로 분류되는 소수의 현채인을 대상으로 한 한국 방문 교육 이외에 해외 법인과 지사에 근무하는 대다수의 현채인을 대상으로 한국의 한국인 임직원과 동일한 육성 체계가 필요하다(리상섭, 2017). 특히 기업 상황에 맞게 해외 지역 총괄 또는 해외 대표 법인을 중심으로 해외 지역 HRD 센터를 구축하고, HRD 주재원, 비한국인 HRD 매니저, 비한국인 HRD 스탭 등의 인력을 배치하여 한국 본사의 HRD 인재육성 시스템과 제도가 해외 현지에서 잘 운영될 수 있도록 해야 한다(리상섭, 2011, 8월; 리상섭, 2017). 즉 한국 본사, 해외 지역 총괄, 해외 법인, 해외 지사로 유기적으로 이어지는 현채인 육성이 필요하다(리상섭, 2017). 그림 1-5는 한국 본사 및 본부, 해외 지역 총괄, 해외 법인의 HRD 조직의 유기적인 역할을 보여주고 있다.

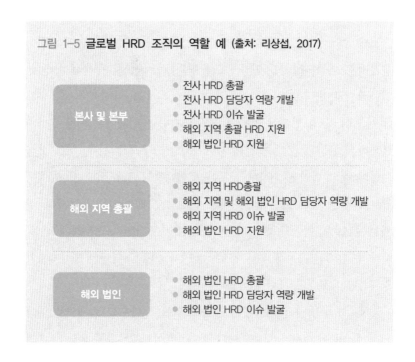

그림 1-5 글로벌 HRD 조직의 역할 예 (출처: 리상섭, 2017)

본사 및 본부
- 전사 HRD 총괄
- 전사 HRD 담당자 역량 개발
- 전사 HRD 이슈 발굴
- 해외 지역 총괄 HRD 지원
- 해외 법인 HRD 지원

해외 지역 총괄
- 해외 지역 HRD총괄
- 해외 지역 및 해외 법인 HRD 담당자 역량 개발
- 해외 지역 HRD 이슈 발굴
- 해외 법인 HRD 지원

해외 법인
- 해외 법인 HRD 총괄
- 해외 법인 HRD 담당자 역량 개발
- 해외 법인 HRD 이슈 발굴

또한, 해외 법인과 지사의 상황에 맞게 현채인 육성을 위해 한국의 한국인 임직원을 대상으로 한 '대졸 신입 사원 육성과 경력 신입 사원 육성', '대리, 과장, 차장, 부장 진급자 대상 육성', '(팀장 후계자인) 대리, 과장, 차장 대상 핵심인재 육성', '(팀장) 조직 책임자 육성', '(임원 후계 자인) 조직 책임자 핵심 인재 육성', '임원 육성' 프로그램 등을 도입 및 적용해야 한다(리상섭, 2017).

셋째, 현채인 육성을 위한 다양한 영어 또는 현지어 교육 프로그램 및 강사 풀의 확보가 필요하다. 해외 법인과 지사에 근무하는 현채인 대상 직무 교육, 리더십 교육 이외에 이문화 이해와 다양성 관리 증진, 한국 기업 및 자사 기업 문화 이해, 자사 경영철학 또는 WAY 등의 다양한 교육 프로그램이 필요하다(리상섭, 2017). 특히, 앞서 언급한 다양한 교육 프로그램이 영어 또는 현지 주요어 교육 프로그램으로 개발되어야 한다. 특히 교육 프로그램을 공통 필수 모듈과 지역에 따라 교체가 가능한 주문식 모듈로 구성하여, 필요에 따라 지역별로 조합하여 사용할 수 있어야 하며, 기본적인 교육 프로그램은 한국의 한국인 임직원과 해외 법인과 지사의 현채인이 동일한 내용을 수강할 수 있도록 구성하고 단순한 이론 수업이 아닌 실제 문제를 해결하는 교육 프로그램으로 고도화 해야 한다(리상섭, 2017). 교육 프로그램은 초기 한국어 교육 프로그램을 번역하는 단계에서 영어 교육 프로그램의 직접 개발을 거쳐 현지 주요어 교육 프로그램으로 번역 또는 직접 개발하는 단계로 개발해야 한다(리상섭, 2017). 또한 영어 또는 현지 주요어 교육 프로그램을 전달하는 전달 주체와 방법을 다양화하여 강사 풀을 확대하고 해외 법인과 지사의 현채인을 전달 주체인 강사로 활용하여 현채인을 동기부여 하는 것도 필요하다. 다양한 교육 프로그램의 전달은 초기 한국인 강사를 통한 순차 통역 또는 동시 통역을 거쳐 한국인 강사의 직접 영어 강의 단계로 나아가며 이후 현채인 강사의 영어 강의 또는 현지어 강의로 진행해야 한다(리상섭, 2017).

넷째, 현채인 대상 이문화 이해와 다양성 관리 증진 프로그램과 한국 기업 및 자사 기업 문화 이해 프로그램을 강화해야 한다. 해외 법인과 지사에 근무하는 현채인의 가장 큰 이슈 중 하나는 한국인 주재원과의 의사소통을 위한 언어 이슈와 위계 질서를 따지고 집단주의 성향을 보이는 조직문화 이슈이다. 조직 내외부에 영어로 개발된 검증된 한국형 '이문화 이해와 다양성 관리 증진 프로그램'이 많지 않으며, 특히 자체 개발 또는 외부 프로그램 및 강사 도입이 상대적으로 가능한 대기업과 중소기업의 프로그램 도입 차이가 매우 크다. 한국 기업 및 자사 기업 문화 이해 프로그램의 개발과 강사풀의 확보는 상대적으로 쉬운 편이나 두 프로그램 모두 프로그램의 자체 개발 또는 외부 프로그램의 도입과 이러한 프로그램을 전달할 수 있는 검증된 강사풀의 확보는 또 다른 이슈로 검증된 강사풀 확보를 위한 다양한 노력이 필요하다.

(3) 현지 채용인의 필요 역량

한국 기업의 본사 또는 해외 법인 및 지사에 근무하는 현채인의 필요 역량에 대한 선행 연구는 매우 부족한 상황이다. 앞에서 언급한 바와 같이 일반 연구자의 한국 기업의 현채인에 대한 데이터 접근이 어렵고, 일부 한국 기업 내에서 연구된 현채인에 대한 데이터는 외부에 잘 노출되어 있지 않다. 다만, 큰 틀에서 한국 기업의 현채인에게는 한국인 임직원 또는 한국인 주재원에게 필요한 역량과 동일한 역량을 육성하는 것이 필요하며, 동시에 한국 기업의 현채인에게 추가적으로 필요한 역량이 있는지에 대한 후속 연구가 필요하다.

한국 기업의 한국인 주재원 적정 인원 수[●]

한국 기업의 해외 현지화와 관련하여 한국인 주재원의 적정 인원 수에 대하여 많은 논란이 있다. 한국 기업의 해외 현지화에 따른 해외 법인과 지사의 한국인 주재원의 적정 인원에 대한 논란은 지금도 지속되고 있으며, 선진 글로벌 기업의 모국 출신 해외 주재원의 수와 한국 기업의 한국인 주재원의 수를 단순 비교하여 한국인 주재원의 수를 몇 년 내에 갑자기 줄여야 한다고 주장하는 의견도 많다(리상섭, 2012, 10월). 그러나 한국 기업의 적정한 한국인 주재원의 수는 해당 조직의 글로벌 전략과 글로벌화에 맞는 적정 인원을 산정해야 하는 문제이지 단순히 한국인 주재원의 수가 선진 글로벌 기업의 주재원 수보다 많다는 이유로 조직이 준비되지 않았는데 한국인 주재원의 수를 단기간에 줄이면 갑작스런 한국인 주재원의 인원 감소로 인한 부작용이 클 수도 있다(리상섭, 2012, 10월). 오히려 적정한 한국인 주재원의 인원 규모 문제는 부적격 한국인 주재원의 수를 줄여나가면서 한국인 주재원 후보자 육성과 파견 전 육성을 통해 해당 주재원에게 많은 준비와 지원을 제공하고, 해외 법인과 지사의 현채인과 조직의 현지화 성숙도에 따라 점진적으로 한국인 주재원의 수를 조절하는 것이 필요해 보인다(리상섭, 2012, 10월)

● 리상섭(2017). 글로벌 HRD. 이찬, 리상섭, 신제구, 이성엽, 전기석(편). 인적자원개발론: HRD 이론과 실제의 내용 중 주재원 육성을 발췌 및 수정보완함.

참고문헌

리상섭과 최효식 (2006). 한국인 주재원 업무수행결과에 영향을 미치는 요인 분석: A사 중심으로. Andragogy Today: Interdisciplinary Journal of Adult and Continuing Education, 9(3), 83-105.

리상섭과 최효식 (2007). 한국 글로벌 기업의 해외 법인에 근무하는 현채인의 관점에서 본 한국인 주재원의 필요 역량 분석. 직업교육연구, 26(1), 119-138.

리상섭 (2011, 8월). 글로벌 기업의 임직원 육성을 위한 글로벌 HRD 구축 방안. 월간HRD, 252, 24.

리상섭 (2012). 한국인 주재원의 필요 역량에 대한 한국인 주재원가 현채인의 인식 차이 분석. 지식융합, 2, 160-188.

리상섭 (2012, 1월). 한국 글로벌 기업의 이문화 이해 교육 트렌드. 월간인사관리, 269, 17.

리상섭 (2012, 10월). 해외 법인의 한국인 주재원: 줄여야 하는가?. 경영계, 400, 50-51.

리상섭 (2013, 9월). 한국 글로벌 기업의 주재원 육성 트랜드. 월간HRD, 277, 16-17.

리상섭 (2014, 12월). 한국 글로벌 기업의 주재원 육성. 월간인사관리, 304, 17.

리상섭 (2015, 3월). 조기 귀국하는 해외 주재원 그들이 실패하는 이유는?. HR Insight, 718, 52-55.

리상섭 (2016, 2월). 이문화 이해해야 글로벌 리더: 실무형 맞춤형 '미니 MBA'를 활용하다. 동아비즈니스리뷰, 1(194), 63-69.

리상섭 (2017). 글로벌 HRD. 이찬, 리상섭, 신제구, 이성엽, 전기석(편). 인적자원개발론: HRD 이론과 실제(pp. 231-259). 파주: 양서원.

Hofstede, G., & Hofstede, G. J. (2005). Cultures and organizations: software of the mind. New York, NY: MaGraw Hill.

Lee, S. S. (2004). A needs analysis from the perspective of Korean expatriates working for a Korean global corporation. University of Texas at Austin, Unpublished doctoral dissertation.

Lee, S. S. (2005). A needs analysis form Korean expatriates with expatriate working experience of 1 year or less in a Korean global corporation. Andragogy Today: Interdisciplinary Journal of Adult and Continuing Education, 8(1), 57-93.

Briscoe, D. R. (1995). International human resource management. Englewood Cliffs, New Jersey: Prentice Hall.

Dowling, P. J., Welch, D. E., & Schuler, R. S. (1999). International human resource management: Managing people in a multinational context. Cincinnati, Ohio: South-Western College Publishing.

CHAPTER 2

해외주재원이
글로벌 성장 동력이다

해외주재원
제대로 알기

한국 기업들은 대내외 통상 압력에 대응하고, 새로운 시장을 찾고자 해외로 진출하는데, 이때 해외조직에 근무하는 자사의 임직원을 해외주재원이라고 한다. 해외주재원은 일반적으로 본국인Parent Country Nationals, PCNs, 현지국인Host Country Nationals, HCNs, 그리고 제3국인Third Country Nationals, TCNs으로 구분된다. 본국인은 본사가 위치한 국가에서 직접 해외로 파견하는 경우이고, 현지국인은 현지인을 뽑아 채용한 경우이다. 제3국인은 현지 조직의 원활한 경영 활동을 위해 다른 나라의 인력을 현지로 배치하는 경우이다. 해외주재원은 보통 본국인이거나 제3국인인 경우가 많다.

한국에서 해외주재원은 보편적으로 본사에서 해외조직으로 파견된 근무자를 뜻한다. 기업에 따라 FSEForeign Service Employee또는 ISEInternational Service Employee라는 용어를 사용하기도 하는데, FSE는 해외주재원, ISE는 현지 채용인 또는 현지에 채용된 제3국인을 이른다. 이들은 다시 직업적 주재원Career Expatriate과 전통적 주재원Conventional Expatriate으로 구분된다. 직업적 주재원은 일정한 근무 기간 없이 해외사업 현장을 옮겨 다니며 근무한다. 즉 단기간에 본국으로 되돌아갈 의사 없이 세계 각국의 여러 사업 현장을 장기간 순환하면서 근무하는 경우이다. 전통적 주재원은 본사와 밀접하게 관계를 유지하면서 직업적 주재원보다 2~4년 정도의 짧은 기간 동안 해외조직에 근무하는 경우를 말한다.

근무 기간에 따라서도 해외주재원의 유형을 구분할 수 있다. 해외조직 근무 기간이 1년 미만인 경우는 단기주재원, 1년 이상의 경우는 장기주재원으로 나뉜다. 어떤 기업은 근무 기간 2년 미만의 경우를 단기주재원으로 규정하고 2~5년까지 근무하는 경우를 장기주재원으로 규정하기도 한다.

1세대부터
4세대에 이르기까지

한국 기업은 1970년대 접어들며 본격적으로 해외 진출의 첫걸음을 내딛는다. 이때 파견한 해외주재원은 1세대 주재원으로서 주로 건설업 분야에서 수주한 해외건설 프로젝트를 관리했다. 그 이후 건설뿐 아니라 그 외 다양한 산업 분야에서 해외 진출이 이루어졌고, 현지법인과 주재원의 수는 급격히 증가했다. 해외주재원의 역할과 중요성도 점점 부각되었다. 시장 개척, 매출 증대, 생산 및 품질관리 등 다양한 직무로 그 역할이 확대되었다. 이뿐만 아니라 해외조직의 자산을 원활하게 관리하고 국내와 매우 다른 문화권의 현지 채용인들을 효율적으로 관리하는 등 경영 성과를 도출하는 데 없어서는 안 될 중요한 인재가 되었다.

하지만 핵심 인재에 대한 일종의 보상과 같았던 해외 파견에 대한 인식이 2000년대 들어 변화하기 시작했다. 이전까지는 특정 인재를 해외주재원으로 파견하는 것은 인적자원 관리의 자연스러운 현상이었지만 도리어 해외 근무에 대한 매력이 반전되는 양상이 나타나기 시작한 것이다. 해외주재원의 중요성은 나날이 강조되어 가는데, 정작 인적자원이 뒷받침되지 않으니 기업에 적신호가 켜진 셈이다.

이 난관을 극복하려면 국내 기업의 글로벌 인적자원 관리와 육성에 대한 변화가 불가피하다. 따라서 한국 기업이 해외에 진출하기 시작한 1970년대부터 현재에 이르기까지 해외주재원의 특성 및 역할에 따라 해외주재원의 세대를 구분하고, 과거와 달라진 현재 및 미래 해외주재원의 역할과 그에 따른 기업 차원에서의 육성 방법을 알아볼 필요가 있다.

태동하는 1세대 주재원(1970년대~1980년대)　1970년대에 들어서면서 종합상사 지정제도 실시와 건설업의 중동 진출이 해외 진출의 출발점이 되면서 정부는 만성적인 외화 부족의 해소와 국가경제 발전을 목표로 수출산업을 적극적으로 육성했다. 이에 삼성, 현대, 효성, 대우, 선경, 쌍용 등 당시 굴지의 대기업들이 해외시장 개척과 해외 프로젝트 수주에 열을 올리며 본격적으로 해외주재원을 파견하기 시작했다. 이 시기의 해외주재원을 1세대로 지칭할 수 있다.

1세대 해외주재원들은 주로 건설 및 무역산업 분야에 파견되었다. 이들의 역할은 건설업 분야에서는 수주한 해외 건설 프로젝트를 공기 내에 완수하는 프로젝트 관리였고, 무역업 분야에서는 원자재를 수입하는 것이었다. 파견지는 주로 기술을 배울 수 있고, 부품의 소재를 수입할 수 있는 미국과 일본 혹은 해외 건설 프로젝트를 발주한 중동 지역이었다.

1980년대까지 우리나라 기업의 국제화 정도는 매우 낮았고, 외환 보유 사정도 좋지 않아 해외주재원으로 파견되는 경우는 선택된 소수만이 누리는 특권으로 여겨졌다. 기업에서는 핵심 인재를 선발해 해외로 파견했고, 파견된 핵심 인재들은 파견지에서의 역할 수행 후 귀임하여 기업의 고급관리자나 임원으로 승진하는 경력 개발로 이어졌다. 국내 근무자보다 높은 임금과 수당 보장은 물론, 미래의 승진도 보장되었던 1세대 해외주재원은 선망과 동경의 대상으로서 그 자체가 회사 내의 인센티브나 보상으로 작용하기도 했다.

성장하는 2세대 주재원(1990년대) 1990년대에 이르러 한국은 7%의 높은 경제성장률을 보이며 세계시장 진출을 가속화했다. 이 시기의 2세대 해외주재원은 단순히 정해진 기간 내에 주어진 프로젝트를 관리하던 1세대 해외주재원과 달리 일정 기간의 임기를 부여받고 해외로 파견되었다. 역할도 해외 영업 및 마케팅으로 변화되어 한국에서 생산된 제품의 판매를 위해 해외시장 및 고객을 발굴했다. 진출 분야도 건설 및 무역업에서 조선, 전자 및 자동차 등으로 확장되었다. 파견지도 미국, 일본, 중동 지역에서 유럽, 동남아시아, 북미 등으로 다변화되었다.

해외주재원으로서의 경력은 1세대 해외주재원과 마찬가지로 귀임 후 큰 경쟁력이 되어 고급관리자나 임원으로 승진하는 데 디딤돌이 되었다. 1997년 이전의 한국은 빠른 경제성장을 통해 해외시장 진출을 활발히 모색하던 시기였기 때문이다.

전환의 기로에 선 3세대 주재원(1990년대 후반~2000년대) 1997년 발생한 한국의 IMF 구제금융신청은 한국 기업 경영의 패러다임을 바꿨다. 외환위기로 인해 국내 기업은 구조조정이 불가피해지면서 많은 인력을 퇴출시켰고, 해외조직도 국내 본사의 영향을 받아 핵심 진출지 외의 해외법인 및 지사의 해외주재원들도 구조조정 대상이 되었다. 특히 2000년대 이후 해외 진출이 가장 활발했던 대우그룹이 해체되면서 그들의 해외조직 및 해외주재원들은 삼성, 현대자동차 등에 흡수되었다.

2세대 해외주재원들이 주로 전자 및 자동차산업에서 파견되었다면 외환위기 이후 해외주재원들은 IT, 조선, 유통산업으로 파견 산업군이 보다 다양화되었다. 한국 기업들이 생산거점을 국내에서 해외로 옮기면서 생산 및 품질관리가 새로운 세대의 중요한 역할이 되었다. 또한 중국과의 수교 이후 중국과 중국 주변국인 동남아시아로 생산거점이 이동되면서 해외주재원의 파견지도 구미와 유럽에서 중국과 동남아시아 위주로 개편되었다. 많은 한국 기업들이 경제불황을 극복하고자 경영 규모를 축소하면서 생산기지를 해외로 옮겼기 때문이다. 3세대의 해외주재원들은 1, 2세대의 해외주재원과는 달리 프로젝트 관리, 해외 영업 및 마케팅 외에 해외 공장의 생산 및 품질관리 직군의 엔지니어 등이 본격적으로 파견되기 시작했다.

융합하는 4세대 주재원(2000년대 후반~현재) 2000년대 중반으로 들어서면서 빠르게 경제가 회복되었고, 해외조직과 해외주재원의 수는 외환위기 이전보다 훨씬 증가했다. 한국 기업들은 앞다투어 값싼 노동력을 찾아 중국, 동서남아시아로 진출했고, 삼성, 현대자동차 등 일부 대기업들도 북미 및 유럽 등의 선진국에서 직접 판매를 목적으로 생산기지를 건설했다. 이에 따라 4세대 주재원은 생산 및 품질관리를 주로 담당하던 3세대 주재원과는 달리 브랜드 관리, 경영관리, 매장 설립 등 다양한 현지 경영을 맡게 되면서 멀티플레이어 역할을 요구받게 되었다. 파견지도 중국, 동남아, 북미, 유럽에서 중앙아시아, 아프리카, 중남미 등 전 세계로 확장되었다.

2000년대 후반으로 들어서자 해외주재원을 파견하는 산업군도 IT, 조선, 유통산업에서 미디어, 광고 및 홍보, 자원개발, 디자인, 중장비 산업 등으로 확장되었다. 개발도상국에 생산거점을 확보하던 생산 전략도 생산뿐 아니라 제품을 직접 현지에서 판매하는 전략으로 전환되었다. 이에 따라 해외주재원의 수요가 급증하고 파견지는 다각화되었다. 하지만 앞선 세대의 해외주재원들과 달리 해외 근무에 대한 불만도 가속화되었다.

그 이유는 크게 2가지로 볼 수 있다. 우선 지금까지 진출하지 않았던 제3세계로 진출이 많아지면서 파견지 자체가 열악한 상황인 경우가 많아졌기 때문이다. 둘째, 과거 해외 근무 경험자가 적어 해외주재원이 임원 승진의 지름길 또는 핵심 인재로서의 특권으로 인식된 데 반해 요즘은 그 수가 늘어 해외 근무 경험 자체가 경력 개발로 이어지지 않기 때문이다. 이렇게 귀임 후 경력이 승진의 부스터 역할을 했던 3세대까지의 주재원들과 달리 해외주재원 경력에 대한 프리미엄 상실이 바로 4세대 주재원의 가장 큰 특징이라 할 수 있다.

그림 2-1을 보면 해외주재원이 1세대에서 4세대에 이르기까지 한국 기업의 위상과 글로벌 전략에 따라 어떻게 그 역할과 특징이 변화되

었는지 한눈에 볼 수 있다. 1~3세대의 해외주재원은 주로 해외조직의 프로젝트 관리·영업 및 마케팅·생산 및 품질관리 업무를 수행하기 위해 부족한 어학 능력을 보완해야 했고, 파견지의 문화를 습득하는 것이 필요했다.

4세대 해외주재원에게는 그보다 복합적인 직무 수행 역할이 주어졌다. 파견 산업군이 확장된 만큼 새로운 해외시장을 발굴하고 개척해야 하는 글로벌 전략을 직접 수행해야 하기 때문이다. 하지만 한국 기업들은 변화의 흐름에 따르지 못하고 기존의 해외주재원 선발 및 육성, 관리 체계를 그대로 고수하고 있다.

그림 2-1 해외주재원 세대별 특징

2000년대 후반~현재
4세대 주재원
- 선망 또는 기피
- 제3세계로 확대
- 전 산업분야
- 직무 다변화
  멀티 플레이어
- 귀임 후 불확실성 증대

1990년대
2세대 주재원
- **선망의 대상**
- 미주, 구주
- 건설, 전자, 상사 위주
- 해외영영 및 마케팅
- 귀임 후 임원 보장

1990년대 후반~2000년대
3세대 주재원
- 주재원 파견 시각의 변화
- 파견지 다변화
- 제조, 전자, IT로 다변화
- 생산, 품질, 영업 및 마케팅
- 귀임 후 프리미엄 상실

1970~1980년대
1세대 주재원
- 동경의 대상
- 미주, 중동, 일본
- 건설, 철강산업 위주
- 해외 프로젝트 진행 및 관리
- 귀임 후 임원 보장

4세대 주재원의 육성 방향은 어떻게 전환되어야 할까? 현지 환경에 적합한 경영 능력과 세계적인 안목을 가지고 경제 활동 범위를 넓힐 수 있는 해외주재원 육성에 역점을 두어야 한다. 예를 들어, 해외조직 으로 파견되기 전 이문화 적응을 위한 사전 훈련을 본사에서 받은 주 재원은 더 수월하게 현지 직무를 습득하게 된다. 글로벌 인적자원 개 발의 내용은 3장에서 자세히 알아보도록 한다.

해외조직 운영 방식

해외로 진출한 기업들의 조직은 각기 다른 전략과 규모, 그리고 방법 을 취함으로써 다양한 형태를 가진다. 일반적으로 해외조직은 출장소 또는 사무소, 지사, 법인 3가지 형태로 구분한다. 이 중 출장소와 지 사는 해외지사로 구분하고, 법인의 경우 독립채산제의 개념으로 본다.

해외 출장소 및 사무소 Liaison 해외 진출 초창기에 해외시장 규모와 매출을 예측할 수 없어 진출 국가에 사무소나 출장소를 마련하고, 1인 또는 소수의 주재원을 파견해 업무를 수행하도록 했다. 여러 계열사를 거느린 대기업의 경우, 미리 해외로 진출한 계열사의 해외조직안에 사무 실을 마련하기도 했고, 각 국가별로 랜드마크가 되는 빌딩의 조그만 사 무실을 임대하기도 했다.

출장소 또는 사무소 형태의 해외조직은 더 큰 규모의 현지 진출 전략 을 수행하기 전까지 한정적이거나 일시적인 형태의 업무를 수행하게 된다. 프로젝트 계약 체결, 인허가 획득, 시장조사, 정보와 거래 중계 등 같은 비영업적 역할을 담당한다. 즉 해외 사무소의 경우 현지 정보를 본사에 전달하는 역할을 수행할 뿐 영업이익을 일으키는 활동을 할 수 없다.

사무소 설치도 현지 중앙정부가 아닌 지방정부의 허가만 받으면 되는 경우가 많다. 해외 사무소에는 규모에 따라 1인 혹은 극소수의 주재원이 파견되며 업무에 대한 그들의 역할과 책임 범위가 매우 광범위하다. 업무의 전결권을 갖는 경우가 많아 본사에서 가장 신뢰를 얻고 있는 핵심 인재 또는 지역전문가 출신이 파견된다.

해외지사 Branch 　외국에서 영업 활동을 영위하고자 외국법에 따라 설립되는 해외조직을 해외지사라고 한다. 영미권 국가에서는 해외지사를 설립하는 데 특별히 제정된 법규나 규칙은 없으며, 해당 지역의 조례에 따라 '지사 등록'만 하면 된다. 다른 나라에서도 영미법 관례를 따르는 편이라 해외지사 설립은 전 세계적으로 쉬운 편이다.

해외지사는 본사의 자회사로 간주되며, 별다른 자본금을 필요로 하지 않는다. 이러한 특성으로 본사의 전적인 통제가 이루어지며, 본사가 해외지사의 모든 법적 책임을 가진다. 해외지사는 법인이 가지는 회계감사에 대한 의무는 없으나 재무 거래와 관련된 자료를 보관할 의무를 가진다.

해외지사는 적자가 나더라도 본사에서 해외지사로 자금 송금이 가능하기 때문에 기업들은 해외법인보다는 해외지사를 먼저 설립하여 진출하는 것을 선호한다. 진출 후 매출이 늘어나고 해외지사가 안정되어도 해외법인 형태로 격상시키지 않고 그 형태를 유지시키는 경우도 있다.

해외지사에는 본사에서 파견한 해외주재원의 비율이 매우 높은 편이다. 해외지사의 업무 활동에 필요한 현지인을 고용하고 관리하는 과정에서 현지의 노무 관련 이슈가 발생해 어려움에 처할 수 있기 때문이다.

해외법인Subsidiary 해외지사와 해외법인은 해외지사의 영업 활동에서 발생한 채무 지급 의무가 본사에 있는지 현지법인에 있는지에 따라 쉽게 구분할 수 있다.

해외법인의 경우 대표적으로 영업·판매 조직, 구매 조직, 생산 조직 그리고 기타 지원적 성격의 조직으로 나눌 수 있다. 해외법인은 조직의 통제 권한과 조직의 유무형 규모, 그리고 주요 업무 등으로 구분한다.

사업 활동을 할 때에는 지사나 현지법인이나 큰 차이는 없으나 문제가 생겼을 경우 해외지사는 한국 본사에까지 영향을 미칠 수 있는 반면, 현지법에 의해 설립된 법인체인 현지법인은 법인 투자분만큼의 문제 혹은 채무로 제한된다.

기업들은 대개 문제 발생 여지를 차단하는 차원에서는 현지법인을 선호하고 또한 법인에 관대한 법을 갖고 있는 지방정부에 정관을 등록하기도 한다. 사업 활동에서 발생된 이익을 현지에서 한국으로 이관할 때에는 해외지사의 경우 원천징수 없이 송금이 가능하나 해외법인의 경우 이윤을 주주인 모회사에 배당하는 것으로 간주해 미국의 경우에는 약 15%의 원천징수를 하게 되므로 이중과세의 문제가 발생하기도 한다.

표 2-1 **해외조직의 구분과 특징**

	해외 사무소	해외지사	해외법인
설립 절차	간소	간소	간소
설립 기간	3~4주	3~4주	3~8주
소유권	한국 본사	한국 본사	주주
주식 발행	불가능	불가능	가능
매출 및 영업 이익	불가능	가능	가능
법인세 범위	기본 세금	순이익에 따라	순이익에 따라
영업 자금 또는 자본금	불필요 또는 소액	소액	현지법에 따라
소송 시 책임	본사 책임	본사 책임	현지 책임

해외조직은 존재 목적에 따라 그 형태가 달라진다. 처음에는 사무소 형태로 진출하여 시장조사를 하고, 타당성이 확인되면 해외지사로 전환하여 영업 활동을 하다가 더 나아가서 독자적인 현지법인의 형태로 사업 활동을 하는 것이 보편적인 해외조직의 발전 단계이다.

지사와 법인 형태의 해외조직은 본사 조직보다는 역할과 책임이 확대되며 비교적 업무 유관도가 높은 주재원이 배치된다. 대부분 각 직무별로 주재원을 파견하며 그의 인적 구성은 파견된 해외주재원과 현지 채용인으로 크게 구분된다. 일부 산업의 경우 제3의 국적을 가진 인력들이 근무하기도 하고 인력의 현지화에 주력하는 조직의 경우 현지 채용의 비율이 높다. 그러나 재무 업무는 주로 한국인 주재원에게 맡긴다.

주목해야 할 해외주재원의
역할과 책임

국내 기업의 해외 진출이 꾸준한 증가세를 유지하고 있다. 연 2,700여 건의 해외 신규 법인 설립 중 중국과 동남아 등 아시아 비중이 80% 정도를 차지하고 중소기업의 비중이 증가해 2013년에는 50%에 육박했다. 하지만 늘어나는 기업 수만큼 현지 경영에 실패한 사례도 우후죽순 나타나고 있다.

　미얀마에 진출한 A기업은 작업 시간을 아끼기 위해 근로자들이 화장실에 가는 시간도 통제했다. 하루 12시간이란 근무시간 중 점심시간을 제외한 휴식 시간은 20분밖에 되지 않았다. 인도네시아에 진출한 C기업은 하루 5번 있는 이슬람교도의 기도 시간을 폐지했는데 불량률이 증가했다. 국내 중견 풍력부품 기업 M사는 독일의 기어박스 업체를 인수한 지 2년 만에 투자 원금도 회수하지 못하고 독일을 떠난 사례도 있다.

　모두 무지에서 비롯된 실패 사례로 이런 우를 범하지 않으려면 주재원 교육이 반드시 필요하다. 말레이시아에 진출한 모 기업의 법인장은 지역전문가 교육 과정을 이수한 직원들의 업무 성과가 2배 더

높게 나타난다고 했다. 최근에는 투자를 결정하는 이유도 바뀌고 있다. 과거에는 인건비, 생산비 등 비용 절감이 주된 사유였으나 지금은 해외시장 개척이 가장 큰 이유이다. 그런 만큼 해외주재원들에게 현지 시장 특성 및 고객의 소비 트렌드 파악, 현지 채용인 관리 능력 등 글로벌 경영에 맞는 소양이 요구되고 있다.

또한 한국 기업의 파견 산업과 지역이 확대됨에 따라 주재원에게 요구되는 역할과 책임을 한두 가지로 한정할 수 없게 되었다. 본국에서 맡아온 업무의 확대라고 보기에는 그 영역이 방대하다. 그렇다면 앞으로 해외주재원에게는 어떤 역할과 책임을 강조해야 하는가?

그림 2-2 **해외주재원의 주요 역할과 책임**

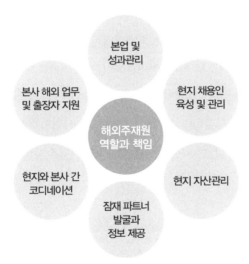

Work 1 : 본업 및 성과관리　일반적으로 해외주재원은 본국에서 수행하던 업무를 기준으로 선발하여 파견된다. 해외조직에 영업 담당이

필요할 경우 본국에서 해외 영업을 담당하는 직원이 해외주재원으로 파견되고, 품질관리 담당이 필요할 경우 본국에서 품질관리를 담당하는 직원이 해외주재원으로 파견된다. 이렇게 해외주재원은 해외에 파견되더라도 본국에서 담당하던 업무를 우선 수행하게 된다. 하지만 보통 해외조직은 본국의 본사보다 인력 규모가 작고 소수의 해외주재원이 파견되는 특성상 본국에서 담당하던 본업에 더해 추가적인 업무 수행이 요구된다.

해외주재원은 현지 조직의 관리와 감독뿐만 아니라 본사와 현지국 및 현지 거래 기업과의 조정적 지위에 있다. 이에 따라 해외조직 간의 업무 추진뿐 아니라 의견 조정, 의사소통, 지사 통제, 조직 내의 일관성을 형성하며 조직의 성과를 관리하게 된다. 진출 시장과 산업 및 목적에 따라 다를 수 있으나 주재원이 본국에서 수행하던 본업에 따라 부여받게 되는 성과관리 과제는 3가지로 구분할 수 있다.

첫째, 생산관리로서 생산 전략을 기준으로 내·외부의 생산 활동을 해외조직이 소유 또는 계약한 공장별·라인별·분임조별 생산 목표에 따라 원활하게 조율한다. 공급되는 원자재의 원가관리, 생산공정 간의 품질관리, 납기를 고려한 시간관리, 그리고 공장의 재고관리, 유휴시설 관리 등이 포함된다. 특히 이 경우 현지 채용인 관리가 중요한 과제이다.

둘째, 영업·마케팅 관리로서 본사 또는 관계사가 보유한 핵심 역량을 이용하여 판매 시장과 구매 시장을 발굴함과 동시에 현지 고객을 공략하며 매출과 직결되는 업무를 수행하게 된다. 이때 주 업무는 현지법인의 사업 성격에 따라 마케팅 규모와 대상 및 활동 목표를 결정하고 영업 및 유통 시스템을 구축하며 관리하는 것이다. 그러므로 현지에서의 매출과 고용 안정 효과를 감안한 브랜드 포지셔닝을 결정하고 현지 고객을 관리하는 것이 우선 과제이다.

셋째, 해외조직은 본사보다는 훨씬 적은 인원으로 운영되기 때문에 한 명 또는 소수의 해외주재원이 해외조직의 인사, 총무, 재무회계, 구매 등 거의 모든 경영관리 업무를 처리해야 한다. 현재까지 한국 기업들은 주로 재무회계 담당자를 해외 경영관리 총괄로 보내고 있는데, 대부분의 이유는 인사, 총무 등 다른 경영관리 직무 담당자들은 재무회계 관리에 익숙하지 않기 때문이다. 이 경우 재무회계 업무 관리는 원활하게 진행되는 반면 인사 및 총무, 구매 등의 관리에서 누수가 발생해 경영관리의 전문성이 떨어지고 체계적인 경영지원이 어려워질 수 있다. 대안으로 다른 직무를 담당하는 해외주재원들이 인사나 총무, 구매 업무를 분담하는 경우가 많다.

Work 2 : 현지 채용인 육성 및 관리 저렴한 임금, 현지 제도와 문화에 대한 높은 접근성을 갖춘 현지 채용인은 해외 경제활동의 차세대 주역으로 주목받고 있다. 하지만 아이러니하게도 한국 기업들은 그들을 적극적으로 육성하기는커녕 기피하는 현상마저 보이고 있다. 다국적 기업에 비해 고용 파워가 낮아 현지인을 채용하고 육성하기 어려울 뿐 아니라 현지 문화에 대한 이해 부족과 언어 장벽으로 현지 채용인과의 갈등 상황이 잦고 임금 인상을 전제로 이직하는 현지 채용인을 여러 차례 경험하면서 그들에 대한 불신이 높아졌기 때문이다.

한국 기업들은 여전히 본사 중심의 경영 문화를 고수하거나 어학 위주의 교육을 답습하며 주재원을 육성 및 파견하고 있다. 현지 문화를 제대로 이해하고 적응하려는 노력 없이 한국식 관리 방법을 현지에 그대로 적용하다 보니 우수한 현지 채용인을 놓쳐버리는 등 부작용이 여기저기서 발생하고 있다. 더 늦기 전에 현지에서는 본사의 관리 방법과 무엇을 통일할지, 무엇을 새롭게 적용해야 할지 고민이 필요하다.

가장 중요한 것은 해외주재원들이 직급과 관계없이 모두 자신의 업무 영역 안에 있는 현지 채용인들을 육성하고 관리해야 함을 인식하고 특히, 장기적으로 그들이 소속감이나 정체성 그리고 만족감을 갖고 일하도록 만들어야 한다.

Work 3 : 현지 자산관리　해외주재원들은 투자와 차입 등 자금의 흐름이 효율적인지 판단해 재무적 리스크를 관리하고, 현지법인의 시설관리와 구매활동 관리 등 독립 법인체로서의 경영 활동을 수행한다. 앞에서도 언급했듯이 대부분의 해외주재원은 파견 시 관리자 역할을 수행하게 된다. 그러다 보면 인력 관리와 더불어 업무 영역 내의 회사의 자산 즉, 기계설비, 장비, 사무실, 컴퓨터 등의 집기도 철저히 관리해야 한다.

본국 근무 시에는 총무팀이나 관재팀에서 대신 관리해주지만 소수의 인력이 근무하는 해외조직의 특성상 해외주재원은 이러한 관리자 역할도 함께 수행해야 한다. 다시 말해 기계설비, 장비, 사무실, 컴퓨터 등의 자산관리뿐 아니라 보이지 않는 무형의 데이터 및 회사의 정보 보안까지 책임져야 한다.

Work 4 : 잠재 파트너 발굴과 정보 제공　현지의 파트너와 협력사를 확보하며 네트워킹을 확장하는 것은 해외 진출의 핵심적 요소이다. 예를 들어, 조인트 벤처는 가장 빠른 해외시장 진출 방법으로 현지 파트너의 자원과 지식 및 네트워크를 활용하여 불확실성이나 위험성을 감소시킨다. 이때 해외주재원은 현지 상황에 가장 적합한 파트너를 발굴하는 능력을 갖추어야 한다. 파트너 기업의 가치, 구조, 제도, 문화 등이 본사의 전략과 부합하는지 등의 정보를 수집하여 전달하는 책임이 있다. 현지 사업 성장에 도움이 될 수 있는 협력사나 네트워크를 끊임없이 발굴하여 해외 사업의 영업망을 확장하거나 위험을 줄일 수 있는 대책을 사전에 마련해야 한다.

Work 5 : 현지와 본사 간 코디네이션 본사에서 모든 해외조직의 상황을 제대로 파악하는 것은 불가능하다. 그렇다 보니 때때로 본사에서 현지 상황에 맞지 않는 성과 목표를 제시하거나 과도한 업무를 지시할 수 있다.

과도한 성과 목표나 업무를 전달받게 되면 현지 채용인들은 크게 반발한다. 이때 해외주재원들은 현지 채용인들에게 본사의 지시를 무조건적으로 수용하라고 다그쳐서는 안 된다. 현지 상황을 본사에 이해시킴으로써 과도한 성과 목표나 업무를 수정하는 중재 역할을 수행해야 한다. 하지만 많은 해외주재원들이 이러한 역할과 책임에 부담을 느껴 소극적으로 코디네이션 업무를 수행하는 경우가 많다.

문제는 해외주재원들의 소극적 코디네이션 업무 수행으로 인해 현지 채용인들의 조직 만족도나 몰입도가 현저하게 낮아져 결국 이직이나 성과 하락으로 이어진다는 것이다. 만약 성과 하락이 장기화되거나 개선될 조짐이 보이지 않는 경우, 본사는 해외조직에 성과 미달에 대한 책임을 물어 조직의 축소 또는 폐지 통보를 할 가능성도 있다.

따라서 본사와 해외조직 간의 갈등이나 분쟁 상황에 있어 해외주재원들의 적극적인 중재와 관리 활동이 요구된다.

Work 6 : 본사 해외 업무 및 출장자 지원 '장사에 실패한 해외주재원은 살아남아도 의전에 실패한 해외주재원은 살아남기 어렵다'는 말이 있다. 해외주재원은 본사의 해외 업무를 지원하는 일과 더불어 본사 또는 다른 지역의 직원들이 해당 지역으로 업무상 출장을 왔을 경우 이들을 지원하는 역할과 책임이 있다. 우선 본사에 해외 업무 담당자가 없는 경우에는 파견지에서 이루어지는 계약, 정보 수집, 고객 발굴 및 미팅, 이해관계자와의 면담 등 본사를 지원하는 역할을 하게 된다. 또한 본사나 다른 지역의 회사 임직원이 업무상 출장을 왔을 경우에도 이들의 원활한 업무 수행을 위해 숙박, 교통, 통역 등을 지원해야 한다.

본사의 해외 업무 및 출장자의 지원 업무가 과도해져 시간 외 근무를 할 수도 있다. 하지만 근무지가 해외라는 특수성을 고려해 본사를 지원하고, 출장자의 업무를 돕는 책임을 다해야 한다.

지금까지 살펴보았듯이 해외주재원은 본사의 경영 철학 및 전략 실행이라는 중대한 과제를 안고 있다. 본사의 근무 환경과 다른 곳에서 자신의 주요 직무를 확대하여 다양한 업무를 수행해야 하는 멀티플레이어로서의 역할을 충분히 인식하고 있어야 한다. 무엇보다 심리적으로는 가깝지만 지리적으로 멀리 떨어져 있는 본사의 기대에 따라 행동하면서 여러 이해관계자들의 이익을 조화시키고 변수를 관리하는 것이 해외주재원의 중요한 과제가 된다.

무엇이 해외주재원들을
지치게 만드는가

현재 많은 한국 기업이 국내와는 다른 환경으로 인해 다양한 문제에 직면해 있다. 조직에게는 한 명의 주재원을 파견하는 데 국내 임금과 비교하여 서너 배에 이르는 파견 비용의 부담이 발생하고, 개인에게는 국내에서 보여주었던 탁월한 업무 성과를 해외에서도 보여주어야하는 부담감이 따른다. 그러나 현실적으로 조직과 개인 모두 만족할만한 성과를 내기란 어렵다.

가령 한국에서 월등한 브랜드 파워를 자랑하는 기업이라도 글로벌 환경에서 오랜 시간 인지도를 높여온 다국적 기업과 맞붙기는 힘들다. 또한 해외시장에서 국내에서처럼 우월한 위치에서 경영 활동을 할 수 없는 관계로 인재 채용과 관리, 그리고 수익 창출을 위한 영업 활동에도 제약이 따른다. 개인도 마찬가지이다. 해외에서 조직이 원하는 성과를 창출하기란 쉽지 않다. 오죽하면 우수한 사원을 해외로 파견하면 무능한 해외주재원으로 바뀐다는 우스갯소리가 있을까.

아무리 최고의 전문가라 인정받는 인재라고 해도 가치관과 문화가 다른 환경에서 기본 업무는 물론이고 확대된 역할을 수행하기란 보통 어려운 게 아니다. 게다가 현지 채용인들까지 이끌며 조직이 기대하는 성과를 내기란 더욱더 불가능하다. 그렇다 보니 많은 해외주재원들이 일상 업무에 지치고, 심지어 최대 40%가 현지에 적응하지 못해 중도 복귀하고 있다.

그렇다면 초우량 기업들의 상황은 어떨까? 그들은 글로벌 경영의 성패가 사람에 달려 있음을 알기에 주재원의 마음을 이해하는 데 각

고의 노력을 쏟는다. 또한 기업의 경쟁력이 각 구성원이 지닌 경쟁력
의 총합임을 알기에 해외주재원과 관련된 제도, 육성 방법 등을 수시
로 연구하고 교육한다. 세계시장에 도전장을 내민 한국 기업들이 반
드시 주목해야 하는 부분이 바로 이 점이다. 지금부터 해외주재원이
어려움을 느끼는 요소들을 하나씩 살펴보자.

그림 2-3 **해외주재원 관리 이슈**

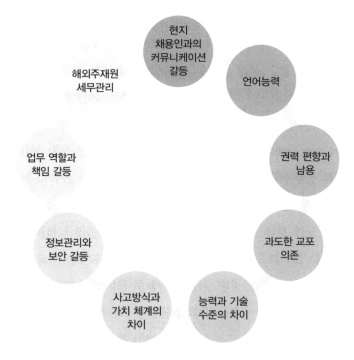

Issue 1 : 현지 채용인과의 커뮤니케이션 갈등 해외주재원은 현지 채
용인과 협업해 해외조직의 경영 목표를 달성해야 하는 핵심 주체이
다. 하지만 현재 많은 해외주재원들이 현지 채용인과의 커뮤니케이션

과정에서 갈등을 겪고 있다.

왜 그럴까? 기본적으로 이런 현상은 국가와 기업 문화의 차이에 기반을 둔다. 국가 문화는 출생 이후부터 가족 또는 해당 국가에서 삶을 영위하며 꾸준히 학습을 통해 형성한 가치관을 일컫는다. 기업 문화는 해당 국가의 기업에서 구성원들과 교류 및 협업을 하며 터득한 기업 고유의 가치관과 신념, 규범과 관습 등의 총체라고 볼 수 있다. 해외주재원과 현지 채용인 간의 커뮤니케이션은 각각의 집단이 지금까지 쌓아온 이 사회·문화적 경험과 지식을 바탕으로 이루어지기 때문에 갈등 가능성을 항상 수반한다.

Issue 2 : 언어능력　언어능력이란 외국어 실력은 물론 자기 생각을 말과 글로 표현, 전달하는 것을 의미한다. 하지만 실제로 파견되는 모든 해외주재원들이 탁월한 언어능력을 구비하는 것은 아니다. 그래서 국내에서라면 충분히 명확하고 완곡하게 전달할 수 있는 사안임에도 불구하고 갈등 상황을 빚어내기도 한다. 그래서 언어능력을 해외주재원의 선발 평가 단계에서 가장 중요한 요소로 여긴다.

특히 사무직 주재원들에 비해 언어능력이 상대적으로 낮은 기술직엔지니어 그룹 주재원의 경우 현지인에게 기술과 노하우를 전달하는 데큰 어려움을 겪기도 한다. 또 주요 맥락 전달은 가능한 정도의 언어를 구사하지만 어휘와 문법 수준의 한계로 인해 고객 또는 현지 채용인들에게 무시를 당하거나 오해를 사는 경우도 허다하다.

Issue 3 : 권력 편향과 남용　해외조직으로 배치되는 해외주재원은 대부분 관리자로 파견되기 때문에 회사 경영진으로 인식되기 마련이다. 반대로 현지 채용인은 일반 사원, 즉 노측으로 인식되면서 자연스럽게 이 둘의 관계는 노사관계 구조가 된다. 이로 인해 현지 채용인을 관리하고 지시하는 권한이 한국인에게 편향되면서 몇 가지 문제를 야기한다.

첫째, 해외주재원이 국내 근무에서는 경험할 수 없었던 권력을 갖게 되면서 월권을 행사하는 경우이다. 자신의 직속 부하가 아님에도 불구하고 상사라는 권력적 지위를 이용해 타 부서의 현지 채용인들까지 지휘 감독하려 든다. 둘째, 한국인 주재원들의 상당수가 자신의 잘못이나 실수를 권력을 빌어 불식시키고자 한다. 이는 리더의 윤리와 도덕성에 대한 현지 채용인들의 기대를 저버리게 하고 한국인 관리자를 신뢰할 수 없게 만든다. 셋째, 주재원의 권력 편향과 남용은 현지 채용인들의 조직 몰입도와 만족도를 떨어뜨려 성장의 한계를 느끼게 하고, 결국 이직의 요인이 된다. 이 모든 것은 현지 채용인들을 통해 외국계 기업으로서 감당해야 하는 어려움을 극복하고 조기에 성과를 달성하고자 하는 해외 진출의 의도에 위배된다.

Issue 4 : 과도한 교포 의존 현지 교포를 채용하여 업무에 활용하는 것은 양쪽 문화를 이해하고 언어 장벽을 해소할 수 있다는 측면에서 상당한 이점이라고 할 수 있다. 그래서 자신의 역량보다 더 높은 성과를 조기에 달성하고자 욕심을 부리는 주재원은 현지 교포들을 채용해 업무 지원과 대변인 역할을 맡기기도 한다. 하지만 좋은 의도로 고용한 교포 직원이 책임과 권한을 벗어난 행동을 취해 문제를 야기하기도 한다. 자신보다 직급이 높은 현지 채용인들에게 월권을 행사하여 조직 구조에 타격을 입히기도 하고, 주재원과 현지 채용인 사이의 필수 경로가 되면서 둘 사이의 직접적인 대화 채널이 단절되기도 한다. 또 주재원이 해외조직을 통제하고 관리하지 못하게 됨으로써 현지 채용인들이 업무나 권한을 위임받지 못하는 상황이 벌어진다. 이는 결국 조직의 학습 기회를 빼앗아 해외조직의 성과와 성장을 저해하게 된다.

Issue 5 : 능력과 기술 수준의 차이 다양한 교육 혜택과 업무 기회를 부여받는 본국의 본사 직원들에 비해 현지 채용인들은 적시에 필요한 교육과정을 제공받을 수 없다. 그들을 위한 인재 육성 체계를 보유한 한국 기업이 적기 때문이다. 이에 따라 같은 입사 3년 차 직원이라고 해도 본국 근무자와 현지 채용인들의 업무 능력과 기술 수준에는 차이가 벌어진다. 상황이 이렇다 보니 현지 채용인들에게 답답함을 느낀 주재원들이 대안을 제시하기보다 그들의 업무를 떠맡는 경우가 많다. 결과적으로 현지 채용인들의 성장과 발전이 늦어지면서 해당 조직의 성과도 나쁠 뿐만 아니라 해외주재원 스스로도 일에 과부하가 걸려 심한 스트레스에 시달리게 된다.

Issue 6 : 사고방식과 가치 체계의 차이 한국인 근로자라면 누구라도 업무의 중요성이나 긴박함에 따라 책임을 공유하고 협업을 마다하지 않는다. 그러나 국내 기업 출신의 주재원들에게는 당연한 이 행동을 대다수 현지 채용인들은 이해하지 못한다. 반대로 아무리 중요하거나 긴박한 사안이 있어도 자신에게 할당된 업무만 하는 현지 채용인을 보며 주재원들 역시 상당한 충격과 거리감을 느끼게 된다. 상황을 반복적으로 부딪치면서 해외주재원들은 현지 채용인을 육성하려

했던 마음마저 내려놓게 된다. 또한 한국식 기업 문화라고 일컬어지는 '빨리빨리', '눈치 있게', '융통성 있게' 등은 현지 채용인들에게는 불확실하고 애매모호한 의미로 해석되어 원래 의도와는 전혀 다른 결과물을 내놓기도 하며, 승진이나 임금 인상을 빌미로 많은 역할과 책임을 제시하여도 거부하는 등 한국인 근로자와 다른 사고방식과 가치체계를 가진 경우가 많다.

Issue 7 : 정보관리와 보안 갈등 현지 채용인은 직위나 직책의 제한 없이 많은 정보를 공유하기를 원한다. 그러나 한국 기업은 현지 채용인들의 높은 이직률로 인해 직위나 직책에 따라 정해진 범위 내에서만 정보를 공개하고 싶어 한다. 혹여 정보 유출을 우려해 정보 접근을 제한함으로써 현지 채용인이 업무를 제대로 수행할 수 없게 된다면 모든 책임은 해당 법인의 법인장 또는 주재원에게 귀책되기 마련이다. 목적과 과정이 무엇이던 결과로 성과가 판단되는 주재원의 입장에서는 상당한 갈등과 고민에 휩싸인다. 하지만 일부 현지 채용인들에게 정보 접근 권한을 광범위하게 부여하는 순간 자신들이 엄청난 권한과 능력을 가진 인재라고 생각하여 다른 현지 채용인들과 갈등을 야기한다. 그런 이유에서 해외주재원은 정보관리와 관련하여 항상 딜레마에 빠지게 된다. 다행이도 최근 들어 정보관리와 보안에 따른 갈등을 없애기 위한 가이드라인을 준비하는 기업이 늘고 있다.

Issue 8 : 업무 역할과 책임 갈등 현지 채용인들과 업무를 분배할 때는 다음 원칙을 지킬 필요가 있다. 첫째, 누가 해당 업무에 대한 책임을 져야 하는지 명확히 한다. 둘째, 요구하는 과업의 목표와 결과물의 양질을 확실히 한다. 셋째, 해당 과업을 해야 하는 이유와 업무 분배에 대한 근거를 정확하게 설명해준다. 넷째, 과업을 마쳐야 할 기일과 중간 보고의 시기와 횟수에 대해 사전에 합의한다. 다섯째, 과업을 마치기까지 필요로 하는 자원인적, 물적을 어디에서 얼마나 사용할 수 있는지 알려준다. 마지막으로 과업 달성의 결과가 미치는 영향에 대해 명확하게 설명한다. 구두로만 전달하기보다는 문서를 첨부하면 나중에 문제가 발생하더라도 원인을 규명하거나 해결하는 데 도움이 된다.

Issue 9 : 해외주재원 세무관리　해외에 직원을 파견하는 경우 급여와 더불어 가장 고민하는 문제가 세무관리이다. 한국 기업이 법인 또는 지점 형태로 외국에 진출했을 때 당해 사무소에 파견된 직원에 대한 과세 문제는 해외주재원들이 어느 나라의 거주자에 해당되느냐의 문제로 귀착된다. 즉 한국 기업의 해외주재원이 한국 거주자에 해당되면 그는 주재국에서 발생한 소득에 대해서만 해당 국가에 납세할 의무가 있다.

반대로 해외주재원이 해당 국가의 거주자로 인정되는 경우 자국에서 발생한 소득뿐 아니라 자국 밖에서 발생한 소득에 대해서도 자국법에 따라 과세할 수 있다. 어느 국가의 거주자가 되느냐의 판정은 먼저 국내 소득세법에 따르게 된다. 소득세법에서는 국외에서 근무하는 거주자나 내국법인의 국외 사업장에 파견된 임원 또는 직원은 한국 거주자로 보도록 규정하고 있다소득세법 시행령 제3조 .

(1) 한국 거주자인 경우

해외주재원이 파견된 국가이하 상대국는 해외주재원의 소득 중 자국

원천소득에 대하여만 과세권을 갖게 된다. 또 급여소득은 용역이 수행되는 국가에 대해서만 당해 소득의 원천이 있다. 즉 상대국은 주재원의 급여소득에 대하여만 자국법에 따라 과세할 수 있기 때문에 해외주재원의 주재수당이나 상여금 등에 대해서는 과세할 수 없다.

우리나라가 체결한 조약에서 규정하고 있는 '해외 파견 직원의 근로소득에 대한 일반적인 체재국에서의 면세 요건_{모두 충족되어야 면세됨}'은 다음과 같다.

- 해외주재원(수취인)이 상대국에서 당해 과세연도(또는 역년) 중 총 183일 이하 체재하거나
- 대가(해외주재원의 급여)가 상대국의 거주자가 아닌 한국의 고용주에 의하여 지급되거나
- 대가(해외주재원 급여)가 당해 고용주가 상대국에 둔 고정 사업장에 의하여 부담되지 않을 것.

이러한 면세 요건을 모두 충족하지 못하는 대부분의 경우 용역 수행지국인 상대국에서 과세권을 갖는다. 해외 용역을 수행하는 상대국에서 급여에 대한 소득이 과세될 경우 우리나라에서는 이중과세의 방지를 위한 장치를 마련하고 있다_{소득세법 제57조}. 즉 거주자_{해외주재원}의 종합소득금액에 국외원천소득이 합산되어 있는 경우에는 국외원천소득에 대하여 외국에서 외국소득세액을 납부하였거나 납부할 것이 있을 때에는 외국납부세액공제와 외국납부세액의 필요 경비 산입 중 하나를 선택하여 적용받을 수 있다.

일반적으로 외국납부세액공제는 종합소득세 산출세액에서 국외원

천소득금액이 종합소득금액에서 차지하는 비율을 한도로 함을 원칙으로 하고 있으나, 법령 개정으로 1999년 1월 1일 이후 발생하는 소득분부터는 조세특례제한법 또는 기타 법률에 따라 세액면제 또는 세액감면을 받는 국외원천소득에 대하여 납부한 세액이 있는 경우에는 다음의 금액을 공제한도로 책정했다.

• 산출세액×〔국외원천소득-(감면 대상 국외 원천소득×감면 비율)〕 / 종합소득금액

이러한 공제한도를 계산함에 있어서 국외 사업장이 2개 이상인 경우에는 사업자가 국별 한도제와 일괄 한도제 중 하나를 선택하여 적용할 수 있다. 또한 공제대상 납부세액이 공제한도를 초과하는 경우에는 그 초과하는 금액은 당해 과세 기간의 다음 과세 기간부터 5년 이내에 종료하는 과세 기간에 이월하여 그 이월된 과세 기간의 공제한도 범위 내에서 공제받을 수 있다. 소득세법에서는 거주자가 국외에서 근로를 제공하고 받는 급여 중 월 100만 원 이내 금액에 대하여 비과세하고 있다소득세법 시행령 제16조.

(2) 주재국 거주자인 경우(한국의 비거주자인 경우)

해외주재원 중에서도 내국법인 소속에서 상대국 소속으로 파견되는 경우나 한국 국적이지만 상대국 소속으로 현지에서 채용되는 경우가 주재국 거주자에 해당된다. 이 경우 상대국은 직원의 전 세계 소득에 대하여 과세권을 가지며 우리나라는 직원의 소득 중 한국 내 원천소득에 대해서만 과세권을 가진다. 만약 현지 거주자를 해외사무소 등

에 근무할 직원으로 채용하는 경우, 당해 소득의 원천은 상대국이다. 또 상대국 거주자이므로 한국은 당해 소득에 대하여 아무런 과세권을 가지지 못하게 된다.

파견지가 다양화되면서 세무관리 문제와 더불어 사회보장도 본사의 고민거리로 떠오르고 있다. 한국의 경우 고용보험 및 산재보험이 여기에 해당된다. 사회보장협정은 대부분 양 당사국의 정부 간에 체결되고 있으며, 그 형태는 협정의 적용 범위에 따라 크게 '가입 기간 합산협정'과 '보험료 면제협정'으로 구분된다.

(1) 가입 기간 합산협정(Totalization Agreement)

가입 기간 합산협정은 사회보험료의 이중 부담 방지와 양국의 연금 가입 기간 합산 규정을 포함한 사회보장협정 형태이다. 일반적으로 파견근로자와 같이 단기간 협정 당사국을 왕래하면서 근로 또는 자영하는 사람들은 단기 파견 기간 동안 한 국가의 연금제도에만 가입할 수 있다. 또 연금 가입 기간이 양국으로 분리되어 있어 각국 연금 수급권을 취득하는 데 어려움이 있는 사람은 양국 가입 기간을 합산하여 수급권을 취득할 수 있다. 가입 기간 합산협정을 체결한 주요 국가로는 캐나다1999.5월 발효, 미국2001.4월 발효, 독일2003.1월 발효, 헝가리 2007.3월 발효, 프랑스2007.6월 발효, 호주2008.10월 발효, 체코2008.11월 발효가 있다.

(2) 보험료 면제협정(Contributions Only Agreement)

보험료 면제협정은 양국의 가입 기간 합산 규정은 제외하고 연금보험료의 이중 적용 방지만을 규정한 사회보장협정 형태이다. 앞서 말했듯이 파견 근로자와 같이 단기간 협정 당사국을 왕래하면서 근로 또는 자영하는 사람들은 단기 파견 기간 동안 한 국가의 연금제도에만 가입할 수 있는 것이 그 특징이다. 가입 기간 합산 규정, 급여 수급권 보호, 동등 대우, 국민연금 반환 일시금 지급 등 급여 관련 사항은 규정하지 않는 것이 일반적이다. 주요 국가로는 영국2000.8월 발효, 중국2003.2월 잠정조치 발효, 네덜란드2003.10월 발효, 일본2005.4월 발효, 이탈리아2005.4월 발효, 우즈베키스탄2006.5월 발효, 몽골2007.3월 발효 등이 있다.

해외주재원
단계별 수행 전략

해외주재원의 역량은 해외조직의 역량과 직결된다. 다시 말해, 조직의 인재를 어떻게 활용하고 육성하며, 어떤 제도를 정립하느냐에 따라 기업의 경쟁력은 큰 격차를 보인다. 해외주재원을 선발하고 귀임하기까지의 경력 단계를 순차적으로 잘 관리하면 기업이 원하는 성과를 달성하기가 수월해진다. 경력 단계는 총 5단계로 '선발—파견 전 교육—파견 후 교육—성과평가—귀임'으로 나뉜다. 각 단계마다 저마다의 수행 전략이 존재한다.

첫째, 선발이다. 어떤 사람을 어떻게 선발해서 파견해야 할까? 현지에서 원하는 인재, 조직이 필요로 하는 인재를 검증하고 선발하는 방법을 수립해야 한다.

그림 2-4 **해외주재원 경력 단계**

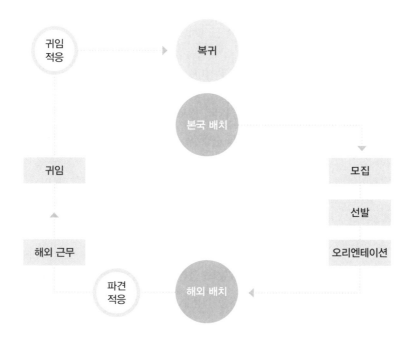

둘째, 파견 전 교육이다. 주재원 업무 수행을 원활하게 하기 위해서는 어떤 교육을 어떻게 해야 할까? 현지 업무 수행에 필요한 역량을 지식, 기능, 태도로 나누어 필요한 역량을 강화시키는 맞춤식 사전교육을 진행해야 한다.

셋째, 파견 후 교육이다. 이 부분은 파견자 스스로에게 더 많은 역할과 책임이 따른다. 해외 파견 시 주재원들이 겪는 실제 사례를 정리하고 그 사례에 대한 해결 방안을 정리해봄으로써 어떻게 하면 탁월한 성과를 낼 수 있을지 끊임없이 고민해야 한다.

넷째, 성과평가이다. 연봉, 수당, 복리후생 등 어떤 기준에 따라 지급해야 할까? 주재원이 해외에서 뛰어난 성과를 내면 어떻게 보상해야 할까? 복잡한 현지의 세금 구조 안에서 어떻게 임금을 지급해야 할까? 기업이나 개인에 중요한 사안으로 주재원의 현지에서의 성과를 합리적으로 평가하여 적절한 보상을 제공함

으로써 지속적인 성과 창출의 동기를 부여하고 경쟁력을 강화하는 성과평가 방법을 도입해야 한다.

다섯째, 귀임이다. 복잡한 귀임 준비 과정에서 빠진 것은 없을까? 파견보다 어려운 성공적인 귀임을 위해서는 어떤 교육 과정이 필요할까? 해외 근무를 하면서 쌓은 경험과 노하우를 어떻게 정리해서 공유할 수 있을까? 해외 경험까지 갖춘 유능한 인재를 조직 내에서 어떻게 성장, 발전시킬 수 있을까?

귀임 후, 조직의 변화와 담당 직무의 변화 등에 순조롭게 적응하고 복귀 후에도 높은 성과를 창출할 수 있도록 귀임 교육 과정을 설계하고 운영해야 한다. 현지 업무 수행 과정에서 습득한 노하우를 효과적으로 조직에 전이시키기 위해 효율적인 귀임보고서 작성 방법도 알아야 한다. 더불어 글로벌 인재인 귀임주재원의 지속적인 성장과 성과 창출을 위해 효과적인 경력 개발 방안을 제안해야 한다.

이제부터 단계별로 조직 내 해외주재원의 활용 전략과 육성법을 자세히 다뤄보자.

CHAPTER 3

선발 :
적합한 인재를
최적의 자리에 파견하기

원만한 인성이 선발의
우선순위인 까닭

1세대에서 4세대까지 세대 교체가 이루어지면서 해외주재원의 선발 기준도 변화해왔다. 해외주재원을 파견하기 시작한 1960~1970년대에는 '본사에서 가장 성과를 잘 내는 사람'과 '조직에 대한 충성도가 높은 사람'이 해외주재원의 주요한 선발 기준이었다. 여기에 영어 실력까지 겸비하면 1세대 해외주재원으로서의 선발 기준은 모두 갖추었던 셈이다.

1980년대에 접어들면서 한국 기업은 OEMOriginal Equipment Manufacturer, 즉 주문자 상표부착생산에서 탈피하여 자체적으로 고유 상표와 브랜드를 개발해 적극적인 수출을 모색하게 되고, 1988년 서울올림픽 이후 1990년대에 들어서면서 해외직접투자에 탄력이 붙기 시작한다. 그에 따라 2세대 주재원에게는 충분 조건이던 영어 능력이 필수 조건으로 요구되었다. 더불어 국제적 감각 및 경험이 더 중요한 선발 기준이 되었다. 1세대 주재원이 주로 프로젝트성 사업이나 단순한 영업망 확보에 주력했다면, 2세대 주재원은 직접적인 해외 영업과 마케팅을 담당해야 했기 때문이다.

고성장을 계속하던 한국 경제는 1997년 세계적인 금융위기가 닥치면서 IMF로부터 구제금융을 받게 된다. 이때부터 한국 기업의 경영 패러다임은 급변한다. 대우와 한보를 비롯한 대기업이 해체되면서 생존을 위한 '인원 절감'과 '비용 절감'이 경영의 화두가 된다. 이에 따라 해외조직 경영 방식 또한 큰 변화를 맞게 된다. 한국 기업은 1997년까지 해외에 제품과 서비스를 파는 데 집중했다면, 그 이후에는 수출뿐 아니라 비용 절감을 위한 생산기지의 해외 이전을 본격화했다. 이에 따라 해외주재원의 역할과 책임이 해외 영업 및 마케팅에서 생산 및 품질관리 영역까지 확대된다. 주재원 파견지 또한 북미와 유럽 중심에서 중국을 비롯한 동남아시아로 확산된다. 파견지가 다양화되다 보니 영어뿐만 아니라 중국어, 마인어, 러시아어 등의 외국어 구사 능력이 요구되었고, 국제적 감각 및 경력은 물론 해외 근무 선호도가 선발 기준으로 추가되었다.

2007년을 기점으로 다시 변화가 찾아온다. 2007년 미국에서 발생한 금융위기와 2009년 남유럽에서 발생한 유로존의 위기로 인해 세계 경제에서 소비시장의 양대 축을 형성하던 북미와 미국이 동시에 주춤하면서 브릭스를 위시한 이른바 신흥경제국들이 소비시장으로 급부상하게 된다. 이에 따라 한국 기업은 해외주재원의 파견지를 중남미, 아프리카, 중앙아시아 등 세계 곳곳으로 확산시킨다. 바로 4세대 주재원이다. 하지만 기존에 파견되지 않았던, 경험이나 정보가 전무한 신흥경제국에 배치됨으로써 해외조직 경영에 많은 어려움을 겪고, 성과 또한 기대에 못 미치게 된다.

이에 따라 외국어 실력, 국제적 감각 및 경력이나 전문성 같은 기술적 역량 외에도 문제 해결 능력과 이문화를 수용할 수 있는 소양이 새로운 고려 사항으로 떠오르게 되었다. 만약 해외주재원 지원을 준

비하고 있다면 해외 근무에 대한 도전 정신과 외국인들과 함께 일할
수 있는 원만한 인성만 갖추어도 반은 성공한 것이다.

표 3-1 **해외주재원 선발 기준의 변천**

	주요 선발 기준	고려 기준
1세대 주재원	조직 충성도, 근무평정	영어 및 외국어
2세대 주재원	영어 및 외국어, 국제적 감각 및 경력	조직 충성도, 근무평정
3세대 주재원	영어 및 외국어, 국제적 감각 및 경력, 업무 전문성	해외 근무 선호도
4세대 주재원	도전 정신, 언어능력을 포함한 의사소통 능력, 화합할 수 있는 원만한 인성, 업무 전문성	이문화 수용 능력

해외주재원 선발 방법
및 프로세스

기업에 따라 해외주재원 선발 과정은 다양한 형태를 보인다. 인도네

시아와 멕시코에 진출하는 기업은 기술력을 우선으로 주재원을 선발한다. 진출의 주된 목적이 생산에 있고, 특히 멕시코의 경우 생산과 기술에 관한 경험을 갖춘 인력이 턱없이 부족하기 때문이다. 미국에 생산기지가 있는 기업도 주재원 선발 시 기술력을 중요하게 여기는데, 이는 현지 기술 인력이 부족해서라기보다 한국적 생산 노하우를 현지에 적용하기 위함이라고 볼 수 있다.

K기업에서는 기술력은 기본이고, 해외 경험의 유무, 성격, 태도는 물론 법인장과 호흡이 맞을지의 여부도 중요한 변수로 작용한다. K기업은 북미 대륙에 체류한 경험이 있는 자, 국제적인 경험과 활동 욕구를 가진 자들을 대상으로 한국에서 후보자를 직접 선발하고 있으며 이들을 아예 북미 국가대부분 미국로 이민시키고 있다.

S기업과 L기업의 경우 해외 지역전문가 과정을 거친 인력을 중심으로 주재원을 선발한다. 특히 L기업의 경우 주재원 인재풀을 확보하고 주재원을 선발 시 적어도 3명의 후보자를 평가하여 가장 적응력이 뛰어난 직원을 선발함으로써 현지 생산성을 높이기 위해 힘쓰고 있다.

해외주재원의 선발은 기업 또는 상황에 따라 선발 기준을 확정하는데에서 시작된다. 실제 해외주재원 선발 프로세스는 표 3-2와 같다.

파견지 및 수행 직무를 파악하고 나서 그에 적합한 선발 기준을 수립한다. 직무 능력, 어학 실력 같은 필수 조건과 함께 지역이나 업무 특수성에 따라 요구되는 관리 능력이나 동기 등의 선택 조건을 포함할 수 있다. 그다음 선발 절차와 진행 일정을 확정한다. 정해진 일정에 따라 후보자를 선발하고 파견 전 교육 과정을 설계하고 면접을 진행한다. 대상자가 확정되면 연봉 패키지와 복리후생제도의 설계를 시작하고 대상자에 대한 파견 전 교육 등 준비 절차를 확인하고 시행한

표 3-2 **해외주재원 선발 프로세스**

	인사 자료 활용(인사팀 주관)	평가센터 활용 (인사팀 지원)
파견지 및 수행 직무 파악	• 파견지 조사 • 현지의 특별 요구사항 등 파악 • 주재원의 현지 수행 직무 확정	
선발 기준 수립	• 현지의 요구사항과 수행 직무 를 고려한 선발 기준 수립 • 필수 조건(직무 능력, 어학 실 력, 교육 훈련 이수 결과, 가족 관계)와 선택 조건(언어, 역량, 동기, 독립성, 관리 능력)의 조합 으로 구성	• 평가센터 구성 및 평가 자 교육 • 평가도구 확정(면접, 실 행과제, 지필 검사)
선발 절차 확정	• 평가를 위한 관련 자료 준비 • 선발 절차와 진행 일정 확정(날 짜, 시간, 대상, 운영자, 평가자 등)	• 평가센터 진행 일정 수립
후보자 선발	• 배수 후보자 선발 • 파견 전 과정 설계 • 교육 수행 및 이수 결과 정리 • 최종 대상자 확정을 위한 면접 설계 • 면접(날짜, 시간, 면접관, 운영 자, 내용 등)	• 평가센터를 통한 후보 자 선발
대상자 확정	• 대상자 확정 후 연봉 패키지와 복리후생제도 관련 설계 시작 • 대상자에 대한 파견 전 교육 등 조직의 준비 절차 확인 및 시행 • 대상자의 개인 준비 과정 수행	• 평가센터 운영 결과를 반영하여 대상자에 필요 한 교육 훈련 계획 수립

다. 대상자의 개인 준비 과정도 꼼꼼히 챙길 필요가 있다.

무엇보다 해외주재원 선발에 있어 가장 중요한 것은 대상자가 확정된 후 실제 해외로 파견되기까지의 기간이다. 주재원 후보자에게 대상자 확정을 통보한 후 해외에 파견되는 기간은 대개 3개월이나 일부 기업들은 대상자 확정 후 15일에서 한 달 내에 해외로 파견시키기도 한다. 당장 출국해야 하는 것도 심난한데 본사 업무를 정리하는 동시에 인수인계를 하면서 해외 근무 및 생활을 준비해야 하는 삼중고를 겪는다.

준비 시간이 부족하게 되면 해외에 파견되더라도 단기간 내에 적응하는 데 어려움을 겪는다. 해외에서의 거주지 확정, 자녀 학업 등 가족과 관련된 문제부터 각종 계약 및 구매 등 해외 생활 문제가 제대로 결정되지 않은 채 파견되기 때문에 현지 적응에 문제가 발생하며, 결과적으로 저조한 근무 성과로 연결된다. 따라서 해외주재원 대상자가 확정되면 최소 3개월의 준비 기간을 주도록 해야 한다.

평가센터로
일당백 인재 고르기

현지법인들은 해외주재원의 '현지국 문화, 관습에 대한 이해 정도'를 중시한다. 반면 본사에서는 이를 크게 고려하지 않고 어학과 직무 능력을 중시한다. 이렇듯 현지에서 필요로 하는 인재와 본사에서 파견하는 주재원의 필요 역량에는 관점의 차이가 있다.

주재원 선발 시 고려해야 하는 핵심 역량은 총 5가지다. 어학 능력,

직무 능력, 리더십 및 관리 능력, 이문화 적응력, 가족의 적응 여부이다. 이 5가지 핵심 역량은 총 9개의 구체적인 선발 기준으로 세분화할 수 있는데 여기에는 4개의 필수 사항과 5개의 선택 사항이 포함된다. 선발 기준은 조직의 상황에 맞게 설계하여 활용할 수 있다.

또한 주재원 선발 기준은 기업 상황이나 경영 환경, 파견국의 특성을 고려해야 하기 때문에 그때그때 상황 변수에 맞춰 유연하게 적용하는 것이 바람직하다. 다음 페이지의 표 3-3을 보자. 파견국이 친근한 북미나 유럽이 아니라 낯선 중남미일 경우 시나리오 1처럼 현지 적응을 고려해 '가족의 적응 여부'에 가중치를 둘 필요가 있다.

이렇게 주재원 핵심 역량을 고려한 선발 방법을 평가센터Assessment Center라고 부른다. 한마디로 평가센터란 훈련받은 다수의 평가자가 복수의 평가기법과 도구들을 사용해 후보자피평가자를 측정하는 평가기법으로, 해외조직의 실제 직무 상황과 유사한 가상의 문제 상황에서 후보자의 행동, 말 등의 반응을 관찰하고 평가하는 시뮬레이션을 의미한다. 한편으로는 인적성 검사, 면접 등 다양한 평가 도구를 종합적으로 활용하는 시스템을 말한다.

평가센터는 기업의 채용 오류를 줄이고자 도입한 제도이나 주재원 선발에 있어서도 그 효력을 발휘한다. 아무리 본사에서 성과가 훌륭하고 원만한 인성을 지닌 인재라 하더라도 실제 해외 근무 시 파견 적응력과 업무 스트레스의 극복력은 가늠하기 어렵다. 하지만 평가센터를 활용함으로써 이를 심층적으로 살펴볼 수 있다.

무엇보다 개별 직무 수행에 필요한 관리 능력을 판단하고 예측할 수 있다는 게 장점이다. 후보자의 장단점을 쉽게 파악할 수 있어 개별적인 교육 훈련 계획 수립에 유용하고 경력 개발에도 도움이 된다.

표 3-3 '해외주재원의 핵심 역량 모델'을 고려한 선발 기준

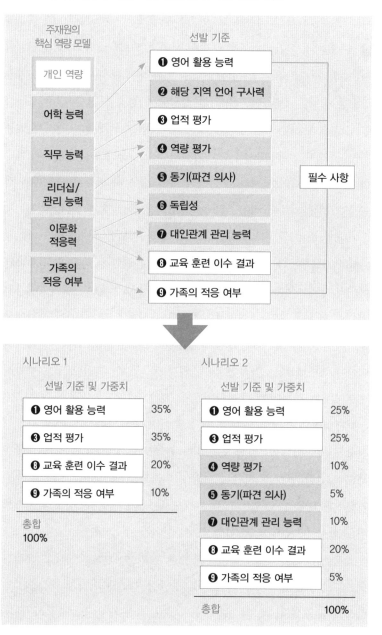

다만 평가센터를 개발하는 데 많은 시간과 비용이 발생하고 평가자 선정이 어렵다는 단점이 있다. 평가센터를 효과적으로 진행하기 위해서는 합리적 평가 도구의 개발과 더불어 평가자 오류를 최소화할 수 있는 평가자 교육도 필요하다.

지금부터 평가센터의 원활한 정착을 돕기 위한 측정 방식에 대해 구체적으로 알아보자.

평가센터의 구성 일반적으로 기업이 해외주재원 후보군을 선발할 때에는 영어 활용 능력, 해당 지역 언어 구사력, 업적 평가, 역량 평가, 파견 의사, 독립성, 대인관계 관리 능력, 교육 훈련 이수 결과, 가족의 적응 여부 등 9가지 항목을 살펴본다. 이는 다시 지식·기술 요소, 행동 요소, 조직 적합성 요소, 심리적 요소 등 4가지로 구분하여 평가한다. 지식·기술 요소는 영어 활용 능력과 현지어 구사력, 업적 평가, 그리고 교육 훈련 이수 결과를 바탕으로 평가가 이루어진다. 행동 요소는 역량 평가를 조직 적합성 요소는 역량 평가, 대인관계 관리 능력, 교육 훈련 이수 결과를, 심리적 요소는 파견 의사, 독립성, 대인관계 관리 능력, 가족의 적응 여부를 각각 평가한다. 이때는 주로 면접, 실행 과제, 지필 검사라는 평가기법과 도구를 이용한다.

첫째, 면접은 다대일 형식으로 약 40분~1시간 정도 진행하며 후보자의 과거 경험, 사례 등을 놓고 일정한 대화 형식으로 진행한다. 이 과정에서 평가자는 후보자가 보유한 지식이나 기술, 혹은 과거 행동 경험을 통하여 미래에 발휘할 수 있는 역량을 평가하게 된다. 이는 해외주재원이 갖춰야 하는 핵심 역량의 보유 수준을 검증하는 데 유용한 방식으로 행동사건면접법BEI, Behavioral Event Interview이라고 부른다.

후보자가 어떤 행동을 보일지, 그리고 이문화 환경에 쉽게 적응할 수 있을지를 예측함으로써 그가 해외조직 근무에 적합한 대상인지 아닌지를 쉽게 판단할 수 있다.

둘째, 실행 과제는 앞으로 맡을 업무나 역할을 과제 상황으로 제시하여 후보자가 어떻게 반응하고 처리하는지를 관찰하여 평가하는 방식이다. 주로 인터뷰 시뮬레이션, 분석 및 발표, 정보 찾기, 사례 분석, 구두 발표, 집단 토의, 서류함 기법, 비즈니스 게임 등의 실행 과제를 통해 후보자가 보유한 지식이나 기술, 행동, 그리고 태도를 보면서 해외조직에 적합한지를 평가하게 된다.

셋째, 지필 검사이다. 이는 후보자가 보유한 지식, 기술, 행동 요소를 확인하는 필기시험을 치러 그 결과를 평가에 반영하는 것이다. 영어와 직무에 관한 시험뿐 아니라 인적성 평가도 여기에 포함된다.

평가센터의 실행 과제　평가센터는 다양한 평가 도구가 있으며 각각 다음과 같은 특징을 가진다.

첫째, 역할연기 기법Role Playing을 활용하는 인터뷰 시뮬레이션이다. 후보자에게 현지 채용인 또는 현지 거래처와의 관계에서 일어날 수 있는 문제 상황을 제시하고 1:1로 해결해나가는 과정을 평가한다. 대인관계 차원에서 가장 현실적인 상황이 구현되어 경험이 없거나 부족한 후보자라 할지라도 유사한 상황을 반복적으로 맞닥뜨림으로써 관계 개선 효과를 볼 수 있다. 그러나 인터뷰 시뮬레이션의 경우 역할연기를 하는 파트너의 훈련이 동시에 이루어져야 한다. 파트너 훈련이 제대로 진행되지 않으면 개인의 역량에 따라 일관성이 떨어지기 때문에 평가 본연의 목적을 벗어나기가 쉽다.

둘째, 분석 및 발표이다. 조직과 관련하여 비교적 복잡하게 문서화된 사례를 분석하고 정리하여 발표하는 상황 실습이다. 이는 구두적 의사소통과 문제 해결 능력을 평가하는 데 효과적이다.

셋째, 정보 찾기이다. 다양하고 방대한 정보들을 활용한 의사결정 상황에서 어떻게 필요한 정보를 획득하는지 그 과정과 결과를 평가하는 것이다. 최근에는 불완전한 정보를 준 후 Q&A를 통해 고객, 동료 등으로부터 정보를 획득하는 방식에서 벗어나 해외 탐방과 같이 해외 조직을 직접 방문하기도 한다. 해외주재원의 경우 현지 정보의 발굴과 획득에 민감하기 때문에 이와 같은 방식은 현업 능력을 개발하거나 평가하기에도 좋다. 그러나 실습과 체험형의 경우 준비 과정이 까다롭고 예산이 많이 드는 단점이 있다.

넷째, 집단 토의 및 과제이다. 제한된 시간 동안 특정 문제를 집중적으로 토론하여 문제와 관련된 집단 의사의 결과가 반영된 안을 제출받아 이를 평가하는 것이다. 리더의 역할을 번갈아가며 수행함으로써 주어진 자원을 누가 어떻게 활용하고 있는지 평가하는 게 가능하다. 따라서 집단 속에서 각각의 리더십을 평가하는 데 효과적이며 상황실습의 준비 또한 다른 평가기법에 비해 용이하다. 다만, 평가자가 후보자들의 결론에 대해 충분히 이해하지 못하는 경우 현실성이 떨어지더라도 좋은 평가를 내리는 오류를 범할 수 있으며 집단의 구성과 상황에 따라 평과 결과에 큰 영향을 미치는 단점이 있다.

다섯째, 서류함 기법이다. 주어진 시간 내 혼자서 업무를 얼마나 잘 처리할 수 있는가를 보는 것으로 미리 편지·메모·투서·문서 등을 보내 이에 대한 문제 해결 과정과 의사결정 상황을 평가한다. 평가자들은 문제를 제시하는 것 외에는 크게 관여하지 않기 때문에 후보자의 다양한 반응을 동시에 평가할 수 있다. 그러나 후보자가 평가 프로그램을 늦게 실행하는 경우 평가 시간이 많이 소요되며, 후보자가 실행하는 모든 것을 일일이 관찰할 수 없다는 단점이 있다.

여섯째, 비즈니스 게임이다. 다양한 상황들이 복잡하게 결합된 가상 상황에서 후보자들이 각각의 역할을 수행하는 과정을 실습한다. 각 후보자들이 책임 분야를 맡아 일정한 규칙에 따라 수익을 창출하거나 중요한 사업상의 의사결정 상황을 실습하는 것이다. 전 미국 대통령 도널드 트럼프Donal Trump가 진행하며 유명세를 탔던 TV프로그램 '어프렌티스The Apprentice'가 전형적인 비즈니스 게임의 형태라고 볼 수 있다. 다만 이 평가 도구 또한 다수의 후보자가 개별적으로 활동하기 때문에 개인별 관찰이 어렵다. 또한 대응 상황이 복잡하기 때문에 우연이라도 효과적으로 행동하지 못하는 경우 부정적인 평가 결과가 나와 객관성을 입증하기 어렵다.

이와 같이 평가센터는 다양한 방법을 통해 후보자의 파견 가능성을 평가하고 육성하는 효과를 가질 수 있다. 또한 결과에 따라 지역별 파견 우선순위를 정할 수 있어 해외 인력 수급 체계에 직접적인 도움이 될 수 있다.

인사자료를 활용한
선발 방식

개인의 제출 자료와 기존의 인사고과 자료 등을 활용하여 목적에 맞게 재구성하고 측정 기준에 맞추어 주재원 후보자를 평가하는 방법이 있다. 지원자에게 선발 기준에 부합하는 자료, 즉 어학 성적 자료, 파견 업무 수행계획서 등을 제출하게 하고, 이전 분기 업적 평가와 역량 평가 자료를 수집하여 평가한 후 면접을 통해 기타 선발 기준에 대한 정보를 파악하여 최종 점수로 환산하여 선발한다. 이 선발 방식은 기존 자료를 수집하여 활용하기 때문에 결과 도출에 시간과 비용이 적게 들고 자료에 대한 명확한 평가 기준 수립이 가능하다는 장점이 있다. 또 인사팀 주관으로 진행하기 때문에 선발 프로세스 운영이 용이하다.

잘못 선발된 주재원은 조직에 막대한 피해를 준다. 파견 주재원이 성과를 내지 못하면 주재원 파견에 든 비용 등 유무형의 손실을 고스란히 조직이 떠안게 된다. 더욱이 해외주재원이 적응하지 못하고 조기 귀국할 경우 그 피해는 이루 말할 수 없다. 이런 불상사를 미연에 방지하려면 주재원 선발 방식과 운영에 있어 신중하게 접근할 필요가 있다. 1세대에서 4세대까지 주재원 기준별 선발 평가 방식은 표 3-4와 같다.

표 3-4 **주재원 선발 평가 방식**

선발 기준	평가 방법	운영 방법
영어 활용 능력	어학시험 결과	• 영어 국가공인 민간자격증 시험 점수(필기, 회화 시험 위주)

	영어 실력 내부 검증	• 면접을 통해 후보자들의 영어 회화 실력 테스트 • 조직 내 인재 활용 또는 외부 교육기관에 위탁 운영
해당 지역 언어 구사력	해당 외국어 자격증	• 불어, 독어, 태국어 등 민간자격증 시험 점수
	외국어 인증 시험	• 1차 서류심사에서 통과한 직원들을 대상으로 일정 기간 온·오프라인 교육을 실시 • 기업에서 자체적으로 개발한 외국어 시험을 실시하여 평가할 수 있음.
업적 평가	팀 평가	• 팀의 성과 달성에 기여한 팀원으로서 협동심과 팀워크가 뛰어난 인재 선발을 위한 지표임. • 개인의 성과가 충분히 반영될 수 있도록 개인 평가보다 가중치를 낮춰 적용하는 것이 바람직함. • 달성률을 A, B, C등급으로 구분하여 평가하고 각 등급별 점수를 설정하여 팀 평가 점수로 산정함.
	개인 평가	• 목표 달성률을 A, B, C등급으로 구분하여 평가하고 각 등급별 점수를 설정하여 개인 평가 점수로 산정함. • MBO나 KPI를 활용하여 업적 평가를 하지 않는 경우, 최근 1~2년간의 근무평정 성적이 상위 30% 이내의 사람에게 지원 자격을 부여하는 것으로 개인 성과평가를 수행할 수 있음.

역량 평가	공통 역량 평가	• 조직의 미션과 비전에 높은 공감과 체화 수준을 가진 직원을 선발하기 위해 활용함. • 본인 평가의 결과를 참고로 상사 평가 결과가 함께 반영되도록 구성함. • 역량 모델 부재 시, 일정 기간 이상의 근속년수, 직급, 경력 등을 고려하여 대체 지표를 구성할 수 있음.
	리더십 역량 평가	• 리더십 역량 평가의 경우 부하직원들의 평가도 종합 평가 결과에 반영할 수 있게 구성함. • 역량 모델이 수립되어 있지 않은 경우, 일반적인 리더십 역량에서 조직의 상황에 적합한 리더십 역량을 선별하여 평가지표로 활용할 수 있음.
	업무 역량 평가	• 본인 평가의 결과를 참고로 상사 평가 결과가 함께 반영되도록 구성함. • 역량 모델이 없는 경우, 개인 업적 평가로 대체할 수 있음.
동기 (파견 의사) 독립성	인터뷰	• 인터뷰 운영 방안 ①면접관 구성 : 3~5명, 파견근무 경험이 있는 팀장급 1명, 임원 1명, 인사팀 직원 1명 등 ⋯ 직원 선발 시 : 팀장, 임원, 인사팀장 참여 ⋯ 임원 선발 시 : 사업부장, 차상위 임원, 인사팀장 참여 ②시간 : 40~60분 ③준비 사항 : 선발 기준별 평가문항(질문 내용)과 평가지표(평가근거), 평가척도(A, B, C 또는 100점, 95점 등)

대인관계 관리 능력		④평가 문항 예시 … 동기 : 해외 근무를 희망하는 동기가 명확하며 성취하고자 하는 목표가 명확함. … 대인관계 관리 능력 : 현지 문화를 파악하여 대인관계 관리를 잘 수행해나갈 수 있음. … 가족의 적응 여부 : 가족은 해외주재원 파견을 적극 찬성하며 자녀의 교육이나 부모 부양 문제도 잘 해결해나갈 수 있음.
가족의 적응 여부		
교육 훈련 이수 결과	지필 검사	• 주재원 파견 인원을 2~3배수로 선발하여 파견 6개월 전부터 이문화 교육 및 직무 교육을 실시한 후 테스트를 진행함. • 70점 이상의 점수를 획득한 직원에게 주재원 선발의 기회를 부여하고 테스트에 통과하지 못한 직원에게는 다음해 주재원 선발 시 우선 순위권을 부여함.

현지 채용인
선발 방법

해외조직의 경쟁력 강화는 우수한 주재원을 파견하는 것만으로 해결되지 않는다. 우수한 현지 채용인을 선발해야 한다. 본사에서 파견된 해외주재원이 담당해야 하는 업무가 있는 반면, 현지 채용인이 수행해야 할 업무가 있기 마련이다. 예를 들어, 현지 고객이나 고객사를 발굴하고 거래선을 확보하기 위해서는 현지 채용인을 고용하여 영업을 맡기는 것이 효과적이다. 글로벌 기업들의 성공 뒤에는 전 세계의 우수한 인재들을 활용하는 노하우가 있었다.

최근 삼성전자에서 해외 출장길에 오르는 임원들에게 글로벌 우수 인력과의 인터뷰를 의무화하고 있는 것은 한국 기업의 글로벌 채용 전략에 큰 변화가 있음을 보여주는 사례이다. 하지만 한국 기업의 해외조직에서 우수한 현지 인재를 선발하는 데에는 다음과 같은 장애물이 있다.

- 한국 기업에 대해 현지 인재들이 관심이 없거나 잘 모른다.
- 글로벌 기업에 취직하기 위해 한국 기업을 경력 쌓는 곳으로 생각한다.
- 보상이 본사 규정에 따라 이루어지기 때문에 우수한 인재를 유치하기 어렵다.
- 현지 채용인 선발 시 한국 본사와 같은 채용 정책을 도입함으로써 능력보다는 소위 스펙을 우선한다.
- 해외조직에 적절한 채용 절차와 기준이 정착되어 있지 않다.
- 해외조직의 적정 인원이나 중장기 인력 운영안과 같은 인재 로드맵이 없다.
- 상하 수직관계인 한국 기업의 조직 문화에 대한 반감이 존재한다.
- 해외주재원들의 인재 선발에 대한 전문성과 체계가 부족하다.
- 현지 채용인들을 한국인 해외주재원을 지원하는 인력으로 생각하는 경향이 강하다.

아무 개선 없이 관행대로 현지 채용인을 선발한다면 해외조직의 경쟁력은 갈수록 약해지기 마련이다. 지금까지의 현지 채용인 선발에 대한 제약을 극복하고 현지의 우수한 인재를 유치하기 위해서는 다음과 같은 방안이 필요하다.

Action 1 : 한국 기업의 고용 파워를 강화한다 국내에서 대기업으로 인정받으며 높은 고용 파워를 자랑하는 기업이라도 해외에서는 그 입지가 달라진다. 2012년 한국무역협회의 조사에 따르면 중국인들을 대상으로 인지도가 50%가 넘는 국내 기업은 겨우 삼성, LG, 현대자동차 3사뿐이었다. 당연히 국내 중소·중견기업의 인지도는 더 낮을 수밖에 없다. 이런 낮은 인지도는 낮은 고용 파워로 이어져 인재 유치에 어려움을 겪는다. 결국 우수한 인재를 확보하려면 한국 기업의 고용 파워를 강화하는 것이 선결 과제이며, 그러기 위해서는 적극적인 홍보가 절실하다.

일차적으로 해외조직 홈페이지를 대대적으로 정비할 필요가 있다. 상당수 한국 기업의 해외조직은 독자적인 홈페이지를 구축하기보다 한국 본사의 홈페이지와 연동해 사용한다. 대부분 한국어, 영어가 지원되고 일부 기업이 중국어나 일본어를 지원하고 있다. 그렇다 보니 한국 기업에 관심이 있어도 영어권 국가 외 사람들에게는 기업 정보를 찾아보는 것 자체가 제한적이다.

이를 개선하기 위해서는 독자적 홈페이지 개발이 시급하며, 채용에 대한 내용만이라도 현지 언어로 제공해야 한다. 그리고 수시로 채용 정보를 업데이트해 현지 인재들이 언제든 지원할 수 있도록 시스템을 마련해야 한다. 현지 지원자들이 쉽게 자신의 이력서를 홈페이지에 등록할 수 있게 하면 인재 데이터베이스가 확보되기 때문에 결원이나 충원 시 유용하게 활용할 수 있다. 유능한 인재를 선발하기 위한 인재풀을 확보한다는 것은 기업에게 커다란 장점이 된다.

그다음으로 현지 신문이나 지역신문을 통해 지속적으로 기업을 홍보함으로써 현지인들에게 기업의 존재감을 각인시키고 나아가 그들의 관심을 유도해야 한다. 아직까지 한국 기업은 현지 신문보다는 한국 교민들이 즐겨보는 신문이나 인터넷 사이트에 제한적으로 채용 정보를 올리고 있는 실정이다. 또 현지 채용인들에게 지인을 추천하도록 하는 그림자 채용Shadowing Recruiting을 선호한다. 이렇듯 채용 정보가 매우 폐쇄적이다 보니 채용 사실을 모르고 있는 현지인들이 수두룩하다.

실제로 대한무역투자진흥공사에서 작성한 '아세안 진출 한국 기업 운영 실태' 보고서에 따르면 중국, 베트남, 필리핀, 인도네시아 외국인 직원 중 한국 기업에 대한 정보를 조금이라도 알고 입사한 비중은 10% 내외에 그쳤다. 현지 대표 신문과 언론을 이용해 기업을 홍보하고 채용 정보를 오픈해야 좋은 인재를 확보할 수 있는 기회도 늘어난다. 사전에 한국 기업에 대한 정보를 알 수 있도록 채용 홍보 정책의 전환이 반드시 필요하다.

Action 2 : 탄력적인 채용 정책과 중장기 인사 정책을 갖춘다 현지 채용인들이 불만을 갖는 대표적인 이유는 주먹구구식 인재 채용과 들쑥날쑥한 채용 절차 및 시기이다. 한국 기업들은 대체로 상반기와 하반기에 정규적으로 공채 인원을 선발한다. 매년 채용 평가 방법과 프로세스에 있어 약간의 변화가 있기는 하나 기본적으로 채용 절차와 시기 및 평가 방법이 정형화되어 취업 준비가 가능하다. 반면 해외조직은 채용 규모가 작아 매년 정해진 시기에 일정한 프로세스에 따라 공채가 진행되는 경우는 매우 드물다. 대부분 결원이 생기거나 필요

시 부족한 인원을 수시로 채용한다. 때로는 단 한 번의 면접으로 현지 채용인을 선발하기도 하고, 신규 인원을 채용한 지 한 달이 채 못 돼 다시 충원하기도 한다. 즉 평소 한국 기업에 관심을 갖고 예의 주시하지 않는다면 채용 정보를 알기가 쉽지 않고 취업 준비도 만만치 않은 형편이다. 게다가 매번 요구되는 역량이나 직위, 직무도 선발 때마다 달라져 현지 구직자 입장에서 보면 납득이 안 되는 상황이 벌어진다.

일부 기업은 신입 사원을 채용할 때 본사와 같은 프로세스와 평가 방법을 적용해 문제가 발생하기도 한다. 법인장의 경우 많은 검증 단계와 절차가 필요한 것은 사실이나 일반 사원의 경우 급하게 충원할 수 있는 융통성이 요구된다. 본사의 인사 방침이나 정책을 고집한다면 현지의 우수 인재를 눈앞에서 놓치는 우를 범할 수 있다. 채용 프로세스, 선발 시기, 선발 시 평가 방법부터 채용 시 급여와 보상, 직위 부여 등에 대한 인사 관련 규정은 모두 현지에 맞게 재정비될 필요가 있다.

예를 들어, 국토가 작거나 현지 고등교육기관의 숫자가 열악한 국가에서 본사와 동일한 기준의 인재를 찾는다는 것은 불가능에 가깝다. 현지의 유명한 고등교육기관 졸업자가 아니거나 경력이 없더라도 신입 사원 이상의 대우를 해주어야 현지 인재를 유치할 수 있다.

탄력적인 채용 정책과 중장기적인 인사 대책을 마련하기 위해서는 본사의 인사 담당자와 해외조직 유경험자를 비롯해 해당 해외조직의 주재원들이 함께 프로젝트 팀을 구성하여 현지에 적합한 채용 프로세스, 선발 시기, 선발 시 평가 방법, 보상 정책 등을 재정립해야 한다.

Action 3 : 해외조직에 필요한 현지 인재상을 정립한다 한국 기업이 원하는 인재상과 역량을 해외의 비영어권 인재들은 얼마나 알고 있을까? 반대로 해외에서 꼭 필요한 인재상과 핵심 역량을 한국 기업들은 얼마나 이해하고 있을까? 한국 기업의 홈페이지에 들어가 보면 지향하는 인재상으로 너 나 할 것 없이 솔선수범, 근면함, 창의성, 고객지향, 글로벌 등을 꼽고 있다.

여기에는 한국 기업 특유의 인사 정책과 인재상이 담겨 있어 현지인들에게는 적절하지 않을 수 있다. 한국에서는 정형화된 스펙을 가진 인재들을 선호한다. 예를 들어, 영어를 사용할 일이 거의 없는 기업에서조차 신입 사원을 뽑을 때 토익 점수를 선발 기준으로 삼는다. 한국의 교육 시스템도 정형화되긴 마찬가지이다. 수십만 명이 한 날 한 시에 모여 수학능력시험을 치르고, 점수에 따라 서열화된 대학에 차례차례 진학한다. 하지만 한국과 같은 교육시스템을 가진 국가는 찾아보기 어렵다. 국가별로 차이가 있기는 하지만 인재를 양성하는 데 있어 다양성과 차이를 존중한다. 그렇기에 일원성을 강조하는 한국 기업의 인재상과 역량을 이해하기 어렵다. 물론 한국 기업이 추구하는 인재상과 역량은 조직 구성원이라면 누구나 가져야 할 공통적인 자세 및 태도이다.

하지만 이러한 공통적 요소에 더하여 해외조직에서 추구하는 전략과 기대하는 성과에 따라 인재상과 필요 역량을 재규정하는 작업이 필요하다. 그리고 이를 현지의 인재들에게 공표하여 채용 평가에 반영한다면 순환적인 인재 등용이 가능해질 것이다. 물론 해외조직의 인재상과 필요 역량을 재정립할 때에도 본사의 인사팀에서 독단적으로 진행하거나 현지 컨설팅 업체에 위탁하여 진행하는 것은 바람직하지 않다. 앞에서도 언급했듯이 본사 인사 담당자와 해외조직 유경험자 등이 해당 조직의 주재원들과 프로젝트 팀을 구성해 적합한 인재상을 재정립하고 필요 역량을 도출하는 작업이 필요하다. 기업이 해외에 진출한 이상 본사와 어떤 제도를 통일하고 현지에서는 어떤 제도를 차별화할 것인지 상황에 맞게 대처해야 한다.

Action 4 : 해외조직의 인재 선발 인력의 전문성을 강화한다 본사는 해외조직에서 이루어지는 선발과 채용을 모두 해외주재원에게 위임한다. 하지만 인사 업무를 잘 모르는 해외주재원이 많다 보니 비록 현지 채용인의 인사와 관련해 모든 권한을 본사로부터 위임받았다고 해도 경험치가 절대적으로 부족하다.

채용 절차는 보통 주먹구구식으로 진행되는데, 해외주재원 혼자 또는 몇몇이 모여 간단한 서류심사와 직무 관련 면접을 통해 현지 채용인을 선발하는 실정이다. 이럴 경우 면접과 평가 기준 모두 해외주재원의 전문 직무와 관련된 사항으로 국한되기 때문에 심층적으로 후보자의 인성이나 경력 목표, 조직과의 적합성, 한국 기업에 대한 적응력을 평가하기는 어렵다.

진취적인 몇몇 한국 대기업은 본사의 임원이나 인사전문가를 해외조직에 파견해 현지 채용을 진행하기도 한다. 그러나 현지의 특수성에 대한 이해가 부족하고, 무엇보다 해외주재원 경험이 없는 사람이 해외조직에 적합한 인재를 선발하는 데에는 또 다른 한계가 있을 수밖에 없다. 결과적으로 보면 그들은 본사의 글로벌 인재상과 평가 기준에 따라 본사와 유사한 인력을 선발할 뿐이다.

Action 5 : 해외조직의 조직 문화를 개선한다 26개국에 해외조직을 보유하고 있는 한 한국 기업의 각 해외조직별 현지 채용인 관리자에게 한국 기업과 한국인 주재원에 대한 생각을 물었다. 공통적으로 30 번 이상 등장한 문장은 다음과 같다.

- 늦게까지 일하는 것이 유능한 것인가?
- 한국인은 원래 고집스러운가?
- 한국인 파견자는 현지 비즈니스 문화를 이해하고 있는가?
- 한국인 파견자는 말하거나 행동할 때 왜 공격적인가?
- 어떻게 해야 한국인 파견자와 현지 채용인 사이의 의사소통을 증진시킬 수 있는가?
- 한국인 파견자가 해외에 파견되기 전에 관리 교육을 받는가?
- 한국인은 현지 문화에 적응하는 것이 어려운가?

긍정적인 반응도 있었으나, 한국 기업이나 한국인 주재원에 대한 이미지나 평판은 다른 외국 기업에 비해 그리 좋지 않았다. 문제는 이러한 평판이 현지인들에게 전파되면서 선입견으로 자리잡을 경우 현지의 우수한 인재 유치에 걸림돌이 될 수 있다는 사실이다. 설령 한국 기업에 대해 관심이 많아 입사했더라도 이러한 조직 문화에 적응하지 못해 한국인 상사 및 동료와 갈등을 빚고 이직하는 사례도 빈번하게 발생하고 있다.

한국 기업의 상명하달식의 빠른 의사결정과 책임감, 열정과 근면한 조직 문화가 지금까지 고속 성장의 한 축을 담당해온 것은 사실이나, 글로벌 시대에 있어 현지 문화와 현지 인재들의 다양성을 수용하기에 적합하지 않은 것 또한 현실이다. LG전자의 실제 사례를 살펴보자.

2008~2009년 LG전자는 부사장 이상 최고 임원으로 외국인 5명을 선발하였다. 글로벌 기업에 걸맞은 다양성을 확보한다는 것이 명분이었다. 향후 외국인 임원 비율을 70%까지 높이겠다는 공언도 있었다. 조직을 한국인 일변도가 아니라 다양한 인재로 채워야 혁신과 창조가 촉발된다고 판단했기 때문이다. 그러나 2010년 LG전자는 이들 5명을 모두 한국인으로 교체했다. 야심차게 추진한 다양성 인사 실험이 실패로 끝난 이유는 조직 내 불화와 갈등이었다. 한국인과 외국인 임직원 간에 의사소통이 제대로 되지 않으면서 내부 불만이 쌓여 결국 외국인 임원들은 실적 부진에 대한 책임을 지고 LG전자를 떠나게 된 것이다.

이 사례는 조직 내부에 다양성을 높이려는 기업들에게 많은 시사점을 던져준다. 다양성은 혁신과 창조의 원천이기는 하나 사람이 몇몇 바뀐다고 혁신과 창조가 하루아침에 이루어지지는 않는다. 조직 문화의 변화가 수반되지 않는 한 인재의 다양성은 무용지물이며 도리어 역효과를 낼 수 있다. 따라서 해외조직들은 현지 문화 및 관습, 해외조직이 추구하는 전략과 기대 성과에 따른 인재상을 반영하여 현지의 조직 문화를 정립하도록 노력해야 한다.

이를 위해서는 포용 문화의 정착이 시급하다. 단순히 다양성을 높이기 위해 여성이나 소수 인종의 채용과 구성원 비율을 늘린다고 조직 문화가 변하지는 않는다. 해외조직이 발전하기 위해서는 한국인과 현지인이 서로서로 배워야 한다는 점을 인식하고 다름에 대한 포용 문화를 인정하여 소수자들이 부당하게 차별을 받거나 기회를 박탈당하는 경우의 수를 없애는 노력이 절실하다.

현지 채용인
제대로 관리하기

중국, 베트남 등 아시아 신흥시장의 대학생들은 '입사하고 싶은 직장' 중 LG전자 등 한국 기업을 열 손가락 안에 꼽는다. 그러나 정작 입사에 성공한 현지의 우수 인재들은 대부분 2~3년 동안 근무한 후 미국계나 유럽계 기업으로 옮겨간다. 한국 기업에서는 관리자급으로 승진할 가능성이 희박하다고 판단하기 때문이다. 실제로 LG전자는 이와 비슷한 문제로 고민해왔다. 현지 시장을 제대로 이해하기 위해서는 우수한 현지 마케팅 인력이 절실한데 뽑으면 뽑는 대로 회사를 떠나는 과정을 반복해온 것이다. 이 같은 문제점을 해결하기 위해서는 외국인 인재에 대한 차별을 없애야 한다. LG전자는 채용에서부터 직급 체계, 승진, 보상 등 모든 인사 프로세스를 하나로 통일해 글로벌 인재풀을 구축하기로 했다.

그러나 이 같은 한국 기업의 움직임은 사후약방문인 경우가 많다. 이미 많은 글로벌 인재들이 한국 기업에서 차별을 경험했고, 한국 기업의 평판은 이미 많이 낮아져 있기 때문에 우수한 글로벌 인재들은 한국 기업을 자신의 경력을 쌓으려는 이른바 '커리어 앵커Career Anchor: 개인의 경력 개발을 위해 추구하는 본질적 가치'로 생각할 뿐이다.

따라서 외국인 인재에 대한 차별을 없애는 정책은 본사뿐 아니라 해외조직에 근무하는 한국인 주재원들의 의식 변화가 병행되어야 제대로 효과를 발휘할 수 있다.

대한무역진흥공사가 중국과 동남아시아의 한국 기업에 근무하는 현지 채용인들을 대상으로 조사한 결과 한국인 주재원들이 다른 외국 기업과 비교해 상대적으로 '권위적인 관리 방식'을 고수하기 때문에 일하는 즐거움이나 보람을 느끼기 어렵다고 응답했다. 이러한 문제는 현지 채용인들과 한국인 관리자 간의 불화와 갈등을 야기하고 나아가 조직 몰입도 및 조직 충성도 하락으로 이어져 막대한 손실을 가져오게 된다. 네덜란드 심리학자 기어트 호프스테드Geert Hofstede는 그가 IBM에 근무할 당시 70여 개국의 약 12만 명의 IBM 직원들에 대한 설문조사를 통해 각 국가별로 일반화할 수 있는 문화적 차이를 제시하면서 그로 인해 현지 채용인 관리에 어려움이 많다고 지적한다.

지금부터 해외주재원이 현지 채용인을 관리함에 있어 신경 써야 할 몇 가지 이슈들을 살펴보자.

Issue 1 : 현지 문화의 충돌 본사의 관리직 임직원 구성 비율을 보면 하위관리자와 상위관리자가 고루 분포되어 있지만 해외조직의 경우 차장 및 부장급의 상위관리자가 주를 이룬다. 비록 최근 들어 대리 및 과장급의 하위관리자 비율이 늘어나고 있다고 해도 그 수는 턱없이 부족한 실정이다. 문제는 조직 내에서 사원급 직원과 상위관리자를 연결하는 가교 역할을 수행하는 현지 채용인이 많이 부족하다는데 있다.

그렇다 보니 사원급 직원과 상위관리자 간의 커뮤니케이션에 있어서 간격이 커진 나머지 두터운 문화 장벽마저 생겨났다. 한국인 상위관리자들은 현지 채용인들이 한국의 조직 문화를 따라주기를 바라고, 현지 채용인들은 상위관리자들이 자신들의 문화를 존중하고 수용해주기를 원하기 때문에 두 그룹이 상충되는 것이다. 충분한 공감대가 형성되지 않은 가운데 일방적이고 성과 지향적인 의사소통으로 현지 채용인들을 몰아붙이면 마찰은 배가될 수밖에 없다.

그러므로 해외주재원이 가장 경계해야 할 점은 무의식적인 '자민족 중심적 가정' 하에 사고하고 행동하는 것이다. 야근 강요, 빠른 업무 추진, 생략이 많은 커뮤니케이션과 업무 지시, 상사의 권위, 한국과 외국 고객의 비교 등 한국식으로 업무를 추진하다 실패를 맛본 기업들을 일일이 열거하기도 어려울 정도이다. 이 문제를 해결하기 위해 크게 2가지 방안을 제시한다.

첫째, 한국인 상위관리자와 현지 채용인 직원 사이를 조정하고 이어주는 중간관리자급 현지 채용인을 육성하는 것이다. 물론 현지 채용인 중간관리자는 하루아침에 육성되지 않는다. 이들을 육성하기 위해서는 무조건적으로 좋은 스펙의 인재보다는 한국 기업이나 문화에 대한 애착과 호기심이 강하고 조직 몰입도나 조직 충성도가 우수한 사람을 선발하여 훈련시키는 것이 더 바람직하다. 좋은 스펙을 가진 사람이 당장은 매력적으로 보일지 몰라도 일정한 조건이 갖추어지면, 그들의 능력을 발휘할 수 있는 곳으로 이직하기 십상이기 때문이다.

둘째, 이들을 중간관리자로 무조건 승진시킬 게 아니라 현지 채용인 후보 인재군을 선발하여 비공식적 파트장이나 팀장 직책을 부여한 후 중간관리자 역할에 대한 시행착오를 먼저 거치게 하는 것이 효과적이다. 가능성을 먼저 검증하여 향후 공식적으로 승진 절차를 밟는다면 관리 업무가 순조롭게 집행될 수 있다. 이때 다른 현지 채용인이 보기에 스펙이 별로인 사람을 바로 중간관리자로 승진시키면 오히려 조직 내 반발을 사 갈등을 유발할 수 있다. 반드시 다른 직원들의 의견을 반영하여 후보군을 결정해야 한다.

Issue 2 : 파견국의 노동법과 관습 개발도상국으로 파견된 해외주재원들은 한국보다 훨씬 더 까다로운 노동법에 당혹스러워한다. 산업의 근대화나 경제개발은 뒤처져 있지만 노동법은 잘 정비되어 있기 때문이다. 우리가 알고 있는 대부분의 개발도상국들은 과거 식민통치의 영향으로 외국과 꾸준히 교류해왔고, 다양한 다국적 기업들이 진출해 있어 자연스레 자국의 근로자들을 보호하기 위한 노동법이 발달했다.

일례로 인도네시아의 한국 기업에서 근무하던 현지 여직원이 육아휴직으로 3개월을 쉬게 되었다. 한국 기업은 그녀에게 본사의 규정에 따라 3개월간 정상 급여의 50%를 지급했다. 하지만 그녀는 인도네시아 노동청에 이의신청을 제기했고, 한국 기업은 3개월간 정상 급여의 100%를 지급하라는 노동청의 명령을 받았다. 인도네시아의 노동법에 임신으로 회사를 쉬게 되었을 때 3개월 동안 정상 급여를 전액 지급해야 한다는 조항이 있기 때문이다.

Issue 3 : 현지 채용인의 고용조건 동남아시아와 중국 현지 채용인들이 가장 강하게 요구하는 고용조건 개선 사항은 '임금 인상'이다. '임금 인상'에 이어 현지 채용인이 요구하는 고용조건은 '복리후생', '고용 기간 보장', '작업장 환경 개선', '승진 또는 승급 기회 확대', 그리고 '노동시간 단축' 순으로 나타났다. 결국 임금, 복리후생, 고용 기간 보장과 같은 근로조건의 개선이 시급하다는 것이다.

문제는 이러한 고용조건 개선의 목소리가 한국인 주재원으로 하여금 현지 채용인에 대한 편견을 갖게 할 수 있다는 사실이다. 한국 기업에 근무하는 현지 채용인의 평균 근무 기간이 24개월 전후임을 감안할 때, 고용조건이 불만족스러우면 이들은 언제든 이직할 것이라고 판단하게 된다. 앞에서도 언급했듯이 한국 기업들은 선진국 기업에 비해 해외 진출 경험이 부족하고 해외 업력도 짧아 임금, 복리후생, 고용 기간 등과 같은 고용조건에 관한 정보와 자료가 부족한 상황이다. 대부분의 한국 기업은 입소문이나 경력자를 통한 정보 파악으로 임금과 복리후생을 결정하기 때문에 현지 채용인 입장에서는 다른 다국적 기업보다 한국 기업의 고용조건이 상대적으로 불만족스럽게 느껴질 수 있다.

Issue 4 : 현지 채용인의 경력 개발과 관리 한국 기업의 현지 채용인들을 대상으로 한 고용조건 조사에 따르면 '승진 및 성장 기회의 확대'에 대한 갈망이 큰 것으로 나타났다. 이는 현지 채용인의 경력을 체계적으로 개발하고 관리해주면 그들의 직무 만족도나 조직 몰입도를 높일 수 있다는 가능성을 제기한다. 현지 채용인의 경우 다른 외국 기업에 근무하는 지인이나 회사 내의 동료 등 다양한 집단과 임금이나 복리후생 같은 고용조건을 비교할 수 있다. 자신이 불합리한 고용조건에서 근무하고 있음을 알면 언제든지 이직을 결심한다. 하지만 한국 기업에서 지속적인 경력 개발과 관리를 통해 승진과 성장 기회를 제공한다면 이들을 붙잡을 수 있게 된다.

Issue 5 : 현지 채용인 성장 한계 현재 한국 기업의 해외조직에서 일하는 현지 채용인들에게는 조직 내에서 존경할 만한 관리자급이 거의 전무한 상황이다. 따라서 한국 기업에 근무하면서 어느 정도의 기간이 경과하면 '나도 저 사람처럼 될 수 있겠구나' 하는 현지의 역할모델을 확보해야만 그들의 성취욕을 자극해 성장의 한계를 극복할 수 있다.

Issue 6 : 현지 채용인 성과 보상   현지 채용인들이 열심히 근무하여 최고의 성과가 나왔음에도 불구하고 본사의 경영 상황이 좋지 않아 보상이 제대로 이루어지지 않는 경우가 더러 발생한다. 이러한 경우 현지 채용인들의 사기가 크게 저하될 수밖에 없다. 본사 입장에서는 기업 전체적으로 경영 성과가 좋지 않은 상황에서 한 국가의 해외법 인에서 최고의 성과가 나왔다고 해서 그곳의 근로자들에게만 금전적 인 보상을 해주기는 곤란할 수도 있다.

이런 상황에서는 우수한 현지 채용인을 본국에 파견하여 교육을 받 게 하거나 직무순환을 할 수 있는 기회를 제공하는 등 금전 외의 특 별한 보상을 해줄 필요가 있다. 이러한 보상은 결과적으로 그들의 경 력 개발 및 관리에도 긍정적인 영향을 줄 수 있다. 다만 모든 현지 채용인에게 혜택을 주기에는 비용과 시간의 한계가 있다.

CHAPTER 4

해외 파견 :
제대로 된
파견 적응 교육하기

조기 귀국하는
해외주재원들

한국에서 유능했던 사람이라도 일단 낯선 이국에서 일하게 되면 심한 스트레스를 받는다. 언어의 장벽, 누구와도 터놓고 이야기할 수 없는 업무의 압박감, 혼자 지내는 외로움, 이문화로 인한 문화적 충격, 이민족을 지휘하는 두려움과 혼란, 미래에 대한 심리적 불확실성 등 힘든 게 한두 가지가 아니다. 어쩌면 매일이 도전의 나날이고, 좌절의 연속일 수 있다.

그러다 보니 현지에서 적응하지 못해 저조한 성과를 내거나 중도에 복귀하는 해외주재원이 비일비재하며, 그로 인한 직접적인 손실이 상당하다고 한다. 2012년 M사의 경우 조기 귀국으로 인한 구체적인 손실액만 인당 2~3억 원에 달했다. 주재원의 조기 귀국을 막고 현지에 잘 적응하도록 하려면 기업에서는 파견 전 교육 과정을 잘 설계하고 진행해야 한다.

몇몇 기업에서 해외주재원의 현지 적응을 돕기 위해 언어와 업무 능력을 향상시키는 교육을 실시하고는 있지만, 현지에서 필요한 역량과 간극이 커서 별다른 성과를 내지 못하고 있다.

그래서 이번 장에서는 해외주재원의 현지 적응력을 높이기 위한 파견 전 교육 과정의 설계 노하우를 정리했다. 이는 해외주재원이 빠른 시일 안에 새로운 환경에 융화될 수 있도록, 도착 즉시 직무에 임할 수 있도록 돕기 위함이다. 기업 입장에서는 교육을 개발하고 진행하는 데 투입되는 시간과 비용이 많다고 느낄지 모르지만 그에 상응하는 충분한 가치가 있다.

지금부터 성공적인 현지 적응을 위해 필요한 교육 모듈을 하나하나 알아보자. 또 해외주재원뿐만 아니라 주재원 가족과 현지 채용인까지 대상별 교육에 대해서도 알아보자.

해외주재원
후보군 과정

해외주재원 교육은 일반적으로 선발 단계에서 시작된다. 하지만 대다수 한국 기업이 3개월에서 짧게는 1개월 전에 해외주재원을 선발하기 때문에 이들을 제대로 교육하여 육성할 시간적 여유가 없다. 이럴 때는 해외 파견 전 교육에 앞서 해외주재원 후보군을 선발한 후 사전 교육을 진행하는 것이 효과적이다. 해외주재원 후보군에 대한 교육은 해외직접투자를 하고 있는 기업이 향후 자사의 임직원을 파견하기에 앞서 적합한 인재를 선발하고 육성하는 일련의 과정이다.

사후약방문의 대응이 아닌 미리 체계적으로 후보군을 선발해 육성하게 되면 언제든지 인력을 투입할 수 있는 안정성을 확보할 수 있고, 시시각각 변하는 글로벌 경영 환경에 신속히 대응할 수 있다는 장점이 있다. 또한 단기간의 해외 파견을 거쳐 후보군이 해외 근무에 적합한지 판단 후 해외주재원으로 선발하기 때문에 파견 전 교육의 효율성도 높아지고 파견 적응도 한결 수월해진다. 해외주재원 후보군의 선발 과정은 다음과 같다.

먼저 본사의 경영 철학과 목표를 달성해야 하는 막중한 역할과 책임을 가진 만큼 해외조직에서 최소 2년 이상 근무자 또는 대리급 이상을 선발 대상으로 한다. 법인 지사장급의 관리자를 선발할 때는 임원급까지 범위를 확대하기도 한다. 선발 직급에 상관없이 최소 6개월에서 길게는 3년 정도의 기간을 두고 진행되며, 직무 범위가 확대될 것에 대비하여 일부 직무에 한정하지 않고 직무순환을 실시하기도 한다. 해외 사업을 활발히 벌이고 있는 기업들의 경우 전사적으로 후보군 선발 과정을 도입하고 있으며 직위 고하를 막론함은 물론 직무 범위에 제한을 두지 않고 있다.

해외주재원 후보군 선발 과정은 평가와 육성에 초점을 두어 평가센터, 이문화 수용 능력 진단, 지역전문가 제도, 온라인 교육, 집합 교육 등 다양한 프로그램으로 구성된다.

Module 1 : 평가센터 평가센터를 도입하면 각 후보자들이 직무 수행에 필요한 관리 능력을 갖고 있는지 판단과 예측이 가능해진다. 각 후보별로 장단점을 파악하게 됨으로써 개별적인 파견 교육 계획을 수립하는 데 이를 활용할 수 있다. 또한 후보군 입장에서는 직무 요구에 대한 구체적이고 현실적인 사고가 가능해지므로 평가 결과를 자기 개발이나 경력 계획으로 연결시키는 효과가 있다.

하지만 앞서 보았듯이 평가센터는 개발 시간과 비용이 많이 들고 사내에서 해당 직무 전문가를 어렵게 평가자로 섭외하더라도 국가별

전문성을 확보하는 데 한계가 있다.

국내 기업들 중 평가센터 선발 방식을 도입한 사례가 있으나 이들 모두 필요한 역량만을 평가하는 데 그친 나머지 직무와 관련된 후보군의 장단점을 제대로 파악하지 못했다. 평가센터 선발 방식의 취지가 무색할 정도이다. 게다가 간혹 평가자와 후보자의 관계가 친밀하고 두터워 객관성을 검증하는 데 곤란을 겪기도 한다. 이럴 때는 외부 전문가를 초빙해 평가의 객관성을 높여주어야 한다.

Module 2 : 이문화 수용 능력 진단 국내에서 탁월한 능력을 발휘하던 임직원이 해외 업무에서도 좋은 성과를 만들어내는 것은 아니라는 보고들이 발표되면서, 이문화 수용 능력에 대한 진단과 검증의 필요성이 강하게 제기되고 있다. 이에 따라 해외 파견 활동이 활발한 국내 기업들은 이미 자체적으로 이문화 수용 능력 진단 도구를 개발했거나 해외의 유명한 진단 도구를 도입해 사용하고 있다. 몇몇 기업에서는 한국 기업의 특성에 맞는 진단 도구를 보급하고자 유명 대학의 심리연구소와 개발을 진행 중이다. 기업에서 이문화 수용 능력 진단 도구를 활용하는 목적은 이문화 환경에서 근무해야 할 후보군 또는 해외주재원의 문화의 유사성, 감수성, 수용성이 어느 정도인지 척도화하여 해외 파견 시 그들의 업무 수행 능력과 필요한 훈련 분야를 파악할 수 있도록 돕기 위함이다.

대표적인 이문화 수용 능력 진단 도구로 다문화적 발달 도구Intercultural Development Inventory, IDI를 꼽는데 이것은 미첼 해머Mitchell Hammer 등의 학자들이 고안해낸 자기평가 검사이다. 현대자동차그룹과 포스코그룹 등의 대기업 그룹사에서는 충분한 검증 과정을 거쳐 이 도구를 사용하고 있다. 밀턴 베넷Milton Bennett이 개발한 다문화적 감수성 발달모델Developmental Model of Intercultural Sensitivity, DMIS에 기초한 다문화적 발달 도구는 자기와 다른 사회나 문화 출신의 사람들과의 차이를 본인이 어떻게 파악하는지에 초점을 맞춘다. 검사 절차는 다음과 같다. 우선 검사에 앞서 진단 도구에 대한 간소한 오리엔테이션을 진행한다. 다음으로 후보자의 인구통계학적 특성을 작성한 후 50개 문항의 질문에 응답한다. 참고로 50개 문항은 크게 5가지로 구분된다.

- 문화 차이를 단순화하거나 문화 차이 간의 대립 정도(13문항)
- 이문화에 대한 부정 및 방어 상태(9문항)
- 이문화와의 유사성과 보편성(이문화 적용 9문항)
- 이문화 차이 수용 및 이해 정도(14문항)
- 이문화 정체성(문화 소외로 느껴지는 문화적 주변성 5문항)

대상자의 응답지를 수거해 분석한 후 결과값을 본사로 보낸다. 다문화적 발달 도구의 경우 그간 쌓인 빅데이터와 연동되어 결과값이 나오는데 그래프 및 설명이 함께 담겨 있다. 진단 결과는 후보자의 교육에 반영하기도 하지만, 일부 기업에서는 교육 훈련을 통해 대상자의 역량 개발이나 향상이 어렵다고 판단되는 경우 즉시 후보군에서 제외시키는 용도로도 활용한다. 다른 검증 도구와 함께 최종 후보자를 선발할 때도 검사 결과를 참조한다. 최근 해외주재원의 가족들의 수용성 문제가 현지 적응에 가장 큰 영향을 미치는 것으로 밝혀지면서 진단 대상을 그 가족들로 확대하는 기업도 늘어나고 있는데, 대부분 기어트 호프스테드와 에드워드 홀Edward Hall의 문화 차원과 맥락 구분 등 이문화의 상대성을 근간으로 삼고 있다.

Module 3 : 지역전문가 제도　이 제도는 삼성그룹의 글로벌 경제 활동을 촉진하는 핵심 체제로, 현지에 대한 애정과 안목을 가지고 국제적으로 판단하고 행동할 수 있는 글로벌 인재를 배양하는 데 목적이 있다. 2013년 〈하버드 비즈니스 리뷰〉 7~8월호 역시 삼성그룹의 성공 요인 중 하나로 지역전문가 제도를 꼽았다. 삼성그룹은 지난 20년간 어느 정도의 어학 실력과 유연한 사고를 갖춘 3년 차 이상의 사원이나 대리급을 1년간 해외로 보내 현지 언어와 문화를 익히게 함으로써 지역전문가 양성에 힘을 써왔다. 그동안 배양한 지역전문가의 수가 5,000여 명이 넘는다.

삼성그룹에서 시작된 지역전문가 제도는 현대자동차그룹, LG그룹, CJ그룹 등에도 전파되어 시행되었으며 롯데그룹과 한화그룹 또한 새로운 지역전문가 육성 프로그램을 준비 중인 것으로 알려졌다. 개별 기업에서 지역전문가 제도를 실시하는 곳은 대우건설이 유일하다. 2008년부터 입사하는 모든 신입 사원들을 대상으로 남녀 구분 없이, 최소 3개월부터 현장 여건에 따라 1년까지 현지에 파견한다. 현지 지역 조사라기보다는 향후 해외 사업 현장에 배치할 미래 관리자를 육성하기 위한 사전 OJTOn the Job Training로서의 교육적인 성격이 강하다. 대우건설은 국내 최고의 해외 건설사답게 원활한 해외 인력 수급과 인재 육성을 위한 투자를 체계적으로 해오고 있다.

지역전문가가 되면 세계 각지에 파견되어 3가지 과제를 부여받는다.

첫째, 공통과제로서 빠른 시일 내 어학 능력을 일정 수준 이상으로 끌어올리는 것이다. 지역전문들은 현지에 도착하는 즉시 어학원이나 대학에 등록하게 된다. 그 이후 향상된 어학 능력을 바탕으로 해당 지역 및 국가의 사회구조와 인프라를 연구하며 자신이 소속된 기업과 관련된 비즈니스 현황과 전망을 조사한다. 수도권 및 주요 도시는 직접 방문을 원칙으로 한다. 해외조직은 기본적으로 국경 간의 거래에 따른 산물이기 때문에 지역전문가는 시장 진입 장벽이나 외국기업에 대한 현지의 법규 체계를 파악하여 새로운 시장 진입을 위한 전략 수립에 기여해야 한다.

둘째, 파견된 지역의 특성을 반영한 지역 과제가 주어진다. 파견된 국가의 지역별 시장 현황과 차이점을 분석해야 한다. 여러 도시들을 방문하면서 얻게 된 도시별 소비 수준, 주요 도시와 중소도시의 격차 및 실태, 도시별 주요 산업의 차이 등 정보를 취합하고 가공함으로써 해당 지역의 특성을 고려한 사업 계획을 추진한다.

셋째, 개인의 관심과 경력 계획에 따라 개별 과제가 주어진다.

Module 4 : 온라인 교육 과도한 업무량으로 해외주재원 후보군의 교육이 원활히 진행되지 못하는 경우가 많다. 교육보다는 늘 현업이 우선시되어 업무 처리를 위해 교육장을 이탈하는 사례가 빈번하다. 이런 부작용을 방지하기 위해 해당 부서의 조직장들에게 교육 기간 중 학습 분위기를 조성해달라는 공문을 사전에 보내지만 소용이 없다.

이러한 현실을 감안한다면 온라인 교육을 보조적 학습 도구로 적극 활용하기를 권한다. 온라인 교육은 스마트 기기의 보급이 활성화됨에 따라 접근성이 높고 자기 주도적 학습이 가능해 상당히 효과적이다. 그래서 기업에서는 최근 이러닝 및 스마트 러닝 콘텐츠를 교육에 많이 활용하고 있다. 일부 기업의 경우 이문화 수용 능력을 학습하고 평가할 수 있는 비즈니스 시뮬레이션을 개발해 온라인 교육으로 활용하고 있다. 이 외에도 기업마다 일정 기간 안에 파견 주재원의 필수 역량을 학습할 수 있도록 온·오프라인 교육을 통한 학점 이수제를 도입하고 있다.

온라인 교육은 언제 어디서나 누구나 원하는 수준대로 학습할 수 있다는 장점으로 인해 더욱 활성화될 전망이다. 진취적인 국내 기업의 경우 세계적인 온라인 교육 협의체와 협력해 해외주재원들을 위한 내실 있는 콘텐츠 확보에 앞장서고 있다.

Module 5 : 해외주재원 후보군의 집합 교육　해외주재원 후보군을 위한 집합 교육은 지금까지 언급한 일련의 선발 및 육성 방법을 포괄하는 개념으로 봐도 무리가 없을 것이다. 집합 교육은 향후 참가하게 될 파견자 과정과 차별성을 두는 동시에 연계성을 동시에 고려해야 한다. 확정된 파견자의 교육 과정과 달리 후보군을 위한 집합 교육은 장기간으로 진행되지만 대상자의 대부분이 파견이 확정되지 않은 까닭에 몰입도가 낮은 편이다. 따라서 후보군을 대상으로 하는 집합 교육을 시작할 때는 최고경영진의 독려와 지원이 반드시 선행되어야 한다.

후보군의 집합 교육은 폭넓은 사고와 역량을 확보하는 데 중점을 두고 운영하는 것이 특징이다. 해외주재원 파견 전 과정은 파견국이 확정된 상태이기 때문에 해당 국가 파견을 위한 심화 교육을 제공하는 반면 후보군은 파견 여부나 파견국 등 정해진 게 없어서이다.

후보군에게 필요한 역량은 글로벌 사고방식, 글로벌 통찰력, 글로벌 매니지먼트, 글로벌 리더십 4가지로 구분된다.

첫째, 글로벌 사고방식은 지구촌을 함께 살아가는 글로벌 시민으로서 갖추어야 할 평등심과 포용심을 말한다. 글로벌 사고방식을 통해 인간은 누구나 존중받으며 공통적으로 누려야 할 인권이 있음을 인식하며 기업의 사회적 책임과 윤리의 실천이 중요함을 깨닫게 된다. 또한 범세계적으로 확산되는 긍정적 조직상과 미래의 가치를 인식함으로써 이를 향후 기업의 채용, 영업, 마케팅 등 다양한 경영 활동에 반영한다.

둘째, 글로벌 통찰력은 기업이 처한 글로벌 경영 환경을 거시적 관점에서 볼 수 있게 하며 이것들이 얼마나 유기적으로 움직이는지를 확인하게 한다.

경영 환경 속의 유기적 질서를 알게 되면 과거와 현재의 트렌드 및 패러다임을 비교하고 미래를 조망할 수 있게 된다. 또 해당 기업이 속한 산업 및 유관 산업의 변화와 주요 전략 국가와 잠재적 전략 국가의 동향과 변화를 통찰하고 새로운 경쟁전략을 세우는 기회를 갖게 된다.

셋째, 글로벌 매니지먼트는 개인별 직무의 구분으로 그동안 경험할 수 없었던 조직 관리자로서의 실무 역량을 향상시키는 과정이다. MBA 과정과 유사한 성격을 지니고 있어 일부 기업은 국내 유명 경영대학원의 MBA 과정에서 후보군들이 학습하도록 지원하기도 한다. 하지만 비용 부담이 커서 전문 교수들을 초빙해 과정을 개설하는 것이 일반적이다. 이 과정에서는 주로 글로벌 경영전략, 글로벌 조직관리, 글로벌 성과관리, 글로벌 마케팅 관리, 글로벌 재무회계 관리, 글로벌 물류관리 등을 배운다.

넷째, 글로벌 리더십은 글로벌 차원에서 요구받는 범세계적 리더십을 학습하는 과정이다. 더 넓은 세계에 적합한 리더의 의사결정, 협상의 기본 지식과 사례, 매너와 커뮤니케이션 기법, 그리고 후속 그룹을 육성하고 코칭하는 능력을 배운다. 스스로를 동기부여하고 관리할 수 있는 셀프 리더십 또한 강조되고 있다.

이 4가지 역량 외에 장기적인 관점에서 접근해야 할 교육은 바로 어학이다. 영어는 최소 8주 이상의 집중 과정을 이수하는 것이 좋다. 소수 언어를 구사하는 후보자 또는 특정 대상자에게는 각 대학에서 개설되는 어학 프로그램이나 해외 어학연수를 보내는 것도 추천할 만하다. 또한 전화로 외국어를 배우는 교육 프로그램도 주재원 후보군의 어학 능력을 크게 향상시키는 것으로 나타나고 있다. 단, 전화로 학습 시 자유로운 대화 형식보다는 교재를 사용해야 학습 효과를 높일 수 있다.

이러한 일련의 과정을 통해 현지 문화를 습득하며, 이문화 환경에 필요한 리더십과 비즈니스 역량을 확보할 수 있다. 나아가 어학 능력을 키워 현지인과의 인적 네트워크까지 구축한다면 해외주재원으로서 준비된 후보군이 되는 것이다.

해외주재원
파견 과정

해외주재원 파견 전 교육 과정은 교육 대상에 따라, 주재국 및 목적에 따라 다양한 방식으로 접근해야 한다. 하지만 국내 기업의 파견 교육은 양질의 측면에서 해외 다국적 기업과 상대가 되지 않으며 국내 대·중소기업 간에도 큰 격차를 보이고 있다.

이번 장에서는 산업 분야에 따라 달라지는 직무 교육은 생략하고 각 기업에게 공통적으로 필요한 역량을 중심으로 해외주재원 파견 전 교육 과정을 설명하고자 한다.

표 4-1 **해외주재원 파견 전 교육 과정**

기본 주재원 역량	경영 환경 이해	글로벌 경제 환경 이해
		해외조직 경영 환경 이해
	해외주재원의 역할과 책임	해당 조직 해외주재원 직무별 역할과 책임
		해당 조직 해외주재원 직무별 성과관리
	이문화 이해와 현지 적응	해당 국가의 문화에 대한 심화학습
		해당 국가 해외주재원 단계별 적응 사례
글로벌 리더십 역량	현지 채용인 채용	현지 채용인 채용 시 유의사항 숙지 및 실습
	현지 채용인 육성	현지 채용인 육성 방안 수립 (체계, 프로세스, 육성 방법)
	현지 채용인 갈등관리	개인과 조직 간의 갈등관리 (근무 중 커뮤니케이션 갈등)
	현지 채용인 유지 전략	현지 채용인에 대한 동기부여, 보상, 조직 심리, 대응 방안
	해외조직 성과관리	해외주재원 및 현지 채용인 성과관리, MBO, KPI, BSC 활용 방안
	비즈니스 매너와 의전	글로벌 비즈니스 매너와 의전, 현지국 상관습, 출장 임원 의전관리
	해외주재원 자기관리	스트레스와 건강관리, 경력관리, 가족관리

참조 : (주)글로벌티앤디, 해외주재원 공개 교육 과정 일정

해외주재원 파견 전 교육 과정의 설계 해외주재원의 파견 전 교육 과정이 그들의 현지 적응과 조기 현업 투입에 큰 영향을 미친다는 보고가 수없이 나오고 있다. 그런 점을 감안해 해외조직이 직면하는 직접적인 경영 환경의 이해와 실습을 목표로 삼아 2가지 방향으로 파견 전 교육 과정을 설계할 필요가 있다.

첫째, 내부 강사를 활용하여 현재 해당 법인이나 지사가 갖는 실제 경영 환경과 이슈를 다룬다. 이 경우 해외조직 유경험자를 활용하면 유용한데 일부 기업에서는 귀임주재원을 주로 강사로 삼는다. 만약 귀임주재원이 퇴직을 코앞에 두고 있다면 귀임 후 퇴임한 법인장급의 임원들을 자문위원단 형태로 구성하는 것도 효과적이다. 특히 임원 중 퇴임자의 경우 회사에 대한 충성도가 높아 적극적으로 교수 활동에 참여 가능하고 조직의 검증된 리더라는 점에서 후배 주재원의 학습 몰입도를 향상시킬 수 있다. 교수자와 학습자 모두 큰 도움을 주고받을 수 있다. 대략 퇴사 후 2~3년 정도의 계약 기간을 정해 강의에 따른 강연료와 배차 등을 결정한다.

둘째, 외부 강사를 활용하는 방법이다. 자사 내부에 주재원 출신의 강사자를 둘 수 없다면 글로벌티앤디Global T&D 같이 국내 대기업의 주재원 출신 강사들을 대거 확보하고 있는 전문 기업을 활용하는 것도 효과적인 방식이다. 그들은 자사가 보유하지 못한 해외조직의 탄생에서 철수까지 생생한 경험과 노하우를 가지고 있다. 비록 다른 기업의 주재원 경험자라 하더라도 한국 기업의 특성상 유사한 국가에 진출해 유사한 진입 전략을 선택하는 경향이 강하기 때문에 큰 무리가 없다. 오히려 타사의 전략과 노하우를 습득할 수 있는 기회가 되기도 한다. 외부 강사를 활용할 경우 강의 중간중간 학습자들이 궁금증을 해결해나갈 수 있도록 Q&A 섹션을 충분히 할애하여 구성한다.

해외주재원 파견 전 교육 과정을 효과적으로 설계함에 있어 3가지 주의사항이 있다.

첫째, 시간의 안배이다. 해외 파견 예정자에 대한 교육 훈련 프로그램이 소기의 목적을 달성하려면 최고경영층의 제도적이고 전략적인 지원이 필요하다. 파견이 결정된 이후 실제 파견까지 훈련 과정에 몰두할 수 있도록 예정자에게 충분한 시간을 제공해야 한다.

둘째, 실제 업무 환경과 최대한 유사하게 진행한다. 파견국의 경제나 경쟁 기업, 정치, 법률적 환경, 지리, 기호 등 현지 전반에 대한 기본 지식뿐만 아니라, 문화 감수성, 언어능력, 직무 역량을 확보하기 위해 실제 업무와 가장 유사한 환경을 제공해야 한다.

셋째, 효율적 학습이 가능하도록 기간 조절을 고려한다. 주재 기간이 짧고 현지 문화에 대한 접촉의 정도가 낮을수록 정보 제공을 목적으로 하는 단기적 훈련 프로그램이 적합하지만 주재 기간이 길고 현지 접촉도가 높을수록 실제 직무 환경과 유사한 교안을 가지고 진행되는 장기적인 집중 교육이 필요하다. 이를 대체하기 위해 일부 기업에서는 파견 전 일시적으로 2~3개월간의 현지 근무를 체험할 수 있는 기회를 제공하기도 한다.

해외주재원이 갖춰야 할 기본 역량 해외주재원의 기본 역량은 크게 해외조직의 경영 환경 이해, 해외주재원의 역할과 책임, 이문화와 현지 적응으로 구분할 수 있다.

첫째, 해외조직의 경영 환경 이해이다. 이는 변화하고 있는 글로벌 경제에 따른 해외조직의 경영 환경을 이해시키는 과정이다. 자사 또는 국내 기업의 해외조직 사례들을 통해 글로벌 경제 위기 이후 해외사업 환경이 어떻게 이루어지고 있는지, 경제 위기가 해외조직들을 어떻게 변화시켰는지를 알려준다.

둘째, 자사의 핵심 역량 및 가치 창출, 사업 기회 발굴, 제품·서비스의 기술과 노하우 전수, 법인 통제, 성과관리 등 해외주재원의 역할과 책임을 다룬다. 예를 들어 성과관리의 경우 생산관리, 영업·마케팅 관리, 경영관리, 현지 채용 인력 관리 등 실제 사례를 소개한다.

셋째, 이문화의 이해이다. 이 경우 이문화 환경에서 벌어지는 문화 충돌과 현지 적응 방안으로 나누어지며 파견 후부터 귀임까지 발생하는 이문화 갈등 사례를 다룬다. 주재원 출신 교수자들이 배치된다면 그들의 경험을 바탕으로 이문화 환경에서의 생활과 업무 적응 노하우를 전수함으로써 파견 예정자의 심리적·정서적 안정에 큰 도움을 줄 수 있다.

해외주재원에게 필요한 리더십 글로벌 리더십은 조직이 처한 환경과 대상에 따라 관점과 개념이 달라진다. 예를 들어, 생산법인의 리더는 글로벌 환경 아래에서 최소 비용으로 하나의 제품이라도 더 생산할 수 있도록 해야 하고, 영업·마케팅 법인의 리더는 마진이 보장되는 한 하나라도 더 제품을 팔 수 있도록 해야 한다. 글로벌 리더십은 글로벌 환경 아래에서 확대된 역할과 책임을 가지고 구성원에게 영향을 미치는 과정이며, 공유된 목표를 달성하기 위한 개인 및 집합적 노력을 촉진하는 과정이다. 글로벌 리더십의 영역은 다음과 같다.

첫째, 현지 채용인 고용은 채용 방식에 따른 프로세스와 주의사항, 그리고 현지 채용인의 능력 확보에 초점을 맞춘다. 채용 단계에서 적합한 인재를 발굴하고 고용하는 것을 학습목표로 삼고 실습을 병행한다.

둘째, 현지 채용인 육성 방안 수립은 관련된 체계와 프로세스, 방법에 초점을 맞춘다. 즉 사원에서부터 고급관리자에 이르기까지 대상자별 육성 로드맵을 선택해 이를 숙지하도록 하며 그중 현장에서 가장 적합한 방법을 활용하도록 돕는다.

셋째, 현지 채용인 갈등관리는 개인과 조직 차원의 갈등 요인과 근무 중 커뮤니케이션 갈등 부분으로 나뉜다. 일반적으로 두 문화 간의 충돌과 해외주재원과 현지 채용인 간의 사고방식 차이를 주요 내용으로 한다.

넷째, 현지 채용인 채용 유지 전략은 대상의 이직 원인과 대응 방안, 그리고 충성도 확보에 초점을 맞춘다. 급여, 보상, 성장 기회 제공뿐만 아니라 조직 행동론의 관점에서 프로그램을 구성한다.

다섯째, 해외조직의 성과관리에서는 개인과 조직의 목표 공유와 일치, 그리고 그에 따른 동기부여와 코칭을 다루게 된다. 대상자별로 소속이 전부 다를 수 있어 MBO_{Management By Objective: 목표에 따른 경영관리}, KPI_{Key Performance Indicator: 핵심성과지표}, BSC_{Balanced Score Card: 균형성과지표} 등 각 지표를 사용한 사례들을 소개한다.

여섯째, 해외주재원의 비즈니스 매너와 의전에서는 글로벌 비즈니스 매너와 의전의 주요 사례와 함께 대상별 주요 프로토콜을 학습한다. 해외주재원은 국내와 달리 본사의 최고 경영층 또는 현지국의 관공서 고위 인사들과 대면할 기회가 많기 때문에 비즈니스 매너와 의전 능력이 필요하다.

일곱째, 해외주재원의 자기관리의 경우 스트레스와 건강관리 및 경력관리에 대한 내용을 다룬다.

지식·기능·태도별
교육 모듈

해외주재원 파견 전 교육 과정은 기업의 해외조직과 해외주재원의 특성에 따라 다르게 구성될 수 있다. 표 4-2는 교육 담당자가 해외주재원 교육 프로그램을 구성할 때 참고할 만한 모듈을 지식Knowledge, 기능Skill, 태도Attitude 3가지 영역으로 구분하여 소개하고 있다.

표 4-2 **영역별 해외주재원 교육 모듈**

	이문화 이해
	해외주재원 역할과 책임
	현지 문화의 이해
	글로벌 비즈니스 이슈 및 트렌드
	해외조직 경영 환경 이해(현지 조직 이해)
	주재원 파견 적응 이해
지식 영역	주재원 귀임 적응 이해
	해외조직 마케팅
	해외조직 재무회계
	해외조직 SC관리
	다국적 기업의 이해
	변화관리

	정보 보안
	스트레스 관리
	자국 문화의 이해와 전달
	국제정보 활용 능력
	해외조직의 경영전략 수립
	해외조직 인사노무 관리
	해외조직 성과관리
	글로벌 의사결정
기능 영역	글로벌 문제 해결
	해외조직 협상 사례 연구
	해외조직 커뮤니케이션
	글로벌 코칭
	해외주재원 비즈니스 매너와 의전
	해외주재원 자기관리
	지식 경영과 사례 개발
	SNS
	전문용어
태도 영역	글로벌 마인드셋
	직업윤리의식과 사회적 책임

Module 1 : 지식 영역

A. 이문화 이해 : 국가별 문화의 차이를 이해하고 그것이 틀린 것이 아닌 다른 것이라는 점을 인식시킬 목적으로 구성한다. 문화적 차이로 생성되는 새로운 시장과 다양한 인재의 확보 등 장점을 학습한다. 더불어 기어트 호프스테드나 에드워드 홀과 같은 이문화 전문가들이 제시한 프레임워크가 실제 경영, 인사노무, 영업, 마케팅, 회계 등에서 어떻게 적용되는지 사례를 통해 학습한다.

B. 해외주재원의 역할과 책임 : 경영 목표를 달성하고자 함에 있어 해외주재원 개인의 역할과 책임의 중요성을 인식할 수 있도록 구성한다.

C. 현지 문화의 이해와 전달 : 파견국의 개관을 더욱 자세히 살펴보고 파견 시 알고 가야 할 지식을 습득하기 위한 목적으로 구성한다. 현지인들의 생활 관습과 사회 문화를 충분히 이해하면 업무와 생활에 실질적인 도움을 받을 수 있다.

D. 글로벌 비즈니스 이슈 및 트렌드 : 주요 이슈를 알아봄으로써 유기적으로 연결된 글로벌 경영 환경을 이해하도록 구성한다. 해외주재원이 거시적 안목을 갖는다는 것이 얼마나 중요한지 일깨우는 데 목적이 있다. 과거와 현재의 글로벌 경영 트렌드 및 패러다임을 비교하고 조망하다 보면 거시적 안목이 확보되고 소속될 해외조직과 개인의 역할을 파악하게 된다.

E. 해외조직의 이해 : 조직의 개관을 학습함으로써 조직을 전반적으로 이해하도록 구성한다. 조직의 설치 목적, 조직에서 사용하는 주요 용어, 조직의 구조 기능, 기능에 따른 업무 범위와 역할, 조직의 본사 및 지역별 상위 조직, 지휘 명령 계통, 해당 조직장의 역할 및

책임과 권한, 정기 및 비정기 회의와 협의 시스템 등을 학습하며 주재원의 현지 적응력을 높이기 위한 방안이다.

F. 주재원 파견 적응의 이해 : 선발에서 귀임 단계까지 발생하는 심리 변화를 이해할 수 있도록 구성한다. 현지에 도착해서부터 귀임할 때까지 생활 및 업무상 발생하는 다양한 사례들을 통해 현지에서 접하게 될 상황들을 미리 파악함으로써 문화충격을 방지하고 현지 적응을 돕고자 한다.

G. 주재원 귀임 적응의 이해 : 귀임으로 인한 역문화 충격을 방지하도록 구성한다. 변화된 모국과 본사의 환경을 이해하면 귀임주재원은 빠른 기간 안에 모국의 생활과 본사 직무에 몰입하여 심리적·정서적 안정을 회복할 수 있다.

H. 해외조직 마케팅 : 해외에 진출한 한국 기업들의 마케팅 활동을 이해할 수 있도록 구성한다. 국내외 기업의 특성별 마케팅 전략과 사례를 학습함으로써 한국 기업과 다국적 기업, 국내와 현지국의 마케팅 관점의 차이를 인식하게 된다.

I. 해외조직 재무회계 : 해외조직 내부의 재무 결정자와 외부 이해관계자 사이에서 발생할 수 있는 재무와 회계적 이슈를 이해시키고 적용할 목적으로 구성된다. 국제 회계 기준에 따라 재고, 조세, 생산, 노무, 외환관리 차원에서 재무적 가치와 위험을 관리하게 하고 경영활동 전반에 걸친 회계 처리를 할 수 있도록 돕는다.

J. 해외조직 SC관리 : 해외조직에서 생산되는 제품과 서비스를 최초 공급자에서부터 최종 구매자에게 제공하는 일련의 과정을 이해하도록 구성한다. 즉 해외 환경에서 고려해야 할 SC관리를 위한 도구, 구매, 재고, 물류관리의 프로세스를 익히고 적용할 수 있도록 한다.

K. 다국적 기업의 이해 : 글로벌 기업과 다국적 기업의 차이, 공통점, 태생, 진출 동기 등을 이해하도록 구성한다. 기업별 제품과 서비스 유형, 현지화와 진입 및 철수 전략을 익히면 파견된 해외조직의 의사결정과 경영 전반에 기여할 수 있다.

L. 변화관리 : 국제 M&A로 인한 인수와 피인수 기업 간의 관계에서 어떻게 하면 빠르고 원만하게 경영권을 확보할 수 있는지를 이해하도록 구성한다. M&A의 동기와 PMI에 이르기까지 조직 간의 문화와 가치 창출 과정에서 성공한 사례와 실패한 사례를 면밀히 살펴봄으로써 실제 M&A 상황에서 쉽게 적용할 수 있도록 돕는다.

M. 정보 보안 : 파견 목적에 따라 기술과 노하우를 전달하게 되는 해외주재원에게 현지 채용인, 외부 고객, 관공서에 전달되는 정보관리의 중요성을 이해시킬 목적으로 구성된다. 최근 해외조직에 소속되었던 현지 채용인 및 임직원들이 제품 설계도면, 사업계획, 임직원 정보, 재무 자료 등 핵심 기술과 기밀 정보들을 유출하는 사례가 빈번하게 일어나면서 이를 철저하게 관리할 필요성이 심각하게 대두되고 있다.

Module 2 : 기능 영역

A. 스트레스 관리 : 지금까지와는 다른 환경에서 거주하고 근무하게 될 해외주재원의 스트레스를 관리할 목적으로 구성한다. 업무 과부하, 언어와 문화충격, 일과 삶의 방식, 사람 간의 관계에서 쌓이는 스트레스를 효과적이고 효율적으로 해소할 수 있도록 하여 안정된 해외 주재 생활이 될 수 있도록 한다.

B. 자국 문화의 이해와 전달 : 파견되는 주재원은 단순히 한 기업

의 주재원 역할뿐만 아니라 국가적인 차원에서는 민간 외교관이다. 국가의 개관, 역사, 국민성, 경제력, 문화 등을 최신의 정보로 업데이트함으로써 현지 주요 인사와의 교류를 돕고, 현지 채용인들에게도 본사국의 고속 성장 비결과 그에 따른 한국인 관리자의 성향을 전달할 수 있도록 한다.

　C. 국제 정보 활용 능력 : 해외조직에서 접하게 되는 자원의 이동, 환율의 변동, 증권시장의 동향, 경쟁사의 동향, 현지 정치권의 이슈, 현지 국민의 삶, 노동시장 동향, 정부 산하기관의 주요 보고서 등 거시적이고 미시적인 수많은 정보들을 확보하고 자사에 적합하게 가공시킬 목적으로 구성된다. 정보 라인 구축, 정보의 검증, 정보 취득 시스템 구축 등을 통해 해외조직과 본사 간의 정보 경영 활동에 기여할 수 있도록 한다.

　D. 해외조직의 경영전략 수립 : 본사가 보유한 핵심 역량을 해외조직을 통해 가치를 높이고 경쟁 우위를 확보하기 위한 목적으로 구성된다. 현지 시장 진입 방식의 변경, 자원 분배, 제품과 서비스의 판매 전략, 제휴계약 전략 등 해외시장 경영전략을 다차원적으로 수립할 수 있도록 한다. 이뿐만 아니라 무엇을 본사와 통일하고 차별화할 것인지 판단한다.

　E. 해외조직 인사노무 관리 : 해외시장에 진출한 다국적 기업의 주요 인사노무 관리 프레임을 익히고 각 단계별 핵심 전략을 이해시킬 목적으로 구성된다. 진출 전략별 현지 채용인의 선발과 평가, 보상, 육성, 유지, 퇴직 관리 기준을 파악해 현지 인사노무 관리에 적용할 수 있다.

　F. 해외조직 성과관리 : 해외조직의 진출 목적과 특성에 따라 생산

관리, 영업·마케팅 관리, 경영관리 등의 차원에서 요구하는 성과를 관리하기 위한 목적으로 구성된다. 생산법인의 재고, 품질, 납기, 시간, 인력 관리와 영업·마케팅 법인의 고객, 매출, 마케팅 관리 및 인사, 총무, 재무, 구매 등 각 상황에서 성과를 관리할 수 있도록 대비한다.

G. 글로벌 의사결정 : 이문화 환경에서 해외주재원이 가지고 있는 유무형 자원을 가지고 가장 합리적인 의사결정을 내릴 수 있도록 구성한다. SWOT 분석, BCG 매트릭스, GAPS, FISH-BONE 등 다양한 의사결정 프레임워크와 도구를 습득하여 실제 업무에 활용할 수 있도록 한다.

H. 글로벌 문제 해결 : 해외주재원이 직면하는 문제 상황을 합리적으로 해결하는 기법을 익히도록 구성한다. 문제 발견, 준비 사항, 프로세스 이해, 현지 문제 해결 사례와 기법 습득을 통하여 해외조직에서 발생하는 문제를 해결할 수 있도록 한다.

I. 해외조직 협상 사례 연구 : 협상의 기본 이론과 사례를 바탕으로 해외조직에서 요구되는 협상 기법을 습득할 수 있도록 구성된다. 협상의 대상과 목표에 따른 준비부터 완료까지 한국 기업의 해외 협상 사례들을 통해 각 단계별 주요 협상 전략을 수립할 수 있도록 한다.

J. 해외조직 커뮤니케이션 : 언어와 문화가 다른 대상과도 원활하게 소통할 수 있는 능력을 습득하도록 구성한다. 해외주재원 개인과 조직이 보유한 기술과 지식을 해외조직에 전달하고 고객과의 수준 높은 커뮤니케이션이 가능하도록 해야 한다. 전화, 미팅, 문서, 발표, 행동 등 현장과 최대한 유사한 환경을 제공해 실전처럼 연습한다.

K. 글로벌 코칭 : 해외조직의 매출, 생산, 경영관리 측면에서 목표

를 달성하려면 어떻게 코칭 기법을 활용해야 하는지 배울 수 있도록 구성한다. 코칭의 원리, 도구, 프로세스, 사례 등을 학습할 수 있도록 하며 개인과 그룹이 보유한 능력과 장점을 능동적으로 끌어내 목표를 달성할 수 있도록 한다.

L. 해외주재원 비즈니스 매너와 의전 : 현지의 비즈니스 환경에서 수준 높은 매너와 의전 능력을 보일 수 있도록 구성한다. 현지 주요 인사와 본사 임원을 대상으로 한 프로토콜의 기본을 익히고 실습을 겸한다.

M. 해외주재원 자기관리 : 해외주재원이 스스로를 관리하고 통제할 수 있는 능력을 갖출 수 있도록 구성한다. 역량 개발, 시간관리, 네트워크 관리, 그리고 건강관리 등 현명한 자기관리를 위해 필요한 것들을 챙기도록 한다.

N. 사례 개발 : 해외조직 근무를 통해 접한 다양한 사례들을 정리하여 조직의 지식으로 활용할 수 있도록 구성한다. 파견부터 귀임까지 개인이 겪게 되는 생활과 업무 차원의 사례들을 발굴하고 개발해 신임 주재원들이 현지 생활과 조직의 상황을 바로 알 수 있도록 돕는다. 목차, 구성, 관리, 작성 방법 등을 학습한다.

O. 전문용어 : 해외조직과 세계적으로 통용되는 해당 산업의 전문용어를 습득시킴으로써 해외주재원이 효율적이고 원활하게 업무를 수행할 수 있도록 구성한다. 국내와 다르게 글로벌하게 통용되는 용어와 현지에서 사용되는 전문용어의 정확한 정의와 개념을 알고 현지 채용인과 고객과의 관계에서 사용할 수 있도록 한다.

Module 3 : 태도 영역

A. 글로벌 마인드셋 : 지구촌을 함께 살아가는 글로벌 시민으로서 갖추어야 할 자세를 함양시키도록 구성한다. 고착된 습성과 편견을 버리고 열린 마음으로 세계인과 관계를 맺도록 돕는다. 해외주재원으로서 더욱 확장된 사고와 시각을 갖게 된다.

B. 직업윤리의식과 사회적 책임 : 직업인으로서 갖추어야 할 윤리와 인성을 함양시키도록 구성한다. 국제사회에서 존경받는 인재와 기업이 되기 위해서는 윤리의식의 실천이 중요함을 인식시킨다. 기업이 진출 국가에서 사회적 책임을 다할 때의 장점과 그로 인한 조직의 긍정적 변화를 느끼도록 한다.

해외주재원
가족 과정

큰 갈등 한 번 없이 결혼생활을 잘 해오던 최 씨는 남편의 중국 파견이 결정되면서부터 남편과 수시로 다퉜다. 장만한 지 얼마 안 되는 아파트를 어떻게 처분할지, 유치원과 초등학교에 다니는 아이들의 교육은 어떻게 해야 할지, 다시 어렵게 다니기 시작한 직장을 포기해야 하는지 등 최씨는 막막하기만 했다.

심지어 안정적이었던 삶에 찾아온 급격한 변화에 대한 억울함으로 남편을 향한 서운함만 커졌다. 남편은 인수인계다 교육이다 바빴고, 최씨는 남편과 상의는커녕 이주 준비를 혼자 도맡아야 했다. 중국에 가서 어떻게 살까 걱정이 앞섰던 최씨는 매일 두통에 시달렸고 가

슴에 통증마저 느끼기 시작했다. 결국 남편 혼자 중국에 갔으면 하는 바람을 내비쳤고 둘 사이에 다툼이 끊이지 않았다.

이는 파견국이 선진국이 아니라 개발도상국이거나 테러 위험국일 경우 더욱 심한 갈등을 겪는다. 그동안 유지해오던 삶의 질을 포기해야 하는 점, 언어 문제 등 산적한 현안으로 인해 배우자와 가족의 정서와 심리는 상당히 불안할 것이다. 따라서 파견이 결정되면 무엇보다 가족의 동의와 준비가 중요하다. 회사의 발전을 위해 자기 가족의 불행을 감수하는 직원은 거의 없다.

현재 해외주재원의 현지 적응과 몰입에 관한 국내 문헌들을 살펴보면 해외주재원 개인의 업무 적응에 대한 연구가 주를 이루고 있다. 가족의 적응은 5위권 밖의 변수로 다루어지고 있다. 반면 해외의 많은 다국적 기업들은 가족과 관련된 변수를 1순위로 언급할 만큼 중요하게 다루고 있다. 최씨의 사례만 봐도 해외주재원 파견에 앞서 가족의 동의와 현지 적응이 왜 중요한 변수인지 어느 정도 짐작이 갈 것이다.

주재원의 성공적인 적응을 위해서는 가족의 적응이 잘 이루어져야 한다. 먼저 심리적 안정을 위해 이문화를 이해시켜야 한다. 미리 파견지의 정보를 습득하고 정착 과정에서 예상되는 문화충격을 이해한다면 현지 적응에 큰 도움이 될 것이다. 파견되는 곳이 어디라도 그곳 또한 사람이 사는 곳이며 오히려 가족 동반으로 얻게 될 장점이 더 많을 수도 있다. 자녀들의 외국어 능력과 글로벌 사고를 키워줄 수 있고, 가정 재정이 더 좋아질 수 있으며, 명절과 가족 구성원 챙기기 등의 스트레스에서 해방될 수 있다. 이런 긍정적인 생각과 폭넓은 이해가 필요할 때이다.

하지만 배우자의 해외 파견이 결정되면 가족들에게는 현지어로 인한 의사소통의 문제, 현지 관습과 법규 이해, 감정 표현의 차이, 안전과 치안의 문제 등 생활에 대한 모든 것이 걱정거리이다. 하지만 이는 대부분 먼저 파견해 있는 주재원 가족의 도움 또는 커뮤니티를 통해 해결될 수 있는 사안이다. 선배 주재원 가족들을 만나 그들이 겪었던 사례들을 구체적으로 듣고 물어보는 시간을 가짐으로써 자신감과 위안을 얻을 수 있다. 나도 저 사람처럼 건강히 잘 생활하다 돌아와서 다시 안정적인 삶을 시작할 수 있을 거다'라는 위안은 어떤 저명한 심리학자나 상담전문가의 말보다 강력하다.

자녀들에게도 함께 파견을 가게 되는 구성원의 일부라는 점을 인식시키고 준비 과정에 참여시켜야 한다. 자녀들의 경우 성인들과 비교하여 인내심이 부족하거나 감수성이 민감한 시기이기 때문에 더 큰 스트레스를 받을 수 있다는 점을 고려할 필요가 있다. 해외 생활에 대해 사전에 충분히 인지시키고 파견 전 체크리스트를 함께 작성하고 준비하면서 자녀들은 심리적 안정을 찾을 수 있다.

가족을 위한 체크리스트

파견 전 무엇을 준비해야 할까? 파견 결정이 내려지면 시간관리가 가장 중요하다. 미리 준비해야 할 항목들을 목록으로 만드는 것이 좋다. 주재지의 정보 습득, 자녀 학교 정보 습득, 주치의를 통한 가족 건강과 상비약 관리, 이삿짐매매, 보관, 수화물 구분 정리, 직장 상사·동료·친구·지인들과의 작별 인사 등 항목은 한두 가지가 아니다. 특히 직장상사는 현지에 가서도 도움을 청할 수 있어 공식적이든 비공식적이든 부부가 함께 인사 가는 것이 좋다.

 일부 기업에서는 파견 한두 달 전 약 일주일 정도 가족이 현지에 방문할 수 있도록 비행기 표와 호텔을 제공하는데, 이는 현지에서 필요한 사전 조치를 할 수 있도록 돕기 위함이다. 만약 회사에서 지원하지 않는 경우 자비를 들여서라도 가족이 함께 미리 생활 환경을 둘러보는 것이 좋다. 또한 파견 주재원과 가족의 현지 도착일을 한 달가량 시차를 두는 것도 하나의 방법일 수 있다.

 가족 모두가 현지에 대한 정보를 어느 정도 습득했다고 판단되면 온 가족이 모여 '우리 가족 버킷리스트'를 작성한다. 마치 회사에서 워크숍을 하듯 개인과 가족을 위한 소망을 적는다든지, 주재원의 경우 주재 생활을 통해 어떻게 업무와 가정에 성과를 만들어낼 것인지 또는 업무와 가족의 사이에서 어떻게 처신하겠다든지, 그리고 해외 주재 생활을 통해 어떻게 가족의 삶을 윤택하게 할 것인지, 어느 정도의 재정적 목표를 달성할 것인지 등을 작성한 후에 서로를 돕겠다는 동기부여 활동이 필요하다. 이는 그 결과를 떠나 가족이 함께 공동의 목표와 비전을 갖고 해외 생활을 준비한다는 데 큰 의미를 갖는다.

표 4-3 **파견 전 가족을 위한 체크리스트**

체크리스트	세부 내용
1. 항공권 예약 및 발권	출국 일자 확인 후 항공권 예약 및 발권
2. 이삿짐 발송 의뢰	국내 및 현지 이사 전문 대행 업체를 활용하여 이삿짐 발송
3. 세금 처리	소득세, 주민세, 재산세 납입 및 공공요금 자동이체 정지 등 각종 세금 정리
4. 국내 주택 처리	주택의 전세, 또는 양도의 처리 및 임대계약의 해약 및 정산
5. 임시 거주지 예약	이주 지역의 주택 문제가 발생할 것을 대비하여 임시 거주지를 예약
6. 자녀 전학 준비	자녀의 학교 전학 관련 서류 처리 및 해외 진출 학교 알아보기
7. 거래처 정리	기존에 거래를 두고 있는 거래처의 중요 서류 정리 및 연락처 관리
8. 전임 준비금 수령	국내에서 미리 전임 준비금 수령
9. 근태 현황 보고	지금까지 근태 현황(지각, 조퇴, 외근) 보고
10. 업무 인수인계	통상 2개월 전부터 인수인계를 시작하여 업무 공백 최소화

CHAPTER 5

해외주재원으로
성공하기

해외에서 탁월한 성과를 내는
사람의 비밀

해외주재원을 단순히 해외조직에 파견되어 근무하는 직원으로 인식해서는 안 된다. 해외 근무는 단순히 업무를 수행하는 장소가 국내에서 해외로 바뀌는 것이 아니다. 국내 근무와 다른 역할과 책임이 요구된다. 무엇보다 업무 수행의 범위가 넓어지고 예측하지 못했던 여러 가지 위험 요인에 대한 의사결정, 한국인이 아닌 외국인과의 협업, 해외 고객들에 대한 영업 등 국내 근무와는 확연히 다른 역할과 책임이 요구된다.

 주재원들이 파견 전후 본인 스스로 현지 적응을 위해 노력해야 하는데, 해외 근무에 대한 개인의 열망, 즉 동기부여가 가장 중요하다. 주재원으로 선정된 개인이 해외 근무를 원했던 정도가 강렬할수록 파견 적응 시간은 단축되고 성공적으로 안착할 수 있다. 설령 해외 근무를 별로 원하지 않았고, 준비하는 시간 없이 파견되었더라도 파견이 결정된 이상 해외 근무의 장점을 먼저 생각하고 그를 통해 얻을 수 있는 경력 개발에 대해 긍정적으로 생각해야만 성공적인 파견 적응이 가능해진다.

 해외주재원의 파견 적응은 크게 생활과 업무로 나뉜다. 생활 적응은 현지 생활을 편안하게 느끼며 사회 문화에 충분히 적응된 정도를 가리키며, 여기에는 동반하여 생활하는 가족의 적응, 특히 자녀의 교육과 의료 문제, 거주하는 주택의 취득과 관리, 혼동하기 쉬운 현지와 본국 간의 물가 이해 및 여가 시간의 관리 등이 해당된다. 업무 적응은 파견된 근로자로서 현지에서 통용되는 근로 방식에 충분히 적응된 정도를 말하며, 여기에는 주재원의 역할과 책임의 범위, 이문화 환경이라는 복합적인 변수가 수반된다. 그러다 보니 새로운 역할의 생소함, 역할 부적응으로 인한 갈등, 그리고 역할의 과부하로 인한 스트레스 등의 문제가 야기된다.

캐나다 인류학자 칼베로 오베르그Kalvero Oberg는 해외이주자가 다른 국가와 문화권에 살게 되었을 때 문화충격을 겪게 되는 과정을 U자형 그래프로 소개했다. '허니문 단계—적대 단계—적응 단계—숙달 단계'라는 4단계의 적응 과정을 거치는데, 이 과정에서 본인이 의지만 가지고 있다면 시간이 지나면서 누구나 새로운 환경해외 생활에 적응할 수 있다는 전제가 깔려 있다. 그의 이론은 해외주재원에게도 동일하게 적용된다. 각 단계별로 차근차근 살펴보도록 하자.

그림 4-1 **해외주재원의 4단계 적응 과정**

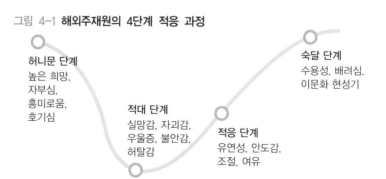

Stage 1 : 허니문 단계 새로운 환경에 대한 불안감 또는 초조함과 더불어 이국적인 환경에 대한 새로움과 흥미로움이 공존한다. 그러나 많은 지원자 중 해외주재원으로 선발된 만큼 드높은 희망과 자부심을 안고 현지 생활을 시작한다. 강한 호기심은 기본이고 주변 생활과 업무 환경을 긍정적으로 바라본다. 해외조직에서의 업무가 본사와 다르고 만만치 않다는 것을 인식하지만 초창기라서 스스로에게 긍정적인 동기부여를 하면서 감정을 추스르려고 한다.

Stage 2 : 적대 단계 문화충격으로 인해 현지의 생활과 업무에 적대적인 시각을 갖게 된다. 이 시기에는 해외주재원 본인뿐만 아니라 가족들에게도 불면증, 우울증, 향수병, 허탈감, 불안감, 거부감, 과식 등 다양한 부정적 증상들이 나타난다. 특히 한국에서는 겪지 못했던 언어 소통의 어려움으로 인해 심적 고통이 커진다. 한국에서는 쉽게 대화로 풀 수 있었던 것도 그저 마음속에 담아두거나 한정된 어휘를 이용해 자신의 의견을 전달하면서 어린아이가 된 듯한 자괴감 또는 실망감에 휩싸이게 된다.

또한 한국에서는 당연하게 여겼던 공중도덕, 사회규범, 윤리, 사고관, 행동양식의 차이를 현지인에게서 발견하면 이를 다르다고 받아들이기보다 틀렸다고 생각하기 쉽다. 그리고 비슷한 시기에 주재 생활을 시작했거나 먼저 도착한 사람들의 커뮤니티 안에서 불평불만을 토로함으로써 현지인들의 관습이나 사고를 주관대로 고치고자 한다. 그것이 국제 표준이라고 주장하기도 한다. 상당수 귀임주재원들은 이 시간이 해외 근무 기간 중 가장 길게 느껴진 고통의 시기였다고 회고한다. 해외주재원의 중도 이탈이 가장 많이 발생하는 시기이기도 한

데, 이때 현지법인과 동료, 상사 등의 적극적인 관심과 지원이 필요하다. 실제로 이 단계에서 현지법인 임원진들과의 면담 또는 간담회가 가장 많이 이루어지고 있다.

Stage 3 : 적응 단계 현지 업무와 생활 방식에 점차 적응되어간다. 그간 불편했던 생활과 업무 패턴이 시행착오를 통해 조금씩 익숙해지기 시작한다. 가령 이전 단계에서는 현지 채용인들이 업무를 끝내지 않고도 정시에 퇴근하는 모습을 보며 그들의 낮은 충성도와 책임감 없는 국민성을 불평했다면, 이 단계에서는 그래도 다음날 다시 출근해주는 것만으로 감사하다는 위안을 얻는다. 만약 현지 채용인들이 이직이라도 하게 되면, 새로 인력을 뽑아 훈련하기까지 본인의 업무만 가중됨을 알기 때문이다.

이밖에 본사의 업무보고서, 출장자 수행 업무 등으로 연일 야근을 하더라도 몸과 마음이 익숙해져 여유를 갖는 노하우도 생긴다. 전보다 확대된 본인의 역할과 책임에 익숙해지면서 가족과의 관계에서도 여유와 조절 능력을 갖기 시작한다. 초기에는 배우자와 자녀가 잘 적응하기를 바라며 눈치만 봤다면, 이 단계부터는 가족의 적응 또한 안정기에 접어들면서 근심과 걱정이 줄어든다. 해외 생활에 잘 적응하고 있는 가족의 모습은 해외주재원의 심리와 정서 안정에도 큰 도움이 된다.

Stage 4 : 숙달 단계 현지에서 겪는 대부분의 차이를 수용하게 된다. 본인을 현지인과 구태여 구분하지 않게 될 정도로 현지와 융화되어 이중문화二重文化 형성기라고도 불린다. 이 시기쯤 되면 업무와 생활에 숙달됨은 물론 현지의 장단점을 명확히 파악하게 됨으로써 새로 파견된 후배 주재원과 그의 가족들에게 자신의 경험과 지식을 역 이전하게 된다. 이를 통해 자신의 현지화가 더욱 강화되면서 완전한 적응으로 귀결된다. 그러나 곧 귀임 시기가 도래함에 따라 모국에서 갖게 될 자신의 신분과 처우에 대한 불안감이 커지고, 도리어 현지 근무의 연장을 바라기도 한다. 특히 자신보다 가족의 적응이 더욱 강하게 이루어진 경우 역 기러기 현상을 염려해 현지에서 이직 또는 창업을 고려하기도 한다. 귀임을 앞둔 주재원의 지식과 경험의 가치를 생각한다면 그들에 대한 보다 강력한 조직적 관리가 요구되는 단계라고 할 수 있다.

필자는 이번 장에서 위에서 살펴본 해외주재원의 문화충격을 딛고, 당당하게 성공하는 해외주재원의 실전 노하우를 담고자 한다. 복잡한 심리 변화 속에서 스스로를 지키는 비결, 잠재력을 최대한 발휘하는 방법 등 해외주재원이 꼭 알아야 할 성공 법칙을 쉽고 간결하게 설명했다. 세계의 수많은 해외주재원들의 성공과 실패 사례를 통해 자기점검의 시간을 갖기를 바란다.

언어를
마스터하라

베트남어를 한마디도 할 줄 모르는 김 팀장은 회사로부터 당장 15일 후 베트남으로 파견을 가야 한다는 통보를 받았다. 베트남어 교재부터 구입

했지만 펼치는 순간 당황하고 말았다. 중국어에 4개의 성조가 있다는 것은 알았지만, 베트남어에는 무려 6개의 성조가 있었다. 그는 개인 학습이 어렵다는 사실만 확인하고 발만 동동 구르다 베트남으로 가게 되었다. 그는 파견된 후에도 베트남어 공부를 계속 시도했으나, 번번이 일에 밀려 실패했다. 때마침 베트남 현장을 방문한 대표 이사님께 '통역이 잘 안 된다'는 편잔을 들었다.

만약 해외 파견이 결정되었다면 아무리 업무가 바빠도 현지 언어부터 학습해야 한다. 영어를 구사할 줄 아는 주재원들은 업무상 불편함이 없기 때문에 현지 언어를 배우려 하지 않는 경우가 많다. 하지만 현지 언어를 구사하지 못할 경우 현지 직원 및 고객과의 진정한 관계 형성이 어렵다. 인적 네트워킹의 실패는 성공적인 파견 적응의 걸림돌이 된다.

반면 사전에 파견되는 국가의 현지 언어를 구사하거나 어느 정도 학습이 이루어진다면 주재원의 현지 적응은 훨씬 수월해진다. 현지에서 학원을 다니거나 개인 교습을 받아도 좋다. 학원을 다닐 경우 사설학원보다는 현지 대학의 프로그램을 권한다. 다른 학습자들과의 경쟁을 통해 자극을 받아 학습 능률이 높아지기 때문이다.

현지 언어를 어느 정도 구사한다 하더라도 해외 근무를 시작해서 귀임하기까지 현지 언어 학습을 게을리하면 안 된다. 지역전문가로 인정받기 위해서는 현지 미디어 즉, 현지 신문과 방송에 대한 접촉 빈도를 늘리고 공식적인 커뮤니케이션 외에 현지인들과 대화할 수 있는 기회를 만들어 감정적인 소통을 나눌 필요가 있다. 또한 현지 직원 및 고객들과의 신뢰와 친근감 형성을 위해 유머나 입담을 쌓는 노력이 필요하다. 만약 〈진짜 사나이〉의 샘 해밍턴이 한국어를 정감있게 구사하지 못했다면 그는 그냥 호주인일 뿐이다.

고대 그리스에서도 소통은 어려운 문제였다. 플라톤은 '목수에게 말할 때는 목수가 사용하는 말을 써야 한다'고 했다. 다른 사람과 말을 할 때는 듣는 사람의 경험에 맞춰 대화해야 한다는 것이다. 어려운 일이니만큼 그것을 잘할수록 가치를 인정받는다. 상대방이 사용하는 말로 먼저 소통을 시도해보자. 소통의 폭이 넓으면 그만큼 많은 사람들이 모이고, 많은 정보와 아이디어를 모을 수 있다.

이문화를
이해하라

한국에서 인도네시아 업무를 담당하던 박 부장은 본인 의사로 인도네시아 법인 근무자로 파견되었다. 박 부장은 어느 정도의 마인어를 구사할 수 있었고, 인도네시아 업무를 담당하며 출장도 자주 다녔기 때문에 현지 근무에 자신이 있었다. 하지만 출장과 현지 근무가 다르다는 사실을 아는 데에는 채 두 달이 걸리지 않았다.

그는 퇴근 시간만 되면 불편해진다. 본사로부터 추가로 지시받은 업무를 처리하려면 야근을 해야 하는데 인도네시아 직원들의 눈치를 보느라 편하게 야근할 수가 없었다. 인도네시아에는 가족이 함께 저녁식사를 하는 문화가 있어 현지 직원들은 보통 5시면 퇴근을 한다. 만약 야근을 하게 되면 가족들은 기다렸다가 식사하는 경우가 많다.

그럼에도 박 부장의 전임자는 인도네시아 직원들에게 야근을 강요했고,

그런 문화에 훈련된 직원들은 박 부장이 야근을 하는 날이면 눈치를 살피며 자동적으로 원하지 않는 야근을 하는 것이었다. 이 사실을 알게 된 그는 인도네시아 직원들에게 야근은 필요시에만 자율적으로 하라는 지시를 내렸으나, 여전히 박 부장이 야근을 하는 날이면 직원들이 눈치를 살폈고, 그는 오히려 마음이 편치 않았다.

해외주재원이 해외에서 성공하기 위해서는 파견국 이문화를 이해하는 것이 우선이다. 해외주재원들은 자신의 업무를 최우선에 놓고 달라진 근무 환경이나 현지의 관습, 비즈니스 관행들을 간과하는 면이 있다. 또 그들은 상이한 문화적 배경을 가진 외국인이 자국민과 똑같이 생각하고 행동한다고 확신하는 경향이 있다. 그러다 보니 절반 이상의 한국인 주재원들이 문화적 차이를 이해하지 못한 채 해외조직에서도 한국에서 해왔던 대로 행동한다. 야근의 강요, 한국식의 빠른 업무 추진과 지시, 일방적인 커뮤니케이션, 상사의 권위, 한국과 외국 고객의 비교 등을 자연스레 요구한다.

심하면 자국 문화의 고정적인 윤리규범이나 관습에 얽매여 문화적 차이에 대한 인식 자체를 거부하거나 죄악시하기까지 한다. 해외주재원의 가장 커다란 실수는 무의식적인 '자민족 중심적 사고와 행동'을 한다는 데 있다.

그들의 문화적 차이에 대한 무지나 무시는 경영 활동을 효과적으로 수행하는 데 있어서 커다란 장애요인으로 작용할 뿐 아니라 기업에 치명적인 손실을 가져오기도 한다. 물론 일부 국가나 지역의 관습 중에는 수용하기 어려운 것들도 있다. 그래도 현지 관습과 문화를 존중하고 이해하며 수용하려는 노력이 필요하다.

　해외주재원의 몸에 밴 한국적인 사고와 행동을 통제하는 효과적인 방법은 '두 번 생각하고 행동하기'이다. 가장 먼저 떠오르는 생각을 바로 실천하거나 말할 경우, 이는 무의식적인 '자민족 중심적 가정'일 가능성이 높다. 주재원이 업무 중에 의사소통하거나 행동함에 있어 가장 먼저 떠오르는 생각을 다시 한 번 생각하여 이것이 과연 현지 채용인이나 현지 고객에게 거부감 없이 받아들일 수 있느냐를 따질 필요가 있다. 혹여 현지의 관습이나 법률에 위반되거나 거슬리지 않는지 한 번 더 생각하고 행동해야 한다.

파견국의 주요 정보를
습득하라

　입사 8년 차인 권 과장은 해외 근무에 대한 막연한 동경과 도전에 대한 열망이 있었다. 그러던 중 해외주재원으로 선발되었고, 불과 한 달이 만에 인도네시아로 파견되었다. 본사에서 점포 개선 업무를 담당하며 전문성을 인정받았던 권 과장은 인도네시아에서도 같은 업무를 수행하라는 지시를 받았다. 비록 준비 기간이 짧아도 업무에 관해서는 자신이 있던터라 별다른 준비 없이 본사에서의 업무 인수인계와 이사 준비에만 신경을 쏟았다.

　하지만 인도네시아에 도착하여 막상 업무를 시작한 그는 당황스러웠다. 인도네시아의 법과 관습, 제도 등에 대해 아는 바가 거의 없었기 때문이다. 엎친 데 덮친 격으로 현지 직원들은 권 과장을 관리자이자 책임자로 생각하면서도 적극적으로 협력하려고 하지 않았다. 그는 현지 고객들과의 관계나 인허가, 공사, 인력 관리, 설비관리, 장비관리, 자산관리 등의 수많은 문제로 어려움을 겪었다. 결국 그는 부단한 노력에도 불구하고 본사에서처럼 좋은 성과를 거두기는커녕 정해진 날짜에 맞춰 매장을 여는 것조차 버거워했다.

일단 해외 근무가 결정되면 좋든 싫든지 간에 파견되는 국가나 지역에 대해 구체적으로 파악해야 한다. 파견국의 기본적인 개관과 함께 국기에 담긴 의미, 각 공휴일의 취지와 문화, 정치 제도, 국민성, 사고방식, 역사, 국민적 공감대, 한국과의 우호 및 조약 관계 등이 모두 학습 대상이다. 어떤 주재원은 파견국의 공휴일을 모르고 쉬는 날 출근해서는 다짜고짜 현지 직원에게 연락을 취해 결근했다고 혼쭐을 내기도 했다.

또 다른 예로 중동 국가에 파견된 해외주재원이 시아파와 수니파를 구분하지 못하면 업무에 악영향을 받을 수 있다. 시아파와 수니파는 이슬람교를 양분하는 분파로, 현재 수니파가 전 세계 10억 이상의 이슬람교도들 중에서 다수를 차지하고 있다. 수니파는 코란을 영원하다고 보고 그 해석에 충실한 반면 시아파는 이맘을 무함마드에 버금가는 완전무결한 존재로 보고 그들의 코란 해석을 신봉하고 있다.

이밖에도 파견국 및 지역의 물가, 주택, 교육 환경, 치안, 교통 등 실제 해외 생활에 대한 정보나 자료도 숙지 대상이다. 주재원으로 파견되면 자신의 주요 수행 업무가 아니더라도 계약, 총무, 자산관리, 인사관리, 회계, 법무 등에 관한 업무가 진행될 수 있기 때문에 파견국의 현지 언어뿐 아니라 노동법, 회계 지식, 비즈니스 관행 및 유의점, 관공서 이용법, 문서 작성법, 자산관리 등도 익혀야 한다. 비록 해외주재원 본인이 이런 업무에 관심이 없어 다른 직원에게 일임한다고 해도 기본 지식과 용어는 공부해두는 것이 좋다. 아는 게 없으면 다른 직원에게 업무를 지시하거나 점검할 수 없다는 사실을 명심해야 한다.

가족의 적응을
먼저 살펴라

미국 뉴욕으로 파견된 최 과장은 가족을 모두 데리고 미국으로 이주했다. 최 과장은 파견되자마자 한 달 넘게 출장과 외근으로 가족과 대화할 시간조차 없을 만큼 바쁘게 지냈다. 그리고 그는 낯선 환경에 힘들더라도 생활 여건이 좋은 미국, 그것도 뉴욕에서의 삶이었기에 가족도 잘 적응할 것이라 믿었다. 그런데 어느 날 가족은 최 과장에게 한국으로 돌아가기를 부탁했다. 처음 해보는 해외 생활인 데다, 뉴욕에 아는 지인도 하나 없고, 무엇보다 영어에 자신 없었던 가족의 스트레스가 이만저만이 아니었던 것이다.

그때야 심각성을 느낀 최 과장은 주말에는 최대한 가족과 많은 시간을 함께하려고 노력했다. 혹시 본인이나 가족이 아플 경우를 대비해 주변의 주요 병원을 숙지해두었고, 맛있는 음식점을 알아두었다가 주말이면 가족과 함께 방문했다. 회식이 없는 날에도 가족과 외식하거나 아이들의 공부를 도와주었다. 연휴에는 가까운 여행지를 찾아 가족과 소중한 추억을 만들었다. 이러한 최 과장의 노력으로 반년 후 아내와 아이들은 점차 뉴욕 생활에 적응하고 만족하기 시작했다.

가족의 파견 적응도 주재원의 파견 적응과 마찬가지로 중요하다. 대부분의 주재원은 해외 파견 시 가족과 함께 부임하게 된다. 해외 생활은 본인뿐만 아니라 가족에게도 커다란 스트레스가 될 수 있다. 본인은 업무를 하며 특별한 문제없이 잘 지낼지 몰라도 가족의 상황은 다르다. 낯선 이국에서 언어, 문화, 인종적 다양성 등의 문제를 접하며 많은 갈등을 겪는다. 만약 함께 해외로 간 배우자나 자녀 중 어느 한쪽이라도 파견 적응에 실패한다면 주재원의 파견 적응에도 심각한 문제를 가져와 대부분의 경우 임기를 채우지 못한 채 중도 귀임하게 된다.

해외 생활에 대한 열망이 강하거나 평소 관심 있던 지역이나 국가로 간다면 가족의 현지 적응은 좀 더 수월해진다. 만약 가족들이 파견되는 국가의 현지 언어를 어느 정도 구사할 수 있다면 별 무리없이 적응하게 된다. 그러나 가족 적응에 있어서도 배우자와 자녀가 마주치는 상황은 상대적으로 다르게 느껴질 수 있다. 이러한 문제들을 해결하기 위해 다음과 같은 방안을 참조해보자.

Action 1 : 배우자에게는 관심과 대화가 필요하다 배우자의 성공적인 현지 적응을 위해서는 주재원의 관심과 대화가 절실하다. 주재원을 따라 해외로 간 배우자는 달라진 생활 환경에 적응하랴 가족을 돌보랴 크고 작은 스트레스를 수시로 받게 된다. 주재원은 파견 초기의 적응 단계에서 생활에 불편함을 느끼더라도 배우자에게 짜증이나 화를 내지 말고 좀 더 많은 관심을 가지고 대화를 나눌 필요가 있다.

아무리 생활 환경이 한국과 유사하다고 해도 한국에서의 생활과 똑같을 수는 없다. 파견 후 3개월 정도 지나 현지 적응에 대한 배우자의 스트레스가 줄어든다면 그가 현지 생활에 몰입하고 인적 네트워킹을 돈독히 할 수 있도록 현지 대학이나 대학원, 학원, 종교 생활 등을 권유하는 것도 좋은 대안이 될 수 있다. 즉 가정 생활 외에 자아실현의 기회를 제공하기 때문이다.

Action 2 : 자녀의 교육을 꼼꼼히 살펴라 자녀의 성공적인 현지 적응을 위해서는 학업 문제가 가장 중요하다.

A. 초등학교에 입학하지 않은 자녀가 원활하고 자연스러운 모국어, 즉 한국어를 구사하기 전까지는 보육시설이나 유치원 학습을 지양할 필요가 있다. 자칫 모국어도 익숙하지 않은 상황에서 영어나 현지어를 사용하게 하면 아이는 2가지 언어를 병행하여 자라난 탓에 한국에 귀국한 후에도 한국어를 구사하는 데 어려움을 겪을 수 있기 때문이다.

B. 초등학교에 다니는 자녀가 귀국 후 한국인 친구들을 자연스럽게 사귈 수 있도록 한국 사회와 문화에 대한 이해를 살펴야 한다. 한국어를 잘 구사한다고 해서 친구들과 어울릴 수 있는 것은 아니다. 언어라는 것은 사회적인 것이다. 사회적 상황이나 대상의 특수성에 맞추어 자신의 언어를 적절하게 조절하여 사용하는 언어구사 능력이야말로 진정한 의미에서의 의사소통이다.

C. 중·고등학교에 다니는 자녀 대학 입시를 염두에 두어야 한다. 자녀가 현지 대학을 진학할 경우, 미국 대학을 진학할 경우, 한국 대학을 진학할 경우 등 경우의 수를 나누어서 자녀의 학업을 지도해야 한다. 첫째, 자녀가 현지 대학에 진학하기를 원한다면 파견지의 외국인 학교를 다니는 것보다는 현지의 일반 공립학교에서 대학 입시를 준비하도록 해야 한다. 둘째, 자녀가 미국 대학에 진학하기를 원한다

면 현지의 외국인 학교 중 미국 계열의 국제학교에서 SAT와 에세이, 특별활동 등을 준비해야 한다. 셋째, 자녀가 한국에 있는 대학에 진학하기를 원한다면 현지에서 한국인이 선호하는 국제학교에 진학해 학업 외에 한국인끼리 별도의 과외그룹을 짜서 대학 입시를 준비할 필요가 있다. 또한 한국의 대학 입시는 수시로 변하고 진학하고자 하는 대학과 전공에 따라 전형도 달라 진학하고자 하는 대학과 전공을 미리 정해놓고 준비하는 것이 좋다.

대부분의 주재원 가정은 귀국 후 자녀가 파견 전 다니던 학교로 복귀하는 것이 불문율로 되어 있다. 하지만 한국에는 정규 공립학교 외 대안학교, 혁신학교, 외국인 학교, 자립형 사립학교, 특수목적학교 등 다양한 형태의 교육기관이 존재한다. 자녀의 흥미나 심리 상태에 따라 정규 공립학교 외에도 선택할 수 있는 대안이 여럿 있다는 사실을 놓치지 말자.

인수인계 과정을 강화하라

조직적 요소에서 가장 중요한 것은 파견국의 중요도 및 해외조직의 자산과 규모, 향후 성장 가능성이다. 만약 파견국이 기업의 전략적 요충지에 속할 경우, 해당 조직으로 본사의 인력과 자원이 집중되어 주재원의 현지 적응은 더욱 쉬워진다.

만약 파견국이 당장은 중요하지 않다고 하더라도 향후 성장 가능성이 높은 지역으로 구분된다면 중요 국가와 마찬가지로 본사로부터 많은 지원을 받을 수 있게 된다. 한마디로 주재원의 현지 적응은 무난하다. 여기에 파견되는 해외법인의 역사가 길면 길수록 많은 노하우가 쌓여 있기 때문에 주재원의 파견 적응은 훨씬 쉬워진다.

Action 1 : 해외법인이 설립된 지 10년이 지났다면 인수인계 과정을 강화한다 파견국의 해외법인이 설립된 지 10년이 지난 경우라면, 주재원이 겪게 되는 시행착오의 대부분을 해결할 수 있는 노하우와 정보가 축적되어 있다고 생각할 수 있다. 이 경우 업무 인수인계 시 전임자의 시행착오에 대한 경험을 경청하고 메모해야 한다. 설령 전임자에게 노하우와 정보를 모두 전수받지 못했다 하더라도 걱정할 필요는 없다. 문제가 발생할 경우 해외법인의 현지 직원에게 도움을 받거나 기존 자료를 통해 문제 해결 방법을 찾을 수 있기 때문이다. 단, 문제가 발생할 경우 그 문제를 숨기거나 제대로 얘기하지 않는다면 필요한 도움을 제대로 받을 수 없음을 명심하자.

국내에서 수행했던 직무와 해외 근무 시 수행하게 될 직무가 같거나 유사할 경우 주재원의 파견 적응은 좀 더 성공적으로 이루어질 수 있다. 하지만 직무의 성격은 유사하더라도 업무 범위와 양이 확대될 수 있다. 즉 국내와 다르게 소수의 한국인 주재원이 근무하기 때문에 본인의 업무 외에도 자산관리, 총무, 계약, 인사 및 근태관리, 본사에 대한 현지 자료 지원, 본사 출장 임직원 지원 등의 추가적인 업무가 많아 국내에서 근무할 때보다 훨씬 더 많은 스트레스를 받을 수 있다.

하지만 국내 근무 시에 수행하지 않았던 이러한 업무적 요소는 향후 주재원의 리더십과 경력 개발에 큰 도움이 될 수 있기 때문에 적극적으로 대응해야 한다. 전임자로부터 업무적 요소를 원활하게 이관

받기 위해서는 본인의 노력이 선행되어야 함을 간과하지 말자.

새로 파견된 주재원은 전임자로부터 업무 인수인계를 받기 전에 세심한 체크리스트를 사전에 작성할 필요가 있다. 업무 인수인계 시 너무 꼼꼼하다는 지적을 받을 정도로 철저하게 사전 체크리스트를 준비하도록 해야 한다. 통상적으로 주요 수행 업무를 바탕으로 업무 인수인계가 이루어지기 때문에 부가적인 업무의 경우 그 중요도를 낮게 평가하여 충분한 인수인계를 받지 못할 수 있다. 또한 전임자는 귀임 준비 때문에 바쁘고 인수인계를 받아야 하는 후임자는 낯선 환경에 적응하느라 집중하기 어렵다. 따라서 전임자에게 업무 인수인계를 받을 때에는 미리 작성한 체크리스트를 기초로 해 주요 업무 외에도 부가적으로 수행해야 할 업무해외법인 및 지사의 자산관리, 총무, 계약, 인사 및 근태 관리, 본사에 대한 현지 자료 지원, 본사 출장 임직원 지원 등를 꼼꼼히 점검해야 한다. 함께 근무할 현지 직원들이나 현지 고객에 대한 특성 및 유의점도 미리 파악해두면 업무 수행에 큰 도움이 된다.

Action 2 : 해외법인 업력이 10년 이하라면 실패를 두려워하지 않는다 파견되는 해외법인의 업력이 10년 이하인 경우 주재원은 파견 적응 시 많은 시행착오를 겪게 된다. 어느 지역 또는 국가든 해외법인이나 지사가 안정적으로 운영되기 위해서는 10여 년의 시간이 필요하다. 오랜 시간 동안 시행착오를 겪어야 해외조직이 안정적으로 운영될 수 있다는 뜻이다. 따라서 10년 이하의 업력을 가진 해외법인에 파견된다면 주재원은 실패에 대한 두려움 먼저 잠재워야 한다. 아무리 능력자라 해도 자신이 접해보지 못한 비즈니스 환경에서 시행착오 없이 성공만을 거둘 수는 없다.

혹여 실패하더라도 좌절하지 말고 실패의 원인에 대해 분석하고 동일한 문제가 반복적으로 발생할 경우를 대비해 플랜 A, B를 준비해놓자. 또 보고서를 남겨 후임자에게는 동일한 문제가 발생하지 않도록 하는 예방책을 미리 마련하는 것이 중요하다. 이런 후속 조치가 마련된다면 해당 주재원의 실패는 중요한 지적자산으로 남을 것이고 후임 주재원의 실패 확률은 그만큼 낮아진다. 주재원이 파견 적응 기간 동안 경험한 실패 사례는 훗날 성공의 밑거름이 된다는 것을 명심하자.

이슈를 모니터링하고
제대로 보고하라

A계열사의 기획 담당으로 인정받던 홍 대리는 그룹의 핵심 사업으로 해외 진출을 모색하라는 임무를 부여받고 러시아로 파견된다. 러시아 사업체에는 홍 대리의 모 기업인 A계열사 외에도 다른 계열사로부터 파견된 8명의 주재원이 근무하게 되었다. 각 구성원은 인사 담당자 1명, 법인장 1명, 각 계열사에서 파견된 업무 담당자 6명으로, 그들의 주된 임무는 현지의 우수한 인재를 채용하는 것이다.

그러나 파견 전에 서로 다른 계열사에 근무했던 주재원들은 서로 간의 업무 스타일을 몰랐고, 그로 인해 문제가 발생했다. 어느 날, 다른 계열사의 박 부장이 홍 대리의 통역을 돕던 빅토르를 한마디 말도 없이 원거리 출장에 대동한 것이다. 심지어 박 부장의 일을 빅토르에게 지시하는 바람에 홍 대리의 업무에 큰 차질이 생겼다. 당황한 홍 대리는 이 사건을 계기로 박 부장의 행동을 인사 담당 주재원에게 항의했지만 별다른 조치는 내려지지 않았다. 그 이후 홍 대리는 항상 빅토르의 위치를 파악하는 데 신경을 쓰느라 당면하고 있는 본인의 직무에 몰입하기 어려웠고, 업무에 대한 흥미도 잃게 되었다. 최고경영자의 입장에서 각 주재원들을 바라보던 법인장은 문제 해결에 나서지 않고 오히려 홍 대리에게 '입장은 이해되지만 무조건 참으라'고만 했다.

해외조직의 업무는 주재원이 파견 전 생각했던 것보다 다양하고 업무의 양이 정해져 있는 것도 아니고 주재원 사이의 역할과 책임이 명확하지도 않다. 이런 일은 해외조직에 대한 직무 분석이 사전에 진행되지 않아 직무를 제대로 파악하지 못해서, 해외조직의 업력이 오래되지 않아 관련 자료가 부족해서 발생하는 문제이다.

해외로 신규 진출할 경우에도 이러한 문제가 빈번하게 발생하게 된다. 계열사나 소속 회사가 다른 경우 구심점이 되는 법인장이나 관리자가 주재원 간에 발생되는 업무상 갈등을 조정하는 데 한계가 있다. 그러다 보니 업무 처리로 인한 문제가 개인 간 갈등으로 발전하고 결국은 조직 전체의 문제로 바뀌기도 한다.

이러한 문제를 해결하기 위해서는 해외조직을 신설할 때나 해외 사업을 시작할 때 파견지의 법인장 외에 본사에 담당 임원이나 관리자를 별도로 두어 해외조직에서 발생하는 문제를 객관적으로 모니터링하고 조정해야 한다. 또한 관리 주재원이 해당 조직에서 발생하는 이슈에 대해 법인장이나 본국 담당자에 보고하여 해결 방안을 함께 모색할 수 있도록 해야 한다. 또 다른 사례를 하나 더 살펴보자.

이 차장은 다수의 계열사가 참여해 진행하는 그룹 복합 사업을 맡아 베트남 하노이에 파견되었다. 이 차장의 거주지는 근무지에서 30분 이내의 거리에 위치해 있었다. 그런데 법인장은 야근은 물론 주말에도 나와서 근무하기를 강요했다. 현재 수행 중인 프로젝트 규모에 비해 파견된 해외주재원의 수가 부족했기 때문이다. 본사에 인원 보강을 요청해도 여력이 없다는 답변이 왔다. 법인장의 평가가 중요한 입장이라 이 차장과 다른 주재원들은 어쩔 수 없이 근무시간 외 업무를 수행했지만, 그들의 사기는 나날이 저하되고, 스트레스는 쌓여만 갔다.

본사 또는 그룹인사팀에서 현지 사정을 제대로 알지 못해 해결책은 전무했고, 끝없이 이어지는 업무에 주재원들의 정신적·신체적 건강에 무리가 왔다. 결국 업무에까지 영향을 미쳐 프로젝트가 지연되었다.

직원들이 선호하는 팀이나 부서가 있기 마련이다. 그런데 이런 조직은 인기가 있는 만큼 막강한 영향력이 있고 기업에서도 지원을 아끼지 않는다. 반면 새로 신설되거나 직원들이 선호하지 않는 팀이나 부서에는 아무리 일이 많아도 조직의 지원을 기대하기 어려운 것이 현실이다. 해외조직들의 상황도 비슷하다. 아무리 업무량이 많다 하더라도 본사에서 요충지로 보지 않는 국가나 지역의 해외조직은 전략적인 지원을 받는 해외조직에 비해 주재원의 숫자도 턱없이 부족하고 본사로부터의 지원도 불충분하다. 문제는 본사 임직원들이 이렇게 열악한 상황과 고충을 직접 보고 듣지 않는 이상 해외법인의 실태를 파악할 길이 없다는 것이다. 본사 지원이 부족한 경우에는 어쩔 수 없이 한정된 자원 내에서 성과를 낼 수 있도록 주재원들이 협심하여 일을 수행해야 하며, 나아가 본사의 책임 있는 임직원에게 해외조직의 실태를 잘 정리하여 적극적으로 보고할 필요가 있다.

인적 네트워킹을
강화하라

미얀마 법인에 파견된 강 부장은 매일 야근이 잦다. 미얀마는 아직 치안이 좋지 않아 해당 법인에서는 강 부장에게 매일 기사와 함께 출퇴근용 차량을 지원해주고 있다. 거의 매일같이 야근을 하고, 주말에도 늦게 퇴근을 하던 강 부장은 기사에게 미안한 마음이 있어도 별달리 고마움을 표시하는 법을 몰랐다. 하지만 함께 파견된 박 부장은 자신을 위해 주말에도 늦게까지 야근하는 현지인 기사를 살뜰히 챙겼다. 이런 저런 이야기를 주고받다 기사에게 4명의 자녀가 있다는 것을 알게 된 박 부장은 늦게 퇴근하던 어느 주말, 기사에게 한국에서 가져온 공책과 연필, 볼펜 등의 문구류를 선물했다. 기사는 뜻밖의 선물에 무척이나 기뻐했다.

그 후 3개월이 지나고 강 부장과 박 부장의 가족들이 미얀마로 놀러오게 되었다. 밤 10시 도착 예정이었던 비행기는 연착이 되면서 12시가 넘어서도 도착하지 않았다. 강 부장과 박 부장은 애가 탔다. 강 부장의 기사는 계약 시간이 넘었다면서 돌아가버렸으나, 박 부장의 기사는 끝까지 함께 남아 가족들을 기다려주었다. 새벽 3시가 되어서야 가족들이 도착했고, 박 부장은 기사 덕분에 가족들을 차에 태우고 편히 숙소로 갈 수 있었다.

파견국에 출장이나 업무를 통해 알게 된 현지인이 있다면 그렇지 않은 경우보다 훨씬 수월하게 적응할 수 있다. 따라서 해외주재원의 성공적 안착은 현지인들과의 관계 설정에 달려 있다고 해도 과언이 아니다. 현지에서 생전 처음 보는 사람, 전혀 공통점이 없는 사람들과

일해야 하고, 같이 이동하고 밥을 먹어야 하며 이해가 안 되는 것은 수시로 물어보고, 의견 충돌 시 설명하고 설득해야 하는 등 현지인과의 접촉이 끊임없이 일어난다. 그래서 현지인에게 관심을 가지고 대화를 나누면서 서로 간의 교감을 나누는 것이 중요하다. 교감이 생기면 업무 외에서도 도움받을 수 있을 뿐만 아니라 감정적으로 더욱 가까워져 주재원의 심리와 정서 안정에도 큰 도움이 된다.

현지 채용인 관리에
신경 써라

한국의 대표적 글로벌 기업으로 평가받는 A 기업에 현지 채용인으로 입사하게 된 베트남인 응웬뜨엉은 회사에 대한 기대감이 무척 컸다. A 기업의 베트남법인에 구매 담당으로 입사한 그는 광고를 통해 A 기업의 다양성 가치 존중 철학에 대하여 익히 알고 있었다. 특히 베트남인이 A 기업의 임원으로 승진한 광고를 본 그는 차별 없는 회사 생활을 할 수 있으리라 기대했다. 또 "사람이 경영하고 사람을 위해 경영한다"라는 A 기업의 핵심 가치를 통해 학력의 높고 낮음, 근무 경력, 나이, 국적, 신혼 여부, 성별, 인종, 장애 여부에 관계없이 누구나 이곳에서는 존중받고 일할 수 있을 거라고 생각했다. 최종 입사면접에서도 한국인 임원을 통해 회사를 위해 열심히 일하는 것이 나와 조직 구성원, 나아가 나의 가족 그리고 국가 발전에 큰 기여를 하는 것이며 넓게는 나를 통해 다른 후진국 또는 개발도상국의 발전이 가능할 수 있다는 뜻을 전달받았다. A 기업의 베트남법인에서 일하는 선배로부터 지금까지 이곳에서는 단 한 번도 노사 분규가 없었으며 이직 고민을 하고 있는 직원도 본 일이 없다는 생생한 증언도 들었다.

그러나 입사 후 응엔뜨앙은 구성원의 업무 만족감과 충성도가 밖에서 보는 것과는 판이하게 다르다고 느꼈다. 응엔뜨앙은 2년 차에 접어들면서 자신의 진로와 경력에 대해 고민하기 시작했다. 선배의 말과는 달리 부장 직급 이상으로 승진했던 현지 채용인은 한 명도 없었다. 대부분 한국인 주재원들이 관리자 역할을 맡고 있었고, 빠른 성과 달성을 강조하며 높은 업무 강도를 요구했다. 그는 성과에 대한 즉각적인 책임을 묻는 문화 속에서 자신의 경력을 개발하기에는 무리가 있다고 판단했다.

다국적 기업과 달리 대부분의 한국 기업은 해외 진출 시기가 상대적으로 늦었고 해외에서의 업력도 짧기 때문에 현지 채용인들은 한국 기업에 대한 정보나 자료가 부족한 경우가 많다. 대부분의 현지 채용인들은 한국 드라마나 영화 또는 현지 광고를 보고 한국 기업에 대한 환상을 갖고 취직한다. 그러나 막상 한국 기업에 근무하게 되면 현실을 직시하게 된다. 이때 한국 기업에 대한 이미지 형성은 조직의 지원과 한국인 주재원들의 업무 방식에 기인하는 경우가 많다.

대부분의 현지 채용인은 입사 첫날 법인장 또는 담당 관리자와 짧은 면담 시간을 가진 후 임직원들을 소개받고 바로 자리를 배치받아 업무에 투입되는데, 이러한 빠른 업무 배치와 조직 사회화 과정은 현지 채용인에게 부정적인 인상을 주게 된다.

현지 채용인의 성공적인 조직 사회화를 위해서는 오리엔테이션 프로그램을 만들어 그들에게 적응하는 시간을 충분히 주어야 하며 한국인 또는 현지 채용인 멘토를 정해 그들의 적응을 돕도록 해야 한다.

이와 함께 법인장 또는 관리자가 최소 3개월 정도는 정기 면담을 실시해 현지 채용인의 조직 사회화 정도를 체크하거나 그들의 애로사항을 해결하고 지원책을 강구해야 한다.

CHAPTER 6

해외주재원,
제대로 평가하고 보상하기

해외주재원
급여

많은 한국 기업들이 해외주재원을 파견할 때 급여, 복리후생, 퇴직금, 4대 보험 등의 문제를 어떻게 처리해야 할지 고심한다. 체계적으로 임금을 관리할 수 있는 시스템이 거의 전무하다 보니 회사마다 해외주재원 급여와 복리후생 관련 제도는 천차만별이다. 다만 기업들이 통상적으로 높은 임금을 산정하고 있어 해외주재원의 급여 수준은 국내 근무자보다 1.5배 많게는 3배까지 높다. 삼성이나 현대기아차, LG 같은 대기업의 경우 일반 중소·중견기업과 비교해 평가와 보상 체제가 잘 갖춰져 있어 해외주재원들의 만족도가 높기로 유명하다.

직원 만족도의 향상은 결국 조직 몰입도와 충성도, 그리고 경영 성과의 향상을 가져오기 때문에 해외 주재 생활을 보상할 수 있는 임금 산정과 복리후생제도는 기업의 규모와 관계없이 주재원 파견에 있어 가장 중요한 요인이 된다. 참고로 임금과 복리후생제도는 해외주재원의 안전과 생활 편의를 우선 고려해 타 기업과 큰 편차가 발생하지 않는 범위 내에서 설정하는 것이 좋다. 표 6-1은 해외주재원을 위한 3가지 급여 지급 방식이다. 이를 참고해서 평가와 보상 체제를 설정한다면 도움이 될 것이다.

표 6-1 해외주재원 급여 결정 방식

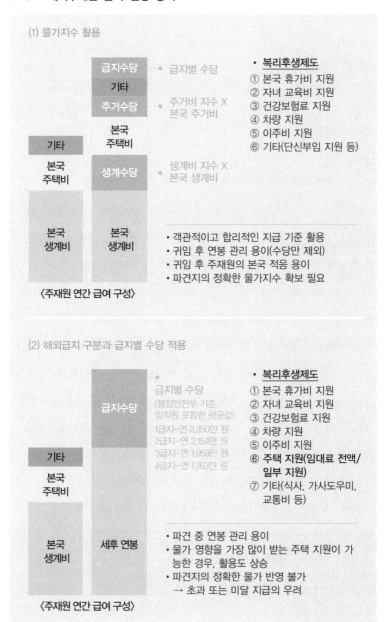

(1) 물가지수 활용

		급지수당	• 급지별 수당
기타			
		주거수당	• 주거비 지수 X 본국 주거비

- **복리후생제도**
  ① 본국 휴가비 지원
  ② 자녀 교육비 지원
  ③ 건강보험료 지원
  ④ 차량 지원
  ⑤ 이주비 지원
  ⑥ 기타(단신부임 지원 등)

기타 / 본국 주택비 / 본국 주택비 / 생계수당 • 생계비 지수 X 본국 생계비

본국 생계비 / 본국 생계비

• 객관적이고 합리적인 지급 기준 활용
• 귀임 후 연봉 관리 용이(수당만 제외)
• 귀임 후 주재원의 본국 적응 용이
• 파견지의 정확한 물가지수 확보 필요

〈주재원 연간 급여 구성〉

(2) 해외급지 구분과 급지별 수당 적용

급지수당
급지별 수당
(행정안전부 기준,
임직원 포함한 평균값)
1급지-연 2,350만 원
2급지-연 2,154만 원
3급지-연 1,959만 원
4급지-연 1,763만 원

기타 / 본국 주택비

- **복리후생제도**
  ① 본국 휴가비 지원
  ② 자녀 교육비 지원
  ③ 건강보험료 지원
  ④ 차량 지원
  ⑤ 이주비 지원
  ⑥ **주택 지원(임대료 전액/ 일부 지원)**
  ⑦ 기타(식사, 가사도우미, 교통비 등)

본국 생계비 / 세후 연봉

• 파견 중 연봉 관리 용이
• 물가 영향을 가장 많이 받는 주택 지원이 가능한 경우, 활용도 상승
• 파견지의 정확한 물가 반영 불가
  → 초과 또는 미달 지급의 우려

〈주재원 연간 급여 구성〉

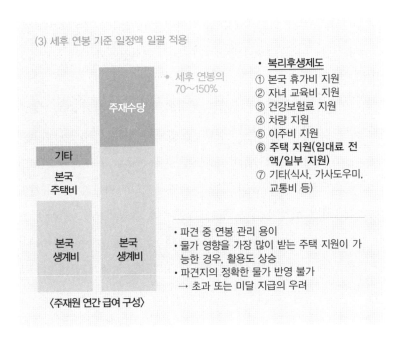

(3) 세후 연봉 기준 일정액 일괄 적용

주재수당 — 세후 연봉의 70~150%

• **복리후생제도**
① 본국 휴가비 지원
② 자녀 교육비 지원
③ 건강보험료 지원
④ 차량 지원
⑤ 이주비 지원
⑥ **주택 지원(임대료 전액/일부 지원)**
⑦ 기타(식사, 가사도우미, 교통비 등)

기타
본국 주택비

본국 생계비 / 본국 생계비

• 파견 중 연봉 관리 용이
• 물가 영향을 가장 많이 받는 주택 지원이 가능한 경우, 활용도 상승
• 파견지의 정확한 물가 반영 불가
→ 초과 또는 미달 지급의 우려

〈주재원 연간 급여 구성〉

Method 1 : 물가지수 활용　해외주재원의 급여를 결정짓는 첫 번째 방식은 파견국의 물가 수준을 고려하여 주재수당을 결정하는 것이다. 전 세계 국가들의 물가지수를 고려하여 해외주재원의 해외 생계비를 결정하는 실질적인 방식이다. 글로벌 컨설팅회사 머서Mercer에서 매년 발표하는 세계물가지수Mercer Quality of Living Survey와 전 세계 해외주재원들의 정보 공유 사이트 엑스패티스탄expatistan.com에서 소개하는 실시간 물가를 척도로 삼는다.

　먼저 머서는 매년 전 세계 약 300여 개 도시를 대상으로 해외주재원의 생계비를 조사하고 물가지수와 순위를 정리해 세계물가지수를 발표한다. 이 자료는 기업들이 파견 직원들의 체재비 및 급여를 책정하는 데 객관적인 자료로 사용되고 있다. 생계비 조사 항목은 본국과

파견지에서 모두 소비되는 상품과 서비스로 구성되어 있으며 각 조사
대상지의 할인매장, 슈퍼마켓, 백화점 혹은 편의점에서 가격을 수집하
여 비교한다.

머서의 세계물가지수의 장점은 한국인 주재원을 해외로 파견했을
때 드는 정확한 생계비를 측정할 수 있도록 개발된 아시아 바스켓
Basket, 장바구니이다. 아시아 바스켓에는 김치, 된장, 고추장 등 한국인
들이 주로 구입하는 상품이 포함되어 있다. 또한 머서의 세계물가지
수를 이용하면 생계비, 주거 임차료, 교육비, 출장비 등 파견에 필요
한 모든 비용을 상세히 파악할 수 있으며, 국가별로 상이한 인플레이
션과 환율 변동 등에 적절히 대처하여 정확하고 일관성 있게 해외주
재원의 보상 패키지를 설계할 수 있다. 머서는 이 서비스를 유료화하여 제
공하고 있다.

두 번째로 엑스패티스탄을 이용하면 주택, 자녀 교육, 주요 생활 물
가, 서비스 비용 등 전 세계 주요 도시의 물가를 실시간 검색으로 상
세히 알아볼 수 있다. 주택 유형별 가격, 학교별 자녀 교육비, 법률
및 교통 서비스 등 다양한 서비스 비용도 자세히 파악할 수 있다. 무
엇보다 이 방식은 산출 근거가 명확하다. 단, 실시간 변동이 생기는
물가 수준을 적절하게 반영해야 한다는 번거로움이 있고, 계산이 복
잡하다는 단점이 있다. 또한 머서의 세계물가지수는 도시별로 종합적
인 물가 수준을 비교할 수 있는 반면 엑스패티스탄은 항목별 비교는
가능하되 종합적인 물가 수준을 파악하는 데 어려움이 있다.

이 방식을 적용하여 베트남 호치민으로 부장 1년 차 직원을 파견할
경우의 임금 산정 예시는 표 6-2와 같다.

표 6-2 **물가지수를 활용한 해외주재원 연간 급여 예시**

세전 연봉 : 6,432만 원 / 주재수당(생계수당+주거수당+급지수당) : 3,131만 원
총 급여 : 9,563만 원

연봉 패키지

❶ 복리후생
급지수당

기타

❷ 주거수당

본국
주택비

❸ 생계수당

본국
생계비

〈주재원 연간 급여 구성〉

항목	금액	설명
본국 연간 급여 (세전 소득)	64,320,000원	부장 초임1 (근무 경력 10~15년) 상여금의 월 분할액 포함 (월 536만 원)
세후 소득	53,066,220원	연 급여에서 소득세, 주민세, 4대 보험 공제 후 소득
최소 생계비 (주거비 제외)	43,320,000원	한국노총 2012년 표준생계비조사 '4인 가족' 월 평균 생계비 516만 원에서 주거비(30% 또는 155만 원) 제외, 연 환산액
생활비 비교	총 ▲13%	주거, 식품, 의복, 교통, 건강, 문화 6대 영역의 서울 대비 물가지수로 산출

❸ 생계수당	5,631,600원	43,320,000 X 0.13
최소 생계비에서 주거비 부분	18,600,000원	월 평균 생계비 516만 원의 30%인 주거비 월 155만 원의 연 환산액
주거비 비교	주택 ▲81%	주거 부분 서울 대비 물가지수
❷ 주거수당	15,066,000원	18,600,000 X 0.81
❶ 급지수당	10,613,244원	호치민으로 이동하여 생활 환경의 변화에 따른 급지수당 : 세후 소득의 20%
연간 수당 합계	31,310,844원	생계수당 + 주거수당 + 급지수당

- ❶ 급지수당 : **파견지와 본국의 생활 환경을 비교해 지급**
  - 본국보다 살기 좋은 곳은 급지수당 0% 적용
  - 본국과 비슷한 수준의 환경은 급지수당 10% 적용
  - 본국보다 살기 나쁜 곳은 급지수당 20% 적용

베트남 – 호치민의 서울 대비 물가지수

	품목	서울 대비
	음식	▼27%
❷ 주거수당 ······· •	집	▲81%
	의류	▲12%
	교통	▼23%
	개인적인 돌봄	▼40%
	오락	▼3%
❸ 생계수당 ······· •	합계	▲13%

출처 : 작성 기준 2014.1.11. expatistan.com

Method 2 : 해외급지 구분과 급지별 수당 적용 해외주재원의 급여를 결정하는 두 번째 방식은 해외주재원을 파견하는 국가와 도시별로 급지수당을 정해서 한국에서의 급여와 급지수당을 합산해 일괄적으로 지급하는 방식이다. 파견되는 국가나 지역의 물가, 생활 수준, 치안 및 안전 등을 감안해 국가별로 그 수당을 차별화하여 해당 국가에 체류하는 데 필요한 금액을 산출하여 지급한다.

표 6-3 **해외급지 설정 사례**

해외 근무수당

(단위: U$/월)

직급별 지역	1급	2급	3급	4급 이하
가	2,407	2,088	1,913	1,737
나	2,555	2,217	2,030	1,844
다	2,705	2,346	2,149	1,952
라	2,824	2,450	2,244	2,038
마	2,972	2,578	2,362	2,145
바	3,120	2,706	2,479	2,252
사	3,239	2,810	2,574	2,338
아	3,359	2,913	2,669	2,424
자	3,478	3,017	2,764	2,510
차	3,626	3,145	2,881	2,617

보통 이 방식은 해외로 파견되는 공무원 및 공기업 직원들의 급여를

산정하는 방식이었으나 계산 방식이 복잡하지 않고 적용이 용이하기 때문에 민간기업에서도 이를 도입해 해외주재원의 급여 산정 방식으로 이용하고 있다. 그러나 최근 파견지가 분쟁 지역이나 오지까지 광역화되면서 급지수당만으로 해외주재원의 안전과 생활 편의를 보장할 수 없게 되면서 오지나 위험 지역에 파견되는 주재원을 대상으로 표 6-4와 같이 특수지 근무수당을 별도로 운영하기도 한다.

표 6-4 **특수지 근무수당 사례**

등급 구분	대상 지역(사례)	1급(임원)	2급(임원)
갑지	볼리비아, 르완다	2,000	1,600
을지	미얀마, 몽골, 콜롬비아	1,400	1,120
병지	캄보디아, 라오스, 타지키스탄, 키르기스스탄, 카자흐스탄	720	576

특수지 근무수당 (단위 : U$/월)

급지수당을 이용한 해외주재원 임금 산정의 전제 조건이 국가나 도시별로 급지가 구분되어 있고, 적정한 급지수당이 정해져 있는 경우에 적용이 가능하다. 이 방식의 장점은 무엇보다 계산이 용이하고 관리가 쉽다는 것이다. 반면 국가의 면적이 넓고 지역별 물가 수준의 편차가 존재하는 경우 국가별 일괄 적용이 어렵다는 것이고, 실시간 물가 변동폭이 큰 개발도상국이나 분쟁이나 자연재해 같은 변수가 있을 경우 급여에 실시간으로 반영이 어렵다는 단점이 있다.

이 방식을 적용하여 베트남 호치민으로 대리 1년 차 직원을 파견할 경우의 임금 산정 예시는 표 6-5와 같다.

표 6-5 급지별 수당을 적용한 해외주재원 연간 급여 예시

세전 연봉 : 3,000만 원/주재수당 : '나' 급지 적용 U$1,432=1,959만 원
총 급여 : 4,959만 원

해외주재원 급여 구성

기타		급지수당
본국 주택비		복리후생
본국 생계비	해외 생계비	세후 연봉
본국 연간 급여 구성	현지 생활비 구성	주재원 연간 급여 구성

해외주재원의 파견 계약서 작성 시 포함 사항

– 파견지, 파견 기간
– 직무
– 연봉 조건
  • 세후 연봉
  • 급지수당

– 복리후생
  • 본국 휴가
  • 자녀 교육비 지원
  • 건강보험
  • 차량 지원
  • 이주비(가재운송비)

  • 주택 지원(회사 보유 주택, 임차료 지원)
  • 식사비 지원
  • 기타

Method 3 : 세후 연봉 기준 일정액 일괄 적용 해외주재원의 급여
를 결정하는 세 번째 방식은 파견 직원의 세후 연봉의 70~150%를
주재수당으로 지급하는 방식이다. 이 방식은 해외주재원을 파견한 적
이 없어 그에 대한 데이터나 자료가 없는 경우, 신규로 진출하는 국
가나 지역으로 해당 국가에 대한 관련 데이터나 자료가 없을 경우 적
용한다. 그 이유는 한국에서의 세후 연봉을 반영해줌으로써 주재원의
동기부여가 가능하기 때문이다. 이 방식을 적용하여 베트남 호치민으
로 과장 1년 차 직원을 파견할 경우의 임금 산정 예시는 **표 6-6**과 같다.

표 6-6 세후 연봉을 기준으로 주재수당을 지급하는 해외주재원 연간 급여 예시

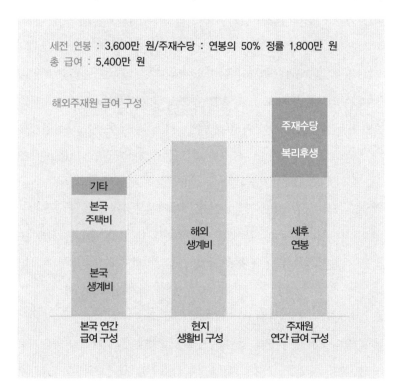

해외주재원의 파견 계약서 작성 시 포함 사항

- **파견지, 파견 기간**
- **직무**
- **연봉 조건**
  - 세후 연봉
  - 주재수당

- **복리후생**
  - **본국 휴가**
  - 자녀 교육비 지원
  - 건강보험
  - 차량 지원
  - 이주비(가재운송비)
  - 주택 지원(회사 보유 주택, 임차료 지원)
  - 식사비 지원
  - 기타

이 방식은 파견국이나 지역별로 대략적인 비율이 정해져 있을 경우 적용 가능하다. 이 방식의 장점은 계산과 관리가 용이하고 기업이 주택을 별도로 지원한다는 것이다. 또 파견 주재원이 다른 급여 산정방식보다 자신의 생활 유형이나 소비 수준에 따라 주재수당을 자의적으로 적용할 수 있다는 장점이 있다. 반면 해외로 파견되지 않은 본국의 직원들이 해외주재원의 높은 임금에 대하여 반발할 수 있는 여지가 있고 국가나 지역별로 물가 수준의 차이가 있어도 연간 급여 대비 동일한 정률 금액을 부여하면 또 다른 차별이 될 수 있다. 무엇보다 개발도상국이나 분쟁이나 자연재해 같은 변수가 많은 지역에서는 물가 변동폭을 급여에 실시간으로 반영하기 어렵다는 단점이 있다.

해외주재원 급여 결정 방식에 있어 많은 한국 기업들은 두 번째 '해외급지 구분과 급지별 주재수당' 지급 방식을 쓰고 있으나 이에 대한 제고가 필요하다. 이 방식은 공무원 및 공기업 직원에게 적용하던 방식에서 유래한 것이다. 과거에는 국가나 도시별로 매년 물가 수준의 큰 변화가 없었고 파견되는 국가나 도시가 거의 고정적이었다. 하지만 현재는 글로벌 경제위기로 인해 물가 변동폭이 커졌고, 지역분쟁 및 전쟁 가능성을 예측할 수 없으며 지진이나 해일과 같은 자연재해가 발생할 가능성도 커졌다. 무엇보다 과거와는 달리 파견국이나 도시가 다양해지고 있기 때문에 국가나 도시별로 급지를 구분하여 고정된 급지수당을 주재원 급여에 반영하는 것은 변동 가능성이 큰 해외 근무 및 생활에 적합하지 않은 방법이다.

　만약 파견되는 국가나 도시가 고정적이라면 두 번째 방식으로 주재원 급여를 설정하는 것이 나쁘지 않으나, 파견되는 국가와 도시의 물가 수준의 변동폭이 크고 발전 가능성이 높은 경우라면 첫 번째 방식, 즉 물가지수를 이용하여 주재원 급여를 설정하는 것이 더 바람직하다. 또한 기존에 해외에 주재원을 파견하지 않았던 경우나 특수지역 및 오지로 주재원을 파견하는 경우라면 해외 근무에 대한 동기부여를 위해 세 번째 방식대로 연간 급여 대비 정률제로 주재원 연봉을 산정하는 것이 바람직하다. 일괄적으로 주재원 급여를 책정하는 것보다는 주재원이 파견되는 국가나 도시의 특수성과 가변성을 고려하여 다양한 방식으로 주재원 급여를 산정하는 것이 합리적이다.

해외주재원
복리후생

해외주재원에 대한 복리후생은 급여의 차이보다 더 다양하다. 기업마다 글로벌 경영의 비중이 다르고, 해외주재원의 수나 기업의 매출과 순이익이 서로 다르기에 해외주재원을 위한 복리후생도 다양할 수밖에 없다. 표 6-7은 일반적인 한국 기업의 해외주재원에 대한 복리후생 지원사항이다.

표 6-7 **한국 기업의 해외주재원 복리후생 지원**

구분	종류	내용
생계비	기본급, 주재수당	현지 생계를 위한 기초 생활비 (주거비 제외) 지원
주택 지원	주거수당	회사 소유 또는 임차한 사택 제공, 또는 주택수당 (실비) 지원
가족 편의	교육, 의료, 휴가	주재원 및 동반 가족의 건강과 안정된 생활을 보장하기 위한 금전적·비금전적 지원
업무	차량	개인 명의 업무용 차량에 한하여, 차량 구입 자금 융자 또는 리스 지원
기타	급지수당	열악한 근무 환경을 보상하기 위한 부가적인 지원
	귀임 및 전배 처리	이사비 지원
	기타 복리	의료보험

Aid 1 : 생계비 해외주재원은 통상적으로 본국 근무 시 받던 본인 급여 외에 '주재수당'을 받는다. 이는 파견지에 따라 달라지는 물가를 감안해 본국 근무 시와 유사한 생활 환경 및 수준을 유지할 수 있도록 지급되는 항목이다. 현지 생활을 보조하기 위한 기초 생활비인 것이다. 파견 형태별 주재수당 지급 방식은 표 6-8과 같다. 지급 범위

나 방법은 파견국, 파견처법인/사무소, 가족 동반 여부 등에 따라 달라지지만, 통상적으로 국내 기본급은 본사에서 원화로 지급하고, 주재수당은 현지에서 달러로 지급한다.

또한 기본급과 주재수당은 본국 근무 시의 실소득Net Income과 유사하게 지급되어야 한다. 주재수당은 파견국의 물가 변동 및 환율 등을 고려하여 최소 분기 혹은 반년에 한 번씩 변동이 필요하지만 기업의 상당수는 겨우 일 년에 한 번꼴로 주재수당을 조정하고 있다. 본래 취지를 살리지 못하고 편의성을 잃어가는 주재수당의 개선이 시급하다.

표 6-8 파견 형태별 주재수당 지급 방식

구분	파견국	지급처		비고
		국내 기본급	주재수당	
해외법인	미국, 유럽, 중국, 홍콩	현지	현지	국내 기본급을 현지에서 지급할 때, 전월 말일 매매기준율로 환산
	동남아권	국내(100%) 또는 현지	현지	
해외사무소	중국	현지	현지	
	중국 외 지역	국내(100%) 또는 현지	현지	

Aid 2 : 주택　주택 지원은 해외에 파견된 주재원 및 주재원 가족의 편의성과 안전을 위한 복리후생 중 하나이다. 주택은 크게 2가지 형태로 지원된다.

첫째, 회사 명의로 파견국의 주택을 매입하거나 임차하여 주재원에게 지원하는 방식이다. 기업마다 다르지만 단독 부임자에게 사택을 지원하는 경우가 많다. 이 방식은 주재원이 거주지에 대해 걱정할 필요가 없다는 장점이 있는 반면 자신의 기호와 여건에 따라 거주지를 선택할 수 없다는 게 단점이다.

둘째, 주재원에게 자율권을 부여해 본인이 직접 파견국에서 주택을 임대한 후 회사에 비용을 청구하는 방식이다. 기업들은 보통 주택 지원금에 상한선을 두는데, 단독 부임자에게는 월 100만 원 내외, 가족을 동반한 부임자에게는 150~300만 원 사이로 지원하고 있다. 파견된 주재원의 직위에 따라 주택 지원금을 차등 지급하기도 한다. 이 경우에는 자신의 기호에 따라 주거지를 선택할 수 있다는 장점이 있는 반면, 익숙하지 않은 환경에서 거주지를 직접 알아보고 결정하여 계약까지 진행해야 한다는 단점이 있다.

계약 과정에서 챙겨야 할 사항들도 많다. 일단 집을 고를 때 주택의 상태를 잘 확인해야 하고, 부동산 대리인이 아닌 집주인의 연락처와 파견국의 주택대장을 확인해야 한다. 주택대장은 한국의 등기부등본과 유사한 서류이다. 주택계약서는 반드시 현지에서 공증을 받아야 하며 계약 기간 중 발생할 수 있는 주택 수리 문제에 대한 사전협의가 필요하다.

Aid 3 : 가족 편의 주재원 가족 편의 지원의 핵심은 자녀 교육비와 의료비이다. 한국 기업은 보편적으로 주재원의 자녀를 위해 파견국 학교의 학비를 실비로 지원하고 있다. 대체로 자녀들은 국제학교에 다니고 있으며, 극히 이례적이지만 일본으로 파견될 경우 재일교포들을 위한 한국계 학교가 있어 국제학교 지원을 제한하기도 한다. 일부 기업들은 교육비에 연 500만 원의 상한선을 두고 있다.

의료비의 경우, 사망 및 상해에 대비한 해외산재보험과 해외안심보험에 가입하고, 질병의 경우 파견국의 병원에서 지출한 비용을 실비로 보상한다.

Aid 4 : 업무 해외주재원 업무 지원에 있어 가장 중요한 것은 차량과 통역자이다. 차량은 해외주재원의 편의를 위해 제공되는 것이 아니기에 업무상 필요성을 따져 지원 여부가 결정된다. 해당 기업의 상황과 주재원의 역할과 직군 및 직종, 직위, 파견국에 따라 상이하다. 일반적으로 법인장에게는 해외법인 소유의 그랜저급 차량이 지원되고, 이동이 잦은 영업 및 마케팅 직군 및 직종의 경우에도 법인 소유의 소나타급 차량이 지원된다. 북미나 유럽의 경우 다른 나라에 비해 대중교통 수단이 불편하고 지역이 넓기 때문에 업무상 편의를 위해 직군 및 직종이나 직위에 관계없이 차량을 지원하고 있다.

영어권이 아닌 국가에서 그 나라 언어로 의사소통이 되지 않아 업무 수행이 사실상 불가능한 경우에는 통역자가 지원된다. 보통 해외조직의 현지 채용인이 직접 통역하기도 하고, 필요에 따라 미팅이나 회의가 있을 때 해외조직 소속이 아닌 전문 통역자를 지원해주기도 한다. 그러나 통역이 체계적으로 관리되지 않으면 일이 엉망이 되기도 한다. 국내 대기업의 경우 엔지니어를 중국법인에 파견하면서 중국어를 하지 못하는 직원을 '통역자가 지원하면 되지'라는 안일한 생각으로 파견하는 사례가 있었다. 그러나 엔지니어로 파견된 해외주재원은 3명인데 중국법인 현지 통역 직원은 1명이었다. 1명이 3명에게 이리저리 불려 다니느라 업무 흐름이 깨져 모든 일이 엉망이 되어버

렀다. 3명의 엔지니어 관리 주재원 중 일이 가장 급한 사람보다는 가장 높은 직위의 사람의 말을 통역 직원이 따르는 경우가 많았기 때문이다. 통역을 지원할 때는 우선순위와 통역자의 숫자 등을 충분히 고려해야 한다.

Aid 5 : 기타 해외주재원에게는 해외 파견 근무 기간 중 한국행 왕복 항공권과 본국에서보다 더 많은 휴가 일수가 제공된다. 단독 부임의 경우, 기업은 본국에 있는 가족과의 만남을 위해 연 2회의 한국행 왕복 항공권을 제공하고, 가족 부임의 경우라도 연 1회의 한국행 왕복 항공권을 제공한다. 또한 국가별로 차이는 있지만 경조휴가 일수는 해외 근무지에서 한국으로의 왕복 소요 시간을 고려하여 본국에서보다 최소 2일에서 5일을 더 부여하고 있다.

이와 더불어 해외 이주 시 필요한 화물 운송비, 물품 구입비, 주택 보증금, 주택 중계 수수료 등 주재원의 해외 파견과 본국 귀임 시 필요한 경비를 실시로 지원하거나 중계업체를 통해 지원한다. 표 6-9는 해외주재원을 위한 복리후생 내역을 정리한 예시이다.

표 6-9 해외주재원을 위한 복리후생

본국 휴가	주재원 및 동반 가족에 대하여 연 1회의 본국 휴가 부여 1) 대상자 : 주재원 및 동반 가족 2) 실시 기준 : 주재원 및 가족은 년 1회 3) 휴가 일수 : 본국 입/출국일 포함 7일 4) 지원 내용 : 주재원 및 동반 가족 본국 왕복 여비 　　　　　　(지사 지급)

자녀 교육비	유치원 및 고교 이하 재학 자녀의 경우와 대학교 재학 자녀의 경우로 구분하여 지원 1) 유치원(2년), 고교 이하 재학 자녀 지원 　－ 연간 학자금 지원 금액 중 　· U\$1,500 이하 : 지원 없음(전액 본인 부담) 　· U\$1,500 ~ U\$5,000 : 50% 지원(본인 50%) 　· U\$5,000 초과 : 80% 지원(본인 20%) ※고교 이하 재학 자녀 학자금 지원 예시(연간 학자금이 U\$20,000인 경우) 　－ 회사 부담 U\$13,750(0 + 1,750 + 12,000) 　－ 개인 부담 U\$6,250(1,500 + 1,750 + 3,000) 2) 대학교 재학 자녀 　－ 국내 대학 재학 : 국내 근무자 동일(실비 지원) 　－ 현지 대학 재학 : 연/고대 2학년 등록금의 평균 한도 　　　　　　　　　　실비 지원
건강보험	· 현지 의료보험 및 현지 법령에 의하여 그 가입이 강제되어 있는 제(諸) 보험에 대해 주재원 및 동반 가족 가입 · 비용 전액 회사 부담(단, 현지 법령에 의하여 부담 비율이 정해진 경우 현지 법령 준용)
차량 지원	현지 차량을 구매하여 사용하는 것을 원칙으로 함 1) 차량 구입 대금 : 회사 무이자 융자(36개월 균등 상환) 2) 차량 유지비 　－ 세금, 업무용 유류비, 주차비, 통행료는 실비 지원 　－ 수선비, 감가상각비는 본인 부담 3) 차량 보험료 : 실비 지원(가입 시 최초 보험료 기준이며 가입 당시보다 증액된 보험료는 전액 본인 부담)
가재 운송비	지원 내역 1) 택배 서비스 : 20 FT 콘테이너(약 5톤 분량) 한도, 가족 구성원 가재 포함 2) 포장료, 국내 운송료, 해외 운송료, 통관비용, 보험료 등 이주에 따라 불가피하게 발생되는 제반 비용

만신부임 지원	**단신 부임한 주재원에 대한 지원** 1) 본국 휴가 : 6개월 초과 근무자에게 1회/반기 부여 – 휴가 일수 : 본국 입/출국일 포함 10일 – 왕복 항공료 지급 – 주재 기간 중 1회에 한하여 가족 초청(현지 휴가 대체 가능) – 배우자 및 자녀 한해 왕복 항공료 지급(1년 근무 후) 2) 단신 부임 수당 지급 – 게스트하우스 이용 시 주택임차금 대신 단신 부임수당 매월 지급 – 3개월 이상 : U$250, 1년 이상 : U$300 2년 이상 : U$400

해외주재원
성과평가

해외주재원 선발 기준은 시대의 글로벌 경영 환경과 사회 환경 및 인재상의 변화에 따라 변화해왔다. 1, 2세대의 해외주재원은 특별한 해외 근무 임기가 정해져 있기보다 대부분 건설 프로젝트 수주부터 종료 시까지 근무하거나 해외종합상사에 장기적으로 근무하는 경우가 많았다. 따라서 1, 2세대에 대한 성과평가는 건설 프로젝트에 대한 성공 유무나 해외종합상사에서의 거래에 대한 성과를 기준으로 이루어졌기 때문에 비교적 수월했다. 파견국과 지역 역시 정해져 있었기 때문에 업무도 고정적이었고, 특별한 위험 요소와 글로벌 경제위기와 같은 요인에 별로 영향을 받지 않았다.

하지만 3세대 해외주재원에 접어들면서 전 세계 경제의 글로벌화로 어느 특정 국가의 경제위기가 전 세계로 전파되고 불확실성 요인이 강화되면서 특정 국가에서 탁월한 성과를 낸다고 하더라도 분쟁 및 전쟁, 글로벌 경제위기, 자연재해, 질병 등의 영향으로 성과 창출에 영향을 줄 수 있는 요인이 다양화되고 있다. 이뿐만 아니라 3, 4세대 주재원의 경우 파견국이나 지역이 다변화되면서 기존의 방식으로 주재원의 성과를 평가하는 것이 점점 어려워지고 있다.

2000년대 이후 대부분의 한국 기업에 MBO와 BSC가 도입되면서 전 구성원의 성과평가를 주로 전사, 본부, 팀, 개인 단위의 KPI를 통해 진행하고 있다는 것이 더 큰 문제이다. 이러한 성과평가 방식은 비단 본국의 임직원만을 대상으로 하지 않고 전 세계에 있는 해외조직에도 적용하고자 하는 경우가 많다.

그러나 한국 본사의 경우 KPI, MBO 및 BSC 등의 성과평가 방식이 보급된 지 대부분 10년 이상이 경과했지만, 해외조직의 경우 도입된 기간이 길지 않다. 그들이 도입한 KPI는 해외조직의 성과 목표와 환경과 그 외 변수가 반영되지 않아 주재원 성과평가에는 적합하지 않다는 문제가 발견되기 시작했다.

대부분 본국의 유관 산업 또는 본사의 KPI에서 해외조직에 적합한 것이라 추측했던 일부 KPI 항목과 기준을 그대로 또는 약간의 수정을 거쳐 해외조직에서 사용했기 때문이다. 결국 몸에 맞지 않는 옷을 입은 해외조직의 성과평가는 왜곡되기 시작했다.

더욱이 KPI를 이용한 성과평가는 본부, 팀, 개인별로 순위를 매기는 방식으로 결과를 집계하기 때문에 해외조직이 본사의 핵심 부서에 밀려 순위가 떨어지는 경우가 많아졌다. 주재원 인원 및 재무 규모가 작은 해외조직은 아무리 우수한 성과를 내더라도 본사의 핵심 부서를 제치고 성과평가 순위에서 상위에 오르기는 어렵기 때문이다. 특히, 제조업의 특성상 각 공장이 24시간 공장을 가동하더라도 생산해 낼 수 있는 단위는 제한적이며, 표준화된 공정의 처리를 위해서도 원가를 대폭 줄이기도 어려운 부분이 있기 때문에 구조적인 한계를 가지고 있다. 따라서 해외조직의 경우 성과 창출의 노력에 관계없이 성과평가에서 불이익을 받는 경우가 발생하게 된다.

Method 1 : 성과평가와 핵심 역량 이러한 문제를 해결하기 위해서는 해외조직의 경영 환경과 변수에 따른 주재원 성과지표를 재정의하거나 주재원 핵심 역량을 도출하여 본국 근무와는 다른 환경에서 근무하는 주재원에 대한 실질적인 평가가 이루어지도록 해야 한다. 주재원 핵심 역량 모델은 효율적인 주재원 관리를 위해 조직이 갖추어야 할 조건으로 성과 목표와 피드백 체계, 합리적인 성과평가 도구와 보상제도, 현지에서 주재원이 독립성을 갖고 활동할 수 있도록 권한을 부여하고 해외조직의 규모에 맞는 평가가 이루어질 수 있도록 하는 새로운 평가지표의 근간이 될 수 있다.

주재원 핵심 역량 모델은 해외법인 및 지사라는 조직 환경에서 해외 경영의 성과 목표를 달성하기 위해 본국 근무 시와는 다른 상황과 여건에서 주재원 개인이 어떠한 역량을 발휘해야 하는지를 규명하는 것이다. 해외조직 근무 시에는 본국 근무 시와는 다르게 지원 조직과 인원도 줄어들고 맡은 바 역할과 책임이 본국에서보다 확장되어 더 많은 업무가 맡겨진다. 더욱이 함께 일하는 사람이 외국인인 만큼 그들과 협업할 수 있는 이문화 수용 및 현지인 융화 역량이 요구된다. 어학 능력도 주재원의 필수 역량이다.

표 6-10 **해외주재원 성과관리 요건**

주재원 핵심 역량 모델		세부 내용
개인 역량	조직 환경	효율적인 주재원 관리를 위해 조직이 갖추어야 할 조건
어학 능력	성과 목표와 피드백	해외주재원의 성과 목표를 설정하고 목표 설정 및 성과 측정에 대해 쌍방향 커뮤니케이션을 통한 주기적이고 구체적인 피드백
직무 능력	성과평가 도구	해외주재원의 기본적인 직무 수행과 함께 현지에서의 다양한 역할에 대해 합리적으로 성과평가를 할 수 있는 도구
리더십/ 관리 능력	조직 규모	해외주재원 인력 관리와 성과평가 및 보상을 위한 적절한 조직 규모
이문화 적응력	성과 보상제도	현지에서 본사를 대표해 업무를 수행하는 주재원의 업무 수행에 대해 적절한 금전적/비금전적 보상제도
가족의 적응 여부	권한 부여	본사의 체계적인 지원이 미흡한 현지에서 주재원이 독립성을 가지고 사업을 추진할 수 있도록 하는 적절한 수준의 권한 부여

이뿐만이 아니다. 본국에서 과장으로 근무하다 해외에 파견된 주재원의 경우, 비록 직위는 과장이어도 기존보다 더 많은 역할과 책임을 지게 된다. 보통 해외조직은 본사보다 규모가 작기에 팀장급 업무까지 수행하며 많은 직원들을 관리해야 하는 경우가 많다. 즉, 본국 근무 시 과장급에게 요구되지 않던 리더십 및 관리 역량이 추가로 필요해지는 것이다. 이는 해외 근무 시 성과 창출에 필수적인 역량이기에

KPI 설정이 필요하다. 핵심 성과지표로 조직 내에서 직원의 성과를 평가할 수 있는 가장 중요한 평가의 잣대를 의미한다.

따라서 과장 직위의 주재원의 성과평가는 본국 근무 시 과장 개인으로서 평가를 받는 것이 아니라 팀장급 역할을 하는 주재원으로 평가받아야 한다. 직위가 과장이라고 해서 본국에서 근무하는 과장과 동일한 방식으로 평가하는 것은 해외주재원의 특수성을 반영하지 않은 일률적인 평가 방식이기 때문에 해외조직의 성과평가가 왜곡되는 것이다. 표 6-11은 이러한 해외조직의 특수성을 반영하여 해외주재원의 평가 방식을 설명한 사례이다.

표 6-11 **본사와 해외조직의 성과평가 방식 비교**

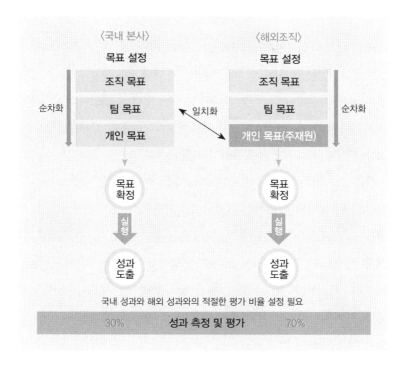

성과관리 제도 운영

- 해외주재원의 성과는 본사의 성과평가와 현지의 성과평가를 동시에 진행하는 것이 바람직함.

평가체계 이원화   1. 본사의 성과평가 기준 적용
① 본사 상사평가 - 업적 평가, 역량 평가
② 본사 동료평가 - 업적 평가, 역량 평가

2. 해외 현지의 업무 수행 능력 평가 기준 적용
① 업무 평가
② 현지 채용인 평가

- 본사의 성과평가 기준을 해외주재원에 적용함으로써 귀임 후 조직 적응의 용이성과 직무 수행의 연속성을 높일 수 있음.
- 본사에서 부여한 주재원의 직무 외에 현지에서 수행하는 다양한 업무가 많고, 그에 대한 성과는 현지의 평가 체계를 적용하는 것이 바람직함.
- 본사와 현지의 성과평가 비율을 적절히 설정하여 연간 성과평가에 반영하고 연봉 인상이나 보상과 연계시키는 것이 바람직함.

Method 2 : 성과평가와 다면평가   해외주재원에 대한 기존의 평가 방식을 개선한 두 번째 방식은 '다면평가'이다. 한 사람 이상의 평가자가 피평가자의 수행을 평가하는 것이다. 일반적으로 다면평가에는 기존 수행평가 체계의 평가자인 상사뿐 아니라 동료, 부하, 피평가자, 및 고객이나 공급업자의 평가까지 포함된다.

해외 근무는 국내 근무와는 다르게 예측하지 못했던 상황에 유연하게 대처해야 하기 때문에 국내에서보다 유연한 평가 방식이 요구되어 왔다. 다면평가는 주재원과 현지 채용인 간의 문화적 이해 부족 및 조직 갈등으로 인하여 노사 문제들이 발생될 소지를 예방하고, 전통적이며 수직적이고 획일적인 평가 구조에서 벗어나 해외 근무 상황에 따라 변화에 익숙하고 리더십이 풍부한 조직 구조를 갖춰나갈 수 있도록 하는 유용한 방법이다.

해외주재원을 대상으로 한 다면평가는 그림 6-1에서 보는 바와 같이 다면평가의 평가자와 피평가자의 관계가 구성 조직 단위 중심이 아니라 주재원과 현지 채용인 간의 조직 리더십 관계로 평가되는 것을 알 수 있다. 이는 해외 파견 시 주재원이 근무하는 조직의 실질적 리더로서의 강·약점을 확인하여 리더십 역량 개발을 위한 계획을 수립하는 데 도움이 될 수 있다.

그림 6-1 **해외주재원 다면평가 방식**

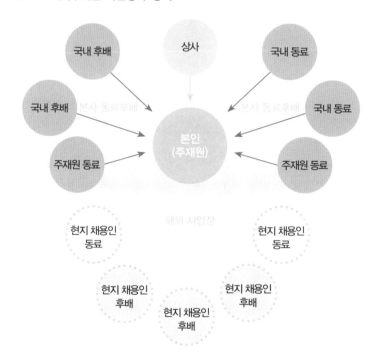

해외주재원들은 현지인과 어떤 관계를 맺고 있을까? 그동안 해외조직에서 노사분쟁으로 불거질 뻔한 사건들을 파헤쳐보면 주재원의 권위적인 태도와 리더십의 부재가 내부 갈등의 불을 지핀 경우가 많았

다. 이문화를 이해하지 못하고 한국에서의 관행대로 행동하다 보니 이에 불만을 갖는 현지 채용인들이 늘어난 것이다.

그동안 한국 기업은 과거 근무 성적이나 어학 성적을 기준으로 해외주재원을 선발해왔고, 해외 근무에서의 성과를 평가할 때는 직무 역량과 의사소통 능력을 중시해왔다. 사실 해외주재원의 역할 수행에 있어 국내에서의 근무 성적과 어학 능력은 큰 방해 요소가 아니다. 오히려 이문화 관리력, 한국식 사고와 관행 고수, 민족적 배타성 등을 역할 수행을 저해하는 요인으로 보아야 한다. 그런데도 한국 기업은 리더로서의 자질이나 인성에 대한 평가를 주관적인 판단에만 의존하고 있다.

후보자가 해외 근무에 적합한지 여부를 판단하는 데 있어 객관적인 측정 기준이 없으면 명확한 판단이 불가능하다. 따라서 해외조직의 노사분쟁 등의 문제를 해결하고 안정화된 조직을 갖추려면 새로운 평가 방식이 필요하다. 해외주재원의 업무 능력뿐 아니라, 리더십을 평가할 수 있도록 말이다. 특히 평가자에 현지 채용인을 포함시켜 한국인의 시간이 아닌 현지 시각을 반영해 성과평가가 이루어지도록 해야 한다. 다면평가는 주재원 성과평가를 개선할 수 있는 좋은 대안이다. 다면평가의 도입은 3가지 측면에서 중요한 의미가 있다.

첫째, 다면평가를 적용하여 주재원 개인을 진단하고, 그 결과를 개인에게 피드백함으로써 개인역량 향상을 위한 방향을 제시할 수 있다. 주재원 개인별 결과 보고서를 통하여 주재원 동료들의 생각과 현지 채용인들의 생각의 차이가 주재원에게 전달되어 개인의 단점을 보완할 수 있다.

둘째, 주재원 개개인의 평가 결과를 전체적으로 분석하면 해당 해외조직에서 필요한 리더십을 진단할 수 있다. 해외조직에 대한 주재원들의 평가와 현지 채용인의 평가를 비교해보면 표 6-12와 같이 특이한 경향을 분석할 수 있다. 해외법인을 대상으로 리더십 역량별 진단 결과, 모든 리더십 역량의 평균이 3.8을 상회하는 비교적 우수한 수준인 것으로 나타났다. 그러나 주재원과 현지 채용인 간의 견해 차이가 비교적 큰 것으로 나타났으며, 특히 '이문화 포용력'과 '현지인 융화'에 대해서는 둘의 견해 차이가 매우 큰 것으로 나타났다. 이 밖에도 '추진력', '조정', '모니터링', '팀 관리' 등에 대해서 주재원과 현지

표 6-12 **해외법인의 다면평가 사례 분석**

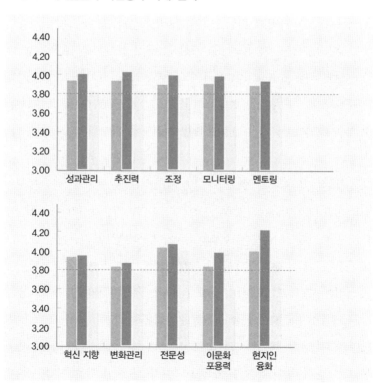

채용인 간 평균의 차이가 비교적 큰 것으로 나타났다. 이러한 분석 결과를 통해 해외조직의 안정화를 저해하는 요인을 발굴함으로써 해외조직 활성화 및 문제 예방에 도움되는 정보를 제공할 수 있다.

셋째, 국가별 차이를 조사하고 분석하여 해외법인별 차별화된 교육 프로그램을 개발한다면, 경영 효율성을 제고할 수 있다.

그림 6-2 **해외법인별 주재원 다면평가 결과 비교 사례**

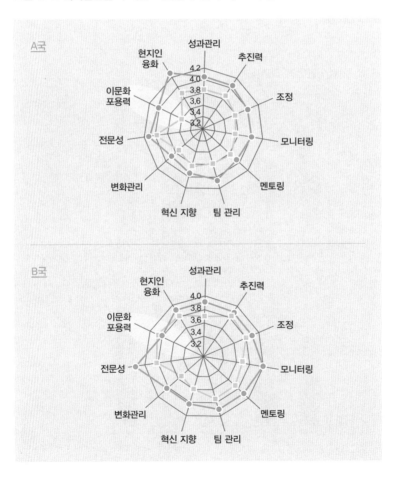

그림 6-2는 해외조직의 다면 평가 결과의 사례를 나타내고 있다. 안쪽에 표기된 선●은 현지 채용인의 평가 결과이고, 바깥쪽의 선●은 해외주재원의 자기 평가 결과이다. 그림에 나타난 바와 같이 A국의 경우는 이문화 포용력에 있어 현지 채용인과 파견된 주재원의 평가 결과의 차이가 매우 큰 것을 확인할 수 있다. 즉 파견된 주재원은 본인 스스로 이문화 포용력이 높다고 느끼는 반면, 현지 채용인들은 주재원의 이문화 포용력이 매우 낮다고 느낀다. B국의 경우는 이문화 포용력에 있어서 현지 채용인과 주재원의 평가 결과가 비슷하게 나타났다. 이렇게 다면평가를 진행하면 해외주재원과 현지 채용인의 시각의 차를 확인할 수 있다는 장점도 있다.

해외주재원
보상 방법

해외주재원은 파견 후 주로 관리직 업무를 맡으며 본국의 팀장급과 유사한 역할과 책임이 주어진다. 본국에서 근무 시 개인별로 업적을 평가하여 인사에 반영했더라도, 해외 근무 시에는 팀 목표 달성에 따른 성과평가와 그에 합당한 보상이 함께 제공되어야 한다. 만약 평가만 이중으로 진행되고, 보상은 개인 성과별로 주어진다면 해외주재원의 성과 창출에 대한 동기는 낮아질 것이다. 표 6-13은 해외주재원을 위한 다양한 보상 방법을 나타내고 있다.

해외주재원에 대한 보상은 크게 금전적 보상, 비금전적 보상, 기타 방법으로 구분된다. 금전적 보상은 주재원의 기본급을 인상해주는 방안과 성과에 따라 개인 성과급, 조직 성과급, 사업별 성과급을 부여하는 방식이 있다. 기업별로 해외조직의 상황에 따라 주재원 개인에게 동기부여가 필요할 경우는 기본급과 개인 성과급을 이용하는 것이 바람직하고 주재원이 속한 팀, 해외조직에 대한 동기부여가 필요한 경우에는 조직 성과급이나 사업별 성과급을 운영하는 것이 더 효율적인 보상 방안이 될 수 있다.

대표적인 비금전적인 보상 방법은 승진제도이다. 해외주재원은 정기적인 승진이나 보상의 일종인 발탁 승진에서 제외되는 경우가 많다. 본사가 아닌 해외조직이라는 조직적 환경 때문이기도 하고, 오지나 특수지역으로 발령된 경우 만족할 만한 성과를 내기 어려운 환경에 놓이는 경우가 많기 때문이다. 기업에서는 해외주재원들이 본국 근무자와 마찬가지로 승진에 누락되지 않도록 이런 환경과 근무 여건을 잘 살피고 배려해야 한다.

또 다른 방법은 해외 근무 및 생활에 불편함이 없도록 지원하는 것이다. 주택이나 차량 등의 생활 편의는 물론 자녀 교육비, 의료비 등의 가족을 위한 방안도 지원한다. 본국으로의 휴가도 매력적인 지원 방안이다. 그런데 이러한 보상을 곱지 않은 시선으로 바라보는 이들이 있다. 바로 현지 채용인들이다. 그들은 해외주재원들이 자신들과 비슷한 업무를 수행하면서 기본급에 해외 근무 수당 등 다양한 혜택을 더 받는 것을 못마땅해한다. 이들의 시각도 고려하여 적절한 보상 방안을 설계하는 것이 반드시 필요하다.

표 6-13 **성과에 대한 보상 방안**

구분	보상 항목	세부 내용 설계 예시	
	기본급	현지 생계를 위한 기초 생활비 (주거비 제외) 지원	
금전적 보상	개인 성과급	• 프리미엄 인센티브 : 정상적인 성과를 초과할 경우 초과 부분에 대해 받게 되는 인센티브 (개인 평가를 S,A,B,C,D등급으로 나누어 차별적 성과급 제공)	1) 지급 시기 : 월별 평 가 후 지급 2) 평가 항목 : 성과물의 양적 측면(개수)과 질적 측면(만족도), 업무 행동 등을 같이 평가 3) 연봉의 200% 범위 내 보상 실시(일시금으 로 지급)
	조직 성과급	팀 성과를 바탕으로 우수한 팀에게 조직 성과급 지급	• 지급 시기 : 연초 • 평가 항목 : 경영 목표, 영업이익 목표
	사업별 성과급	새로운 사업 창출 및 사업 성과 초과 달성 시 지급	• 지급 시기 : 매월 지급 (성과 발생 시) • 평가 항목 : 성과 이익 목표 달성률
비금전적 보상	승진제도	주재원의 거주 기간 동안 의 성과평가 결과를 본사 인사고과에 반영, 승진 평가 점수에 반영	• 평가자료: 해외주재원 파견 시 개인 성과평가 자료 활용
	자녀 교육비	해외주재원 파견 시 자녀 교육비를 전액 혹은 일부를 제공	초·중·고 자녀를 둔 직원을 대상으로 지급
	직원 교육비	직원이 해외에서 적응 할 수 있게 어학 및 직무 교육을 온오프라인으로 지원	무상 온라인 교육비 제공, 현지 가이드 및 외국어 강사비 제공, 학위과정에 대한 학비 일부 지원

법정 외 혜택 프로그램	주택 임대비 및 차량 지원	주택 및 차량은 직급에 따라 차등 지급하며 한국에서의 생활 수준과 동일한 지원 서비스 제공	주택 비용은 임대료 전액 혹은 일부 제공 차량 및 유류비 제공
	의료비	해외에서 발생하는 의료비 전액 지급	해외 의료보험 가입
	휴가비	휴가 및 타국 여행 시 휴가비 지급	비행 티켓, 명절비 등을 제공

현지 채용인
평가 및 보상

국가나 지역별로 편차가 다양하기 때문에 공식적인 통계는 내기 어렵지만, 현재 제조업 분야의 현지 채용인 근무 기간은 2년 내외밖에 되지 않는다. 이들의 잦은 이직으로 인해 해외조직의 인적자원 역량이 쌓이거나 공유되기가 어렵고 성과가 우수한 현지 채용인이 이직할 경우 해당 해외조직의 성과에 악영향을 줄 수 있다.

현재 한국 기업의 해외조직은 법인장 및 해외주재원이 관리자의 역할을 맡는 경우가 많기 때문에 현지 채용인의 평가가 주로 한국인 법인장 및 주재원에 의해 진행되고 있다. 앞에서도 언급되었지만 해외주재원에 대한 평가 체계의 근간인 KPI가 제대로 설정되지 않은 경우, 현지 채용인들의 성과평가를 위한 지표 역시 법인장과 주재원들의 주관성에 영향을 받는 경우가 빈번하다. 문제는 주관적 평가에는 장점과 더불어 치명적인 약점이 존재한다는 사실이다. 우선 평가자의 주관에 따라 평가 결과가 가혹해지거나 관대화될 수 있다. 따라서 동일한 성과를 낸 현지 채용인이라 하더라도 평가자에 따라 평가 결과가 달라질 수 있다.

둘째, 평가지표가 공식적이지 않은 경우 현지 채용인이 평가 결과에 대해 해당국에서 소송이나 손해배상을 청구할 경우 한국 기업의 해외법인 및 지사에 매우 불리한 상황이 될 수 있다는 것이다. 공식적인 평가지표가 없는 성과평가 결과에 대해 해당국의 법원이나 노동 관련 부처에서 판단할 경우 합리적인 평가 근거가 될 수 없기 때문이다.

셋째, 현재 한국 기업의 해외법인에서 진행되는 평가 방식은 개인적인 평가에만 초점이 맞추어져 있다. 성과평가 단위가 현지 채용인 개인 중심으로 이루어지는 것은 성과주의 및 실적주의를 추구하는 데 있어서 합리적인 선택이다.

하지만 본국보다 해외법인 및 지사의 이기주의 및 조직의 단결 부족 등이 끊임없이 문제점으로 지적되고 있는 만큼 단합대회를 진행하거나 동아리 활동을 독려하는 등 지나친 개인주의가 발현되지 않도록 문제점을 보완하는 것이 필요하다.

더불어 성과평가에 있어서도 현지 채용인 개인의 목표뿐 아니라 현지 채용인이 속한 팀, 해외조직의 성과도 일정 비율 반영하여 평가한다면 현지 채용인들의 소속감 및 집단주의를 조금이나마 키울 수 있는 방법이 될 수도 있다. 성과평가 결과에 따른 현지 채용인의 보상 방법은 표 6-14와 같이 크게 금전적 보상, 비금전적 보상, 기타 방법으로 구분된다. 금전적 보상은 현지 채용인의 연금 납부액을 인상해 주는 방안과 성과에 따라 개인 성과급, 조직 성과급, 사업별 성과급을 부여하는 방식이 있다.

기업별로 해외조직의 특정 상황에 따라 현지 채용인 개인에게 동기부여가 필요할 경우에는 기본급과 개인 성과급을 지급하는 방식이 바람직하고, 현지 채용인이 속한 팀, 즉 해외조직에 대한 동기부여가 필요한 경우에는 조직 성과급이나 사업별 성과급을 지급하는 방식이 더 효율적이다.

비금전적인 보상의 대표적인 방법은 비공식 승진제도로 현재 많은 해외조직의 법인장 및 관리자가 대부분 본국에서 파견된 한국인 주재원이기 때문에 현지 채용인들에게는 역할모델에 대한 장기 비전이 부재한 문제가 발생한다. 이 같은 문제를 방지하기 위해 현지 채용인이 일정한 성과를 창출했을 경우 공식적인 조직도상에는 없더라도 다른 현지 채용인들의 역할모델을 만들어주기 위해 비공식적으로 파트나 팀을 꾸려서 '파트장'이나 '팀장' 직함을 부여하는 것을 고려해보는 것이 합리적인 동기부여 방안이 될 수 있다.

해외조직의 경영 환경과 현지 채용인의 특성에 따라 천편일률적인 방법보다는 유연하고 탄력적인 운영이 필요하다. 한 예로 L사에서는 금전적 보상의 한 방법으로 즉시 성과급을 이용하고 있는데, 단기적 성향이 강한 개인도상국에 근무하는 현지 채용인의 조직 몰입도를 높이는 데 매우 효과적인 방법이다. 개발도상국에 근무하는 현지 채용인들은 보상이나 인생 설계에 대해 장기적인 관점보다는 단기적인 것에 더 우선순위를 두는 경향이 강하기 때문이다. 따라서 연말에 성과에 대한 보상을 해주기보다는 성과가 난 즉시 보상을 해주었을 경우 현지 채용인에 대한 동기부여가 강화될 수 있기 때문에 개발도상국에 서는 다른 금전적 보상 방법보다 즉시 성과급이 더 효율적인 보상 방안 이 될 수 있다.

표 6-14 **현지 채용인 성과 보상 방안**

구분	보상 항목	세부 내용 설계 예시	
금전적 보상	연금	현지 채용인이 해당국에서 은퇴 후 개인이 지급받을 수 있는 개인연금 지급	
	개인 성과급	• 프리미엄 인센티브 : 정상적인 성과를 초과할 경우 초과 부분에 대해서 받게 되는 인센티브 (개인 평가를 S,A,B,C,D등급으로 나누어 차별적 성과급 제공)	1) 지급 시기 : 월별 평가 후 지급 2) 평가 항목 : 성과물의 양적 측면(개수)과 질적 측면(만족도), 업무 행동 등을 같이 평가 3) 연봉의 200% 범위 내 보상 실시(일시금으로 지급)
	조직 성과급	팀 성과를 바탕으로 우수한 팀에게 조직 성과급 지급	• 지급 시기 : 년 초 • 평가 항목 : 경영 목표, 영업이익 목표
	사업별 성과급	새로운 사업 창출 및 사업 성과 초과 달성 시 지급	• 지급시기 : 매월 지급 (성과발생 시) • 평가 항목 : 성과 이익 목표 달성률
	즉시 성과급	주로 개발도상국에서 근무하는 현지 채용인들을 대상으로 성과 창출 시 즉시 성과급 지급	• 지급 시기 : 년 4회로 제한 • 지급 금액 : 성과평가자가 권한별로 차등지급(상한선 책정)

비금전적 보상	승진제도	현지 채용인 성과 평가 결과를 본사 인사고과에 반영, 승진 평가 점수에 반영	• 평가자료: 현지 채용인 성과평가 자료 활용
	비공식 승진	공식적인 직위나 직책은 아니지만 현지 채용인이 두드러지는 성과를 낼 경우 비공식적인 직위나 직책을 부여하는 방식	조직도에는 존재하지 않지만 해외조직 내에 비공식적인 파트나 팀을 만들어 '파트장' 또는 '팀장' 직함 부여
법정 외 혜택 프로그램	본사파견 교육 및 근무	해외조직의 우수 현지 채용인을 선발하여 본사에서 진행하는 교육이나 본사 근무의 기회를 부여	각 해외조직별 핵심 현지 채용인 선발
	직원 교육비	현지 채용인이 한국 회사에 적응할 수 있게 어학 교육 및 직무교육을 온·오프라인으로 지원	무상 온라인 교육비 제공, 한국어 학습에 대한 지원
	의료비	해외에서 발생하는 의료비 전액 지급	해외 의료보험 가입
	위로 휴가 및 휴가비	현지 채용인이 뛰어난 성과를 낸 경우 휴가 부여 및 휴가비 지급	항공료 및 휴가비 등을 제공

CHAPTER 7

귀임 :
성공적인 해외주재원의 귀환

귀임주재원,
성공적인 모국 적응

S그룹에서 5년간 3개국을 돌며 해외주재원으로서 열심히 활동했던 오 과장은 얼마 전 해외 근무를 마치고 본사로 복귀했다. 하지만 북경이며 뉴욕이며 세계 대도시를 누비던 오 과장은 한국으로 돌아온 후 갑자기 실직자 신세가 되게 생겼다. 그가 자기 개발에 게을러서였을까? 아니면 그가 무능한 직원이기 때문일까?

이런 일은 비단 오 과장의 일이 아니다. 본사로 복귀해 자신의 역량을 제대로 뽐내지 못하고 회사를 그만두는 귀임주재원이 부지기수이다. 귀임주재원이란 해외조직에서 일정 기간의 근무를 마치고 본인의 소속 조직으로 복귀하는 해외주재원을 말한다. 사실상 그들에게 생긴 변화는 업무 환경이 해외에서 다시 국내로 바뀌었다는 것뿐이다. 기업이나 해외주재원 개인은 파견 적응보다 귀임 적응이 더 쉬울 것이라 여기지만 그들의 생각과 현실은 다르다.

해외직접투자 기업의 관리자를 대상으로 오랜 기간 연구해온 린다 스트로Linda Stroh, 핼 그레거슨Hal Gregersen, 그리고 스튜어트 블랙Stewart Black 모두 해외에서 근무를 마치고 돌아온 귀임자는 직무뿐 아니라 모국에서의 일상생활에서도 다양한 문제를 직면하게 된다고 말한다. 서너 해 남짓 해외에서 직무를 수행하는 동안 국내 환경이나 생활 모습 등은 눈에 띄게 달라진다. 사회뿐만 아니라 개인과 조직도 마찬가지이다. 조직에서 조직구조, 전략, 인적자원 및 경영관리 기법 등의 변화가 발생하고, 개인 역시 해외 근무를 하며 현지 환경에 맞게 언어를 사용하고 행동하면서 사고방식이나 태도가 변하게 된다. 막연하게 향수에 젖어 귀국하고 싶다고 생각했던 귀임주재원은 과거와 현저히 달라진 물리적·심리적 환경 탓에 업무 성과는 떨어지고, 심하면 이직까지 하게 되는 경우가 많다.

귀임 적응의 어려움과 중요성을 일찍이 간파하고 있던 다국적 기업들은 귀임주재원의 신속한 복귀와 정착, 그리고 그들의 해외 근무 경험을 조직에 전이하여 학습효과를 높이기 위한 귀임 교육을 매우 중요하게 여겨왔다. 해외주재원 귀임 교육이란 해외조직의 파견 근무를 마치고 국내 조직에 복귀하는 귀임주재원으로 하여금 해외 근무 경험을 조직에 전이하여 조직의 글로벌 역량을 관리하고 주재원의 귀임 적응을 도와 신속한 국내 복귀와 정착을 돕기 위한 교육 훈련을 말한다.

최근 국내에서도 귀임주재원에 대한 연구가 활발히 이루어지면서 다국적 기업들의 귀임 교육 사례가 알려지기 시작했고, 삼성, 현대자동차, LG, SK, 롯데그룹 등은 귀임주재원 관리에 적극적으로 나서고 있다. CJ그룹의 경우, 귀임주재원을 대상으로 2주간 귀임 교육을 진행하는데, 주로 주재 기간 동안 변화된 조직의 사업 내역과 현장을 이해하는 교육으로 이루어진다. 하지만 다국적 기업의 약 50%가 귀임 교육을 진행하고 있는 데 반해 국내 기업은 5%도 교육 과정을 보유하고 있지 않다.

7장에서는 파견 근무를 마치고 국내 조직에 복귀하는 귀임주재원의 귀임 적응과 신속한 정착을 어떻게 도울 수 있는지, 그들의 해외 근무 경험을 어떻게 조직에 전이하여 글로벌 역량을 확대하고 관리할 수 있는지 그 교육 방법에 대해 알아보겠다.

표 7-1 해외주재원 귀임 교육

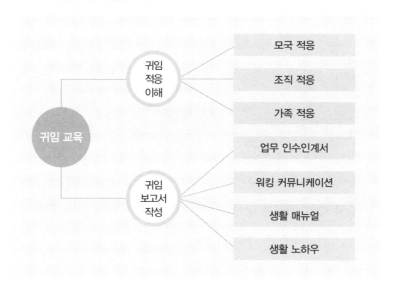

귀임 교육은 **표 7-1**과 같이 2가지로 이루어진다. 첫째, 귀임 적응 이해이다. 귀임 과정에서 겪는 역문화 충격의 과정과 단계를 이해하고 그 충격을 줄이기 위함이다. 둘째, 귀임보고서 작성이다. 해외주재원에게 내재된 파견 업무 경험과 노하우를 체계적으로 관리하기 위함이다. 이렇게 작성되는 귀임보고서는 미래에 파견할 신임 주재원들에게 효과적인 학습 자료로 활용된다.

귀임 적응의
이해

귀임주재원의 원활한 정착을 돕기 위해서는 역문화 충격에 빠지지 않도록 '역문화 적응'과 변화된 생활 및 업무 환경에 대한 이해를 돕는 교육 과정이 필요하다. 지금부터 갈라혼 부부Gallahorn & Gallahorn의 W자형 그래프를 통해 귀임주재원의 재적응 과정을 살펴보고, 귀임 적응 워크숍 프로세스를 알아보자.

Step 1 : 역문화 적응에 대한 이해 우리는 앞서 오베르그가 제시한 4단계 U 자형 그래프140쪽의 그림 4-1를 통해 해외 이주자가 새로운 환경으로 이주하며 겪는 심리상태를 '허니문 단계—적대 단계—적응 단계—숙달 단계' 순으로 살펴보았다. U 자형 그래프는 1963년 갈라혼 부부를 통해 W 자형 그래프로 다시 주목받는다. 갈라혼 부부는 해외에서 미국으로 다시 귀국하는 이들을 대상으로 '역문화 적응'에 대한 연구를 진행했고, 다국적 기업의 귀임주재원들로부터 이 '역문화 적응'의 단계가 존재한다는 사실을 확인했다. 갈라혼 부부의 W 자형 그래프 그림 7-1를 통해 귀임주재원의 심리 상태와 변화 과정 즉, 귀임주재원 재적응 과정을 살펴보자.

첫 번째, 허니문 단계이다. 이 단계에서 귀임주재원은 해외에서 다양한 역할과 책임을 경험한 만큼 높은 자신감과 우월감을 지닌다. 직장 동료들이 열어주는 환영회에서 그간 겪었던 현지에서의 일화를 소개하며 그날의 주인공이 되기도 한다. 현지에서 접하던 브랜드와 제품들을 모국에서 발견하면 반가워하고, 마치 본인이 외국인이 된 듯 느끼기도 한다. 조직과 한국의 변화된 모습에 반가움과 놀라움을 동시에 느끼기도 하는데, 국내 조직에 새롭게 생긴 제도와 시스템, 그리고 처음 보는 직장 동료들 모두 정겹고 따뜻하게 느낀다.

그림 7-1 갈라혼 부부의 귀임주재원 재적응 과정 그래프

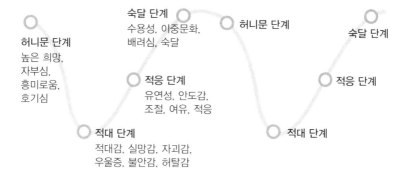

두 번째, 적대 단계이다. 이때 귀임주재원은 조직과 생활의 변화로 인한 역문화 충격에 빠지게 된다. 해외에서 쌓아온 지식과 경험을 국내에서 활용할 수 없거나 거취 문제가 불명확해지는 경우, 혹은 변화된 조직 내부의 제도나 동료들로 인해 국내 생활에 적응하는 데 어려움을 겪는 것이다. 일반 생활 혹은 업무적으로 여러 실질적인 문제들을 하나둘 맞닥뜨리다 보면 조직에 적대적인 태도를 갖게 되기도 한다.

세 번째, 적응 단계이다. 한국 생활에 다시 적응하는 시기로 일상이 충분히 반복됨에 따라 과거의 근무 방식을 다시 기억해내고, 이직을 준비하지 않는 이상 업무에 충실하게 된다. 귀임 후 한동안 해외 사업과 관련된 이슈에 대해 적극적으로 조언하는 데 반해, 정식 협조 요청이 아닌 이상 큰 관심을 두지 않게 된다. 알고 지내는 해외주재원들과 교류하면서 또 다른 해외 파견의 기회를 찾아보기도 한다.

네 번째, 숙달 단계이다. 한국 생활에 완전히 적응하는 시기로 살림 구비나 집 혹은 자동차 계약, 자녀의 학업 문제 등이 정리되며 삶에 안정을 찾게 된다. 더는 해외 생활을 동경하지 않으며 오히려 현재의 삶을 유지하기를 원한다.

Step 2 : 변화된 생활 및 업무 환경에 대한 이해 귀임 적응 워크숍은 그림 7-2와 같이 총 5단계로 진행된다.

첫째, 서로 돌아가며 성명, 파견국, 파견 시 직위 및 업무, 가족 동반 여부, 귀국 후 경과 시간에 대해 묻고 답한다. 질문과 답변이 오가는 동안 자연스럽게 운영자와 귀임자들 간에 동질감과 팀 의식이 생겨난다.

둘째, 서로 출국 전과 귀국 후의 한국 정치, 경제, 사회·문화, 제도 등이 어떻게 달라졌는지에 대해 묻고 답한다. 주로 같은 시기에 파견되었던 주재원들이다 보니 답변은 대동소이하다. 운영자는 귀임주재원들이 답변할 때 공감을 표하고, 질문이나 잘못된 정보가 오갈 때 국내 분위기와 정서에 대한 정확한 정보를 제공해주는 것이 좋다.

셋째, 동반했던 가족들의 변화에 대해 묻고 답한다. 배우자와 자녀의 변화를 통해 해외에서의 주재 생활이 어떤 성과를 갖게 했는지 동료들과 공유하는 과정이다.

넷째, 귀국 후 달라진 조직의 전략이나 구성, 문화, 구성원, 제도 등에 대해 묻고 답한다. 일반적인 답변은 조직의 구성 변경, 회식 문화, IT시스템의 변화와 활용 증가, 신입 사원 문화, 업무 스타일 등으로 나타난다.

다섯째, 귀임 후 느끼는 해외주재원의 역할과 책임, 해외 근무로 인한 활용 능력, 귀임하면서 갖게 된 고민, 해외주재원으로서 가장 좋았던 점과 어려웠던 점, 새로운 경력 목표를 묻고 답한다. 일반적으로 이 단계에서 참석자들 간에 서로의 답변에 동의하는 분위기가 자연스럽게 형성된다.

표 7-2 **귀임 적응 워크숍 진행 단계**

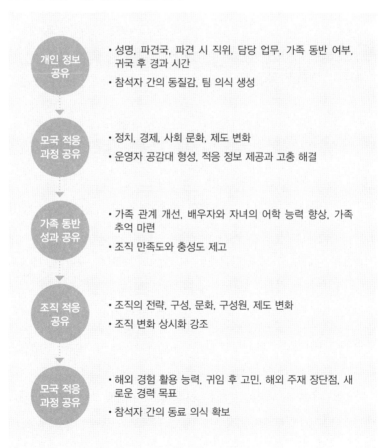

다만 효과적인 워크숍 진행을 위해서는 대답하기 쉽고 편한 질문으로 시작하는 것이 좋으며, 국내 복귀 후 최대 2~4주 이내에 진행해야 한다. 특히 운영자를 선택하는 데 있어 신중해야 한다. 운영자가 귀임주재원들과 감정을 교류하며 마음의 일치를 이루었을 때 귀임 교육과정이 훨씬 수월하고 매끄럽게 진행되기 때문이다. 해외조직에서 근무한 경험이 있는 임직원 또는 주재원 출신을 강사로 활용하면 좋다.

쉽게 쓰는
귀임보고서의 비밀

해외주재원들의 글로벌 경험과 노하우를 어떻게 조직에 전이시킬 수 있을까? 귀임보고서 작성을 통한 지식 경영이 바로 그 답이다. 귀임보고서를 통해 개개인의 지식이나 노하우를 체계적으로 발굴하여 조직 내의 보편적 지식으로 공유하면 향후 해외주재원들의 문제 해결 능력을 비약적으로 향상시킬 수 있다.

보고서는 단순히 해외 업무 상황을 보고하는 글이 아니다. 보고서를 통해 공유된 지식은 해외주재원 예정자들에게 중요한 학습 자료가 되며 경영진에게는 해외조직의 현실을 반영하여 최종 의사결정을 내릴 수 있는 참고 자료가 된다. 일반 임직원들도 귀임보고서를 통해 자사의 해외조직 현황을 알 수 있다.

단, 귀임주재원은 최대한 빠른 시간 안에 보유한 지식을 문서화해야 한다. 시간이 지체되면 될수록 보고서의 정확성이 떨어질 수 있기 때문이다. 보고서를 잘못 쓰면 올바른 의사결정을 할 수 없으며 인적

물적 자원 낭비를 감당해야 한다. 실제로 임원의 과반수가 보고서의 오류로 올바른 의사결정을 내리지 못한 경험이 있다고 한다. 그럼 지금부터 귀임보고서는 어떻게 작성하는지 그 유형에서 작성 비법까지 알아보도록 하자.

귀임주재원이 작성하는 귀임보고서는 업무 인수인계서, 워킹 커뮤니케이션, 생활 매뉴얼, 생활 노하우 이렇게 4가지로 이루어진다.

Report 1 : 업무 인수인계서 현지에서 주재원이 담당했던 일을 항목별로 구체적으로 작성해 후임자에게 전달함으로써 담당자 변경으로 인한 업무 혼란을 최소화하고, 고객관리 및 업무 일정에 차질을 빚지 않게 한다. 업무 인수인계서는 현지에서 작성하며, 국내에서는 업무 인수인계가 어떤 형태로 누구에게 이루어졌는지 본사 조직에 재보고한다. 당해 처리된 업무 자료부터 현재 진행 중인 것, 처음 파견 시 전달받은 모든 연도별 업무 자료와 리스트를 포함한다. 또한 업무에 필요한 거래처 정보와 그에 따라 보관하고 있는 서류의 명칭을 기재한다. 그 외 참고해야 하는 법률, 규정, 관련 부서, 참고문서 등도 기재한다.

Report 2 : 워킹 커뮤니케이션 현지 채용인 및 현지 고객의 업무 중 문화적 차이나 커뮤니케이션 갈등이나 오류로 인해 발생되었던 일화를 정리함으로써 후임자가 적응하며 당면하게 될 어려움을 줄이고 향후 주재원 교육 시 활용할 수 있도록 작성한다. 문화적 차이, 커뮤니케이션 오류, 조직과의 불화 등 분야별로 구분하여 육하원칙에 맞춰 작성한다.

Report 3 : 생활 매뉴얼 현지에서 유용한 생활 관련 정보를 작성하여 향후 후임자나 본사 주재원 교육 시 활용하게 한다. 생활 매뉴얼은 주거, 식품, 자녀 교육, 일상생활 등의 분야를 구분하여 작성하고 분야에 맞는 관련 물품 자료 및 업체 연락처, 현지 상황, 비용, 추천도 등을 상세히 기술한다.

Report 4 : 생활 노하우 현지에서 생활과 관련한 다양한 일화를 향후 후임자나 본사 주재원 교육 시 활용할 수 있도록 정리한다. 어떤 일화든 문제 해결 방법을 상세히 기술한다.

양질의 귀임보고서는 귀임주재원 스스로 그들의 경험과 지식을 조직에 전이하고자 할 때 작성된다. 따라서 지식과 경험 확보에만 초점을 맞추기보다는 귀임주재원들의 심리와 정서적 안정을 우선시한다면 내용 면에서 더욱 충실한 보고서를 확보할 수 있다. 그런 면에서 지식경영 워크숍은 워킹 커뮤니케이션과 생활 매뉴얼, 그리고 생활 노하우를 작성할 때 참고할 만한 작성법이다.

지식 경영 워크숍은 보통 운영자가 좌장이 되어 각 항목에 필요한 질문들을 던지고 대상자들이 토론을 통해 자신의 생각을 편하게 얘기할 수 있도록 안내한다. 대화 내용은 보조 요원이 기록한다. 기록된 내용을 바탕으로 귀임보고서의 항목들을 구성하고, 참가자와 운영자의 합의를 거쳐 편집 구성이 이루어진다. 워크숍 진행 단계는 그림 7-2와 같이 '워크숍 목적과 일정별 목표 안내—생활 사례 작성—업무 사례 작성-전체 과정 정리'로 구분된다.

그림 7-2 **지식 경영 워크숍 진행 단계**

| 워크샵 목적과 일정별 목표 안내 | 생활 사례 작성 | 업무 사례 작성 | 전체 과정 정리 |

업무 사례를 작성할 때는 팀 조직 단위의 역할을 기술하고, 그에 해당하는 본인의 사례를 이야기하도록 한다. 국가별로 작성하기 때문에 이러한 직무기술서를 완성하는 데에는 상당한 시간이 소요된다. 일반적으로 2~3일 정도 시간적 여유를 두고 사례를 확보해나가는 것이 좋다. 단, 개별적으로 작성해 제출하게 하는 경우, 그 작성 수준을 담보하기 어렵기에 운영자와 작성자가 작성 과정에서 수시로 피드백을 주고받는 것이 바람직하다. 또한 작성 전에 과거 귀임자들의 보고서를 미리 참고해 유사한 과정을 운영했다면 그 내용을 바탕으로 자료를 업데이트하는 것이 효율적이다.

마지막으로 표 7-3은 완성된 귀임보고서를 사례별로 대분류 중분류 소분류에 따라 제목을 기입한다. 참고문헌, 특기사항, 필요 역량 등도 함께 기입함으로써 향후 자료를 다양한 목적에 따라 활용할 수 있도록 정리한다.

표 7-3 **생활 매뉴얼 작성 사례**

귀임보고서 사례			
대분류	중분류	소분류	참고 파일 (문서 직접 첨부)
주재원 생활	자녀 교육	대학 진학	특례입학전형 소개#1

반드시 사례를 바탕으로 '상황 ⋯ 액션(조치) ⋯ 결과 ⋯ 시사점' 순서에 따라 기술

중국 주재원 생활 후 고등학생 자녀의 대학 진학 문제

상황 :
중국에서 고등학교를 다니면 국내 대학에 특례 입학이 가능하다고 알고 있었습니다. 자녀가(딸) 고등학교 1학년부터 3학년까지 3년 재학 후, 대학 특례입학을 하려고 보니, 조건이 맞지 않는다고 하였습니다.

액션 및 결과 :
알아보니, 한국 대학 특례 적용을 받기 위해서는 해외의 중·고등학교에서 3년 이상(고 1 필수) 재학하여야 하고, 이 과정에서 부모님이 주재원인 경우 부모님 모두 학생 재학 기간에 함께 재직 및 거주하고 있어야 했습니다. 또한 출입국상 해외 현지 실 체류 기간이 1년 6개월 이상(대학마다 차이 있음)이 되어야 했습니다.
하지만 제가 중간에 한국으로 장기 출장 등을 가게 되어, 실 체류기간이 1년 6개월이 되지 않았습니다.
제 주재 기간이 1년 정도 더 남았기 때문에 자녀를 고등학교 3학년 2학기를 한 번 더 다니게 하여, 특례입학 조건에 맞추었습니다.

시사점 :
이러한 정보를 사전에 숙지하여, 자녀들의 진학 문제에 문제가 생기지 않도록 준비해야 합니다. 특히, 한국 대학 특례입학을 준비하려면 반드시 고등학교 1학년을 포함하여 중·고등학교 3년 이상을 현지에서 다녀야 합니다.

특이사항-주의사항 외 작성자 개인 의견	필요 역량 (기술된 사례의 주요 역량 기입)
- 자녀들의 의견 존중 - 한국과 주재국의 대학 입학 　시기 및 학기 시작 시점	- 정보력

빠르게 완성하는
'STAR'식 보고서

귀임보고서는 'STAR' 단계를 거치면 쉽고 빠르게 작성할 수 있다. STAR란 'Situation상황', 'Task목적', 'Action조치와 활동' 그리고 'Result결과와 성찰'의 약자로 본래는 HR컨설팅업계에서 면 대 면 인터뷰로 개인의 인사평가 또는 핵심 행동을 파악하기 위해 주로 사용되던 방법이다. STAR는 빠른 시간 내에 경험을 정리할 수 있어 유용하고 효율적인 작성 도구가 된다. 질문 기법은 다음과 같다.

Situation : 어떤 상황이었는가? 사례의 제목에 따라 어떤 상황이 발생했는지 그 개요를 작성한다. 운영자는 "현지에서 조직관리가 잘 이루어진 것으로 어떤 게 있을까요?" 등의 질문을 할 수 있으며 귀임 주재원들의 답변이 오가며 "좀 더 구체적인 예를 들어주시겠습니까?" 라고 유도하는 형태이다.

Task : 목적과 목표는 무엇이었는가? 상황에서 언급된 질문에 이어 운영자는 "구체적으로 어떤 것을 해야 하는 상황이었고 어느 정도를 해야 잘했다고 하는 것이죠?", "조직관리를 통해 어떤 것을 하려고 했나요?"라는 질문을 할 수 있다. 목적이 애매모호한 경우 "제가 현지 실정을 잘 몰라서 그러는데, 왜 그렇죠?"라고 질문해 목적을 구체화 시킨다.

Action : 어떤 조치 또는 활동을 했는가? 당시 조치할 수 있었던 활동 중에 선택된 활동을 묻는 것으로 운영자는 "그때 어떻게 조치하셨나요?", "그때의 주요 활동들은 무엇이었나요?"라는 질문을 통해 당시 활동을 구체적으로 확인한다. 이와 동시에 대체 방법을 물을 수도 있다.

Result : 결과는 어떠했으며, 어떤 성과가 있었는가? 행동에 따른 결과성공 또는 실패가 어떻게 되었으며, 그 결과를 통한 제언이나 학습은 무엇인지 기입하는 활동이다. "좋은 결과가 나온 것 같군요. 개인과 조직에게는 어떠한 성과가 있었나요?" 하고 질문한다.

STAR를 활용할 경우, 대부분 한 가지의 사례를 도출하기까지 최소 5분에서 10분 정도의 시간이 소요되기 때문에 지식 경영 워크숍을 위한 시간을 충분히 확보할 경우 상당히 많은 수의 사례를 확보할 수 있다. 사례 확보의 효율화를 위해 귀임주재원의 수가 충분한 경우 국가별로 운영하는 것도 좋은 방법이며 이 경우에는 도출되지 않은 사례를 다른 국가의 참가자들과 공유하는 것도 좋다. STAR를 활용한 질문의 사례는 아래와 같다.

- 조직이 안고 있었던 문제는 무엇이었을까요?
- 파견 시 가장 어려웠던 일은 무엇이었나요?
- 해외 생활 중 귀하의 어떤 행동이 현지 사람들의 성공 또는 실패의 원인이 되었나요?
- 그런 일이 항상 벌어지나요? 아니면 가끔 벌어지나요?
- 그런 일이 있을 때 조직의 내·외부에 어떤 기류나 움직임이 있었나요?
- 본사 또는 현지인들과 어떤 노력을 기울였나요?
- 어떤 보상이나 승진, 업무 만족도 향상 등 동기부여가 있었을까요?
- 자원이나 교육, 환경 등 무엇이 더 필요했을까요?
- 어떤 역량이 필요하다고 생각하며, 그 이유는 무엇인가요?

귀임주재원을 무기력하게
만드는 것

해외주재원들의 귀임 후는 경력 정체 현상이 일어날 수 있는 시기이기 때문에 발생하는 문제들을 신속히 해결해주는 것이 관건이다. 귀임주재원 개인과 조직에 발생하고 있는 주요 이슈는 그림 7-3과 같다.

그림 7-3 **귀임주재원 주요 이슈**

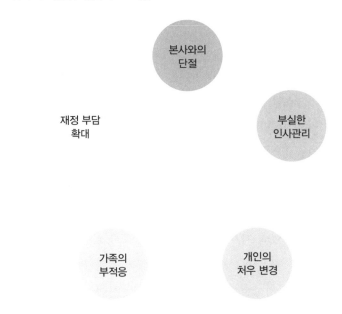

Issue 1 : 본사와 단절 본사와 단절은 해외주재원의 소속감을 저하시킨다. 대부분의 해외주재원이 귀임을 앞두고 본인이 국내 조직에서

잊혔을 것을 두려워하게 되는데, 해외 근무에 따른 소속 변경으로 인해 국내 근무자들과의 정기적인 만남의 기회가 없기 때문에 생겨나는 증상으로 볼 수 있다. 개인의 입장에서는 조직의 빈자리가 크지만 조직의 입장에서는 개인의 빈자리가 크지 않기 때문에 그들과 함께 누리는 동료 의식, 소속감, 그리고 일체감이 약화되는 것으로 인한 두려움도 상당한 것이다.

귀임주재원은 국내 조직과의 단절을 피하기 위해 스스로 노력해야 한다. 휴가 또는 출장 중 국내 조직에 방문하거나 동료 또는 선후배들이 그를 방문했을 때 적극적으로 지원해주고, 가급적 자신의 역량과 성과에 대하여 공유할 필요가 있다. 기업 차원에서도 주재 중 교류 기회를 제공해야 한다.

Issue 2 : 부실한 인사관리 귀임주재원의 인사 배치 계획이 적절하지 않은 경우가 많다. 조직의 측면에서도 해외에서 근무했던 직무와 유관된 업무를 할 수 있는 기회를 주어야 그들의 가치를 높이고 활용할 수 있다. 하지만 어떤 경우에는 전임자가 퇴사를 했기 때문에 그 자리로 발령하거나 임기응변으로 아무 자리에나 발령했다가 일정 기간 이후 다른 부서로 배치되거나 아무 업무도 배정받지 못한 경우도 있었다. 그들의 심리 상태는 어떠할까? 지금까지 해외에서 일한 노력과 성과를 인정받지 못한다고 생각할 수 있고 본인의 가치를 모르는 조직에 대한 배반감으로 인해 이직을 결심할 수도 있다. 부실한 인사관리는 다음과 같이 정비할 수 있다.

첫째, 직무순환을 통해 새롭게 경력 전환을 하고자 하는 이들이 있는지 확인한다. 해외조직에서 주재원들은 보통 2가지 이상의 업무를 병행한다. 귀임 시 개인의 본래 직무에 한정해 배치하려 하지 말고 개인과 조직의 협의에 따라 일정 기간 직무순환제도를 활용하는 것도 하나의 방법이다.

둘째, 명확한 귀임 안내가 필요하다. 귀임주재원이 기업에 바라는 것이 꼭 승진이나 좋은 보직의 발령은 아니다. 2002년에 〈인터내셔널 리소스 저널International Resource Journal〉이 포춘 100대 기업을 대상으로 실시한 설문조사에 따르면 해외에서 귀임한 주재원 중 33%만 승진하고, 그 외 같은 직위를 유지하거나 강등된 경우도 있는 것으로 파악되었다. 이에 따라 본국으로 귀임하는 주재원들은 자신이 어떠한 보직과 직무를 맡게 될 것인가에 대한 확실성을 가지고 귀국을 원하고 있기에 그에 대한 안내가 필요하다.

Issue 3 : 개인의 처우 변경 귀임 후 바뀌는 처우는 귀임주재원의 근무 만족도를 떨어뜨린다. 해외에서 근무하는 동안 해외주재원은 조직의 관리자로서 해외조직에 있는 현지 채용인 전체를 통솔한 권한을 가진다. 인사권은 물론 업무에 대한 전결권도 가진다. 하지만 국내 조직으로 돌아옴과 동시에 권한은 크게 줄어들게 되고, 업무를 처리할 때 소속장의 결제를 받거나 법인차량이나 법인카드를 사용할 때도 제한이 따를 수 있다. 귀임주재원들은 이렇게 축소된 권한에 대해 불만을 토로한다.

Issue 4 : 가족의 부적응 귀임 후 가족은 한국 생활에 적응하지 못하고 다시 파견국으로 돌아가기를 희망하곤 한다. 국내보다 해외에서의 생활을 동경하기 때문이다. 배우자의 경우, 국내로 돌아왔을 때 다시 시부모님을 모시거나 명절을 치러야 하는 등 다양한 스트레스를 받게 된다. 넓은 주택에서 생활하며 가사도우미의 도움을 받았던 경우라면 더더욱 현지 생활 수준에 대한 미련을 버리지 못한다.

자녀의 경우에도 고학년일수록 사춘기에 접어들어 현지에서 구축한 인간관계 또는 커뮤니티를 인생의 전부로 여기곤 한다. 그리고 교과의 차이, 학교폭력이나 왕따 등 개인에게 닥칠 수 있는 이변을 미리부터 걱정하며 국내 귀국을 거부하는 사례도 많다.

이러한 가족들의 반응은 귀임주재원 본인의 갈등으로 이어지기 일쑤이다. 사실 해외주재원이라는 제도 자체가 해외주재원으로 하여금 가족 구성원들을 설득하고 그들이 가족 밖에서 구축한 삶을 포기하도록 하기 때문에 그에 대한 책임감과 보상 욕구를 갖게 한다. 그러다 보니 해외주재원들은 한국에서의 생활에 적응하지 못하는 가족들을 보며 이를 해결하기 위해 해외 근무를 지원하거나 자신은 국내에 남고 가족들만 다시 해외로 보내기도 하며, 때로는 다니던 회사를 그만두고 가족과 함께 해외로 떠나기도 한다. 국내 복귀 후 이들이 느끼는 좌절, 포기, 불안감은 곧바로 조직 이탈 혹은 업무 성과의 하락으로 연결되기에 기업의 적극적인 관리가 요구된다.

Issue 5 : 재정 부담 확대　귀임주재원 가족의 재정 지출 부담이 확대되면서 조기 정착이 어려워진다. 해외 파견에 따른 파견 가족 지원제도에 반해 귀임에 따른 귀임 가족 지원제도를 갖추고 있는 기업은 매우 적다. 귀임을 새롭게 생활 터전을 꾸려야 하는 것으로 보지 않고 살던 곳에 다시 오게 되는 것으로 간주하여 지원제도를 매우 간소하게 두기 때문이다. 하지만 실질적으로는 귀임주재원의 경우 급여

수준이 해외 근무 시보다 낮아지지만 더욱 많은 예산을 필요로 하게
된다. 거주지 마련, 가족의 의복 구입, 생활용품 구입, 가구 구입 이
모든 것이 고스란히 귀임주재원의 몫이 된다. 어쩌면 돌아오지 않고
그대로 있는 것이 경제적인 부분에서는 손실이 적다. 가능하다면 해
외 파견과 같은 수준은 되지 않더라도 일정 기간 동안 귀임주재원 패
키지를 제공할 필요가 있다.

귀임주재원을 위한
성공적 지원 방안

해외 경험까지 갖춘 유능한 인재를 조직 내에서 어떻게 성장시킬 수
있을까? 귀임 후 해외주재원 경력을 가진 인재는 본인의 경력 개발
에 매우 관심이 높다. 개인과 조직이 함께 참여하는 경력 개발 프로
그램을 체계적으로 진행한다면 인재의 조직 몰입도와 업무 성취도를
제고할 수 있다. 경력 개발은 그림 7-4와 같이 초기 중기 말기로 구
분한다.

  Stage 1 : 초기 경력 개발 초기 경력 개발은 신입 사원에서 과장
이나 차장급에 해당한다. 조직의 비전에 맞춰 자신의 경력 목표를
설계하며 주변의 요구보다는 조직의 요구에 충실한 시기이다. 이때
조직은 멘토링이나 코칭 프로그램을 통한 조직의 적응과 진로 설계
를 지원한다.

그림 7-4 **귀임주재원 경력관리**

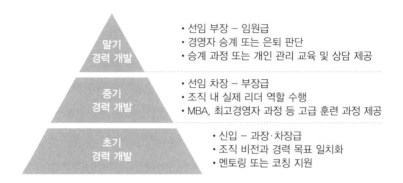

- **말기 경력 개발**
  - 선임 부장 – 임원급
  - 경영자 승계 또는 은퇴 판단
  - 승계 과정 또는 개인 관리 교육 및 상담 제공
- **중기 경력 개발**
  - 선임 차장 – 부장급
  - 조직 내 실제 리더 역할 수행
  - MBA, 최고경영자 과정 등 고급 훈련 과정 제공
- **초기 경력 개발**
  - 신입 – 과장·차장급
  - 조직 비전과 경력 목표 일치화
  - 멘토링 또는 코칭 지원

Stage 2 : 중기 경력 개발 중기 경력 개발은 선임 차장, 부장급에 해당된다. 개인의 생산성이 높고 조직 내부에서 리더십을 발휘하는 시기로서 조직 내 많은 책임과 역할을 수행하는 시기이다. 조직이 3~6개월의 장단기 휴식제도나 안식년 프로그램을 제공한다. MBA나 최고경영자과정과 같은 고급 훈련 프로그램 혹은 동시에 경력 상담 프로그램을 진행하기도 한다. 특히 이 시기는 경력 정체 현상이 벌어질 수 있는 시기이기 때문에 심화된 교육 과정을 제공함으로써 귀임 주재원의 심리를 안정시킬 수 있다. 해외주재원이 귀임 후 조직에 복귀하는 시기가 보통 중기에 해당하는 경우가 많은 만큼 앞으로 중기 경력 개발의 특성을 반영한 자기경력진단, 전문가 클럽, 자가 발전 연구 휴가제 등 다양한 방법을 통한 경력관리가 필요하다.

Stage 3 : 말기 경력 개발 말기 경력 개발은 선임 부장이나 임원급에 해당된다. 임원이 되거나 은퇴를 준비하는 시기로서 말기 경력의 전환은 점진적으로 실행하는 것이 일반적이다. 정확한 성과 측정을 통해 경영자

승계 혹은 은퇴 여부가 결정되며, 은퇴하게 되는 경우 조직은 은퇴 후 시간관리, 인간관계, 재정관리 등을 위해 교육과 상담 프로그램을 준비한다.

기업 입장에서도 주재원의 경험을 조직의 커다란 자산으로 삼을 수 있다.

첫째, 귀임주재원을 통해 해외 인력 수급 체계를 더욱 폭넓게 가져갈 수 있다. 귀임주재원을 후보군으로 재분류함으로써 경쟁 기업으로부터 인재 유출이나 해당 조직에 예고없는 사고가 발생했을 때 단기간에 그들을 재파견시킴으로써 업무의 공백을 막을 수 있다. 어떻게 보면 군복무 이후 배치되는 예비군 또는 민방위 제도를 두는 것과 한가지로 볼 수 있는데, 그들이 해외에서 쌓은 경험과 지식을 유지하고 활용할 수 있도록 평상시 정기적으로 어학이나 직무 교육을 제공해야 할 것이다.

둘째, 해외주재원의 지식과 경험을 조직 성장의 발판으로 삼을 수 있다. 귀임보고서를 통해 귀임주재원들이 보유한 지식을 문서화해 조직 내에서 공유한다면 해외주재원 예정자들에게 중요한 학습 자료가 되는 것은 물론 경영진에게는 의사결정을 위한 참고 자료가 되고, 다른 임직원들에게도 자사의 해외조직 현황을 알아볼 수 있는 기본 자료가 될 것이다.

셋째, 귀임주재원은 신임 주재원들을 위한 교육 강사로 적격이다. 주재원 선배가 진행하는 교육 훈련은 그 누구의 강의보다 현실적이기에 최상의 몰입을 이끌어내곤 한다.

마지막으로 귀임주재원은 해외주재원 선발 평가자로 등용할 수 있다. 그들은 해외조직에서 요구되는 책임과 역할, 그리고 그에 따라 필요한 역량을 직접 경험하고 알고 있는 몇 안 되는 사람들이다. 그 어떤 인사교육 담당자보다 더 정확하고 빠르게 해외조직에 적합한 인재를 선발할 수 있다.

표 7-4 **귀임 준비 체크리스트**

체크리스트	세부 내용
1. 업무 인수인계	통상 2개월 전부터 인수인계를 실시
2. 업무 인수인계서 제출	업무 인수인계서를 작성하여 후임자에게 업무 내용뿐만 아니라 제반 서류 및 물품까지 제출
3. 귀임보고서 자료 수집	귀임 후 작성해야 하는 귀임보고서 작성을 위해 현지에서 습득한 각종 정보 및 업계 동향 자료를 미리 수집하고 정리
4. 귀임 휴가	통상 7일 정도의 귀임 휴가 사용 가능
5. 은행계좌 정리	현지의 은행계좌 관련 사항 정리 – 유지 또는 종결, 자동이체 사항 정리
6. 주거지 정리	관리비(전기, 수도, 가스, 전화 인터넷 사용료 등), 세금, 교통 위반 벌금 등 정산
7. 이사 준비와 전거 통지	귀국 후에도 우편물이 올 수 있기에 필요시 현지 지사나 동료의 집으로 대체 발송지를 지정
8. 재산 처분	자동차 및 금융 자산 처분
9. 항공권 예약 및 발권	출국일자 확인 후 항공권 예약 및 발권

해외주재원 에피소드

사례 1. 자기 개발

엄 차장은 한국 본사에서 중국 주재원으로 파견된 지 올해로 7년이다. 중국법인 내 영업을 담당하는 그는 파견 후 차장으로의 승진심사는 어떻게든 치렀지만 부장으로의 승진에 두 차례 실패했다. 중국어를 전공하지 않았던 엄 차장은 중국인들과 의사소통에 한계가 있었기 때문이다.

엄 차장은 그동안 부족한 중국어 실력을 키우고자 어학 공부도 열심히 하고, 현지인들과 폭넓은 관계를 맺으며 친목을 쌓기 위해 노력해왔다. 하지만 본사에서는 이를 무시하고, 엄 차장을 진급시켜주는 대신 중국어에 능통한 부장 직위의 주재원을 파견했다. 2년에 한 번 꼴로 바뀌는 법인장이 엄 차장의 꾸준한 노력을 알아줄 리 없었다. 엄 차장은 진급 기회를 번번이 놓치게 되었다.

아무리 본사에서 뛰어난 업무 성과로 인정받던 사람이라도 해외에 파견되면 언어능력, 대인관계, 이문화 수용성 등의 요소에 의해 성과 달성 여부가 달라진다. 하지만 본사에서는 해외 근무의 특수한 상황들은 고려하지 못해 일부 해외주재원들은 성과평가에 있어 불이익을 받기도 한다.

만약 본인이 해외 근무 시 현지 언어에 대한 학습 능력이 발전하지 않거나 해외 근무에 필요한 여러 가지 요건을 개인적 특성 때문에 수용하기 어렵더라도 출근 전이나 퇴근 후 습관적인 현지 언어 학습이 필요하다. 단 욕심은 금물이다. 언어능력 향상은 개인차가 있기 때문에 초반에 어학 실력이 늘지 않더라도 실망하지 말고 귀국하는 날까지 꾸준한 어학 학습이 필요하다. 어학 실력은 해외주재원의 글로벌 역량 중 하나로 귀임 후에도 경력 개발 차원에서 큰 장점과 무기가 된다.

사례 2. 해외주재원 가족 적응(배우자)

폴란드에 파견된 박 차장의 가족은 처음 폴란드에 도착해서 잠시 호텔에서 지내게 되었다. 살게 될 집에 아직 전임자 가족이 살고 있었고, 한국에서 부친 이삿짐도 도착하지 않았기 때문이다. 호텔에서 지내는 처음 며칠 동안 박 차장의 부인은 꼭 관광을 온 듯한 기분으로 지냈다. 여벌의 옷을 손세탁하는 것 외에 청소할 일도 밥 할 일도 없었고, 동료 주재원들의 저녁 초대에 응하며 재미있고 한가로운 시간을 보냈다.

그런데 며칠 후 은행 계좌를 개설하고, 가구와 가전제품을 쇼핑하면서 타지에서의 생활이 결코 녹록치 않다는 사실을 깨달았다. 언어도 통하지 않았기에 어디에 가든 꿀 먹은 벙어리가 되었다. 혼자서 할 수 있는 일이 아무것도 없다는 현실이 비참하게 느껴졌다. 남편은 회사 일로 바빴고, 누가 찾아주지 않으면 부인과 아이들은 호텔에 갇혀 지내야만 했다. 아이들도 매일같이 폴란드에서 살고 싶지 않다고, 한국에 있는 집으로 돌아가자며 떼를 썼다.

인간이 사회적 동물이고 적응의 동물인 이상 일정 시간이 지나면 현지 생활에 곧 익숙해진다. 또한 개인차가 있을 수 있지만 익숙하지 않아서 불편한 것이지 익숙해지면 해외에서의 생활이 가족에게 더 좋은 기회가 될 수 있다. 어느 해외주재원 가족은 아버지가 해외주재원으로 파견되면서 자연스레 가족과 함께하는 식사 시간이 늘어났고, 아버지를 멀리하던 아이들도 어느새 가족 간의 대화를 즐기게 되었다.

다만 가족의 적응은 해외주재원 개인의 적응보다 더 많은 변수가 있기 때문에 해외주재원의 세심한 배려가 필요하다. 특히 초기 적응이 중요하기 때문에 처음 파견되었을 때 업무량을 조절하여 가족의 적응을 위해 시간을 낼 수 있도록 본인의 노력과 기업의 배려가 필요하다.

사례 3. 해외주재원 가족 적응(자녀)

영국으로 파견된 최 과장은 파견되기 전 내심 자녀 교육에 대한 기대감이 컸다. 선진국의 유연하고 체계적인 교육 환경에서 자녀들을 교육시킬 수 있고, 영어 실력도 키울 수 있으니 말이다. 초등학교에 다니는 두 아이를 현지의 외국인 학교에 전학시키고 난 최 과장과 배우자는 내심 뿌듯했다.

그런데 학교에 다니기 시작하면서 1학년인 둘째 아이가 부쩍 말이 없어졌다. 학교에서 무슨 일이 있었는지 물어보아도 아무런 대답이 없었다. 3개월 후 최 과장은 둘째 아이의 담임교사로부터 연락을 받고 학교에 가 상담을 받게 되었다. 둘째 아이가 아무리 타일러도 말을 잘 듣지 않는다는 것이었다. 친구들과도 잘 어울리지 못하고, 현지 언어 발달이 매우 느려 걱정된다는 말도 덧붙였다. 자녀 교육에 대해서는 걱정해본 적이 없던 최 과장과 배우자는 상당한 충격을 받았다.

자녀의 성공적인 현지 적응을 위해서는 학업 문제가 가장 중요하다. 우선 초등학교에 입학하지 않은 자녀가 해외에 함께 갈 경우, 자녀가 능숙하게 모국어, 즉 한국어를 구사하기 전까지는 보육시설이나 유치원 학습을 지양할 필요가 있다. 자칫 모국어인 한국어도 익숙하지 않은 상황에서 영어나 현지 언어를 사용하게 되면 이중언어기를 거쳐 귀국 후에도 한국어를 구사하는 데 어려움을 겪을 수 있기 때문이다.

초등학생 자녀가 함께 갈 경우에는 귀국 후 친구들과 자연스럽게 어울릴 수 있도록 해외 체류 기간 중에도 한국 사회와 문화에 대한 감각을 잃지 않도록 관심을 가져야 한다.

중학교에서 고등학교에 다니는 자녀가 함께 해외에 갈 경우에는 대학 입시를 염두에 두어야 한다. 현지 대학, 미국 대학, 한국 대학 등 경우의 수를 나누어서 자녀의 학업을 지도해야 한다. 첫째, 자녀가 현지 대학에 진학하기를 원할 경우 파견지의 외국계 학교를 다니는 것보다 현지의 일반 공립학교에 진학해 현지 대학 입시를 준비하도록 하는 것이 좋다. 둘째, 자녀가 미국 대학에 진학하기를 원할 경우 현지의 외국인 학교 중 미국 계열의 국제학교에 진학해 SAT와 에세이, 특별활동 등을 준비하는 것이 필요하다. 셋째, 자녀가 한국 대학에 진학하기를 원할 경우 현지에서 한국인이 가장 많은 국제학교에 진학해 학업 외에 한국인끼리 대학 입시를 준비하는 과외학습을 별도로 시켜주는 것이 바람직하다. 또한 한국 대학 입시는 수시로 변하고, 진학하고자 하는 대학과 전공에 따라 전형이 달라지기 때문에 진학하고자 하는 대학과 전공을 정하여 맞춤형으로 준비하는 자세가 필요하다.

사례 4. 스트레스 관리

이 차장은 다수의 계열사가 참여해 진행하는 그룹 복합 사업으로 러시아에 파견되었다. 이 차장의 거주지는 근무지에서 30분 이내의 거리에 위치해 있었다. 그런데 법인장은 야근은 물론 주말에도 나와서 근무하기를 강요했다. 현재 수행 중인 프로젝트 규모에 비해 파견된 해외주재원의 수가 턱없이 부족했기 때문이다. 본사에 인원 보충을 요청해도 여력이 없다는 답변만 왔다. 법인장의 평가가 중요한 입장이라 이 차장과 다른 주재원들은 어쩔 수 없이 근무시간 외 업무를 수행했지만, 그들의 사기는 나날이 저하되고, 스트레스는 쌓여만 갔다.

해외 근무 특성상 현지 사정이 본사 또는 그룹 인사팀에 알려지지 않는 경우가 많다. 하지만 끝없이 이어지는 업무는 주재원들의 정신적 신체적 건강에 영향을 미쳐 업무에까지 영향을 미쳐 결국 프로젝트를 지연시키는 결과를 초래했다.

해외 파견 근무 시 파견된 해외조직의 상황상 부족한 인력으로 업무를 수행해야 하는 경우도 있다. 또한 본국에서와는 달리 서로 다른 계열사나 부서에서 파견된 직원들과 함께 근무하는 경우도 많다. 이런 환경에서 해외주재원은 긴장할 수밖에 없고, 업무 환경과 동료 모두 익숙하지 않은 상황이기에 극심한 스트레스에 시달릴 수 있다.

스트레스 관리를 위해서는 자기관리와 취미 활동이 필요하다. 다수의 해외주재원들이 스트레스 해소를 위해 음주 또는 골프를 즐기는 경우가 많다. 한국인들끼리 어울리면서 골프를 치고 음주를 즐기는 습관은 스트레스 관리에 적합하지 않다. 이 차장의 경우 파견 초기 무척이나 바쁜 상황이라 하더라도 퇴근 후의 조깅 또는 점심 시간을 이용한 근력 운동 등 스트레스를 풀기 위해 땀을 내는 운동을 하는 것이 필요하다.

사례 5. 현지 직원들의 이직

후옌은 5년 전 베트남 명문인 하노이국립대학 한국어과를 졸업하고, 한국 기업 C사에 취직했다. 함께 졸업했던 동기들 역시 대부분 한국 기업에 취업했지만 5년이 지난 후 한국 기업에서 다른 글로벌 기업으로 이직한 경우가 30%에 육박했다.

후옌 역시 다른 다국적 기업으로 이직을 준비 중이다. 한국계 기업의 장학금 제도를 이용하여 대학을 졸업하면서 당연히 한국계 기업에 입사하는 것으로 생각했지만 입사 후 한국인 관리자들로부터 받은 차별 대우에 부당함을 느꼈기 때문이다.

개발도상국의 경우 현지에서 정말 많은 일자리가 창출되기 때문에 현지인들은 다양한 이직 기회를 갖는다. 또한 개발도상국에는 '평생직장'에 대한 개념이 별로 없기 때문에 급여나 승진 같은 보상에 따라 이직하는 경우가 허다하게 발생한다. 물론 한 기업에서 오래 근무하는 직원이 있기는 하지만 대부분 2년에 한 번꼴로는 이직한다. 특히 한국 기업의 경우, 현지 직원들에게 있어 경력 개발하기 좋은 곳으로 평판이 나 있어 다른 다국적 기업으로 가기 전에 한국 기업에서 경력을 쌓고자 하는 경우가 많다.

핵심적인 현지 인력을 유지하기 위해서는 합리적인 대우와 함께 경력 개발에 대한 목표를 지속적으로 제시하고 한국인 특유의 '정' 문화를 통한 인간적인 관계를 형성하는 것이 필요하다. 또한 현지 직원의 이직 시 폭언이나 협박보다는 그간의 노고를 치하하며 앞으로의 행운을 기원하는 등 자연스러운 이직이 될 수 있도록 하는 것이 좋은 평판을 쌓는 방법이다.

사례 6. 현지 직원들과의 업무 분장

미국법인에 파견된 박 차장은 최근 본사로부터 북미 자동차 배터리에 대한 시장분석을 하라는 중요 임무를 부여받았다. 박 차장은 현지 직원인 크리스에게 외국 자동차 3사에 대한 배터리 시장분석을 맡겼다. 일주일 후 크리스는 박 차장에게 다음과 같이 보고하였다.

"제가 분석한 결과에 따르면 제 고객사인 GM의 경우 아시아 시장의 성장세에 따라 GM 북미법인의 차량을 쉐보레에서 뷰익 위주로 재편하고 있다는 전략 수정 정보를 입수했습니다. 쉐보레에서 뷰익으로 북미 법인 생산구조를 바꿀 경우 고객의 전략에 따라 우리도 소형차나 중소형차 위주에서 중형차 위주로 영업 전략을 바꿔야 할 것 같습니다."

이 보고를 들은 박 차장은 불만 섞인 목소리로 크리스에게 말했다.

"제가 지시한 사항은 자동차 3사에 대한 시장분석이었는데 이렇게 GM
에 대한 시장분석만을 보고하는 건가요?"

크리스는 황당하다는 듯 말했다.

"저는 차장님의 말씀을 이해할 수 없습니다. 아시다시피 제가 담당하는
고객사는 GM인데, 어떻게 저 보고 다른 고객에 대해서도 조사하라는
겁니까? 저는 포드나 크라이슬러에는 아는 사람이 없습니다."

   한국의 경우 본인에게 부여된 업무 외에 추가적인 업무 지시나
확장된 업무 지시에 있어 큰 불평 없이 수행하는 것이 일반적이지
만 선진국일수록 업무 분장이 철저히 지켜지는 것이 관행이다. 업
무의 분업화라는 현대 경영학의 원칙에 따라 선진국일수록 자신에
게 부여된 업무 외에 추가적인 업무 지시에 대해 더 크게 거부감을
느낀다.

   추가 업무에 대해서는 합리적인 보상 즉, 보너스나 수당 제공이
당연히 이루어져야 하고 아무리 합리적인 보상이 이루어진다고 하
더라도 빈번한 추가 업무 지시는 현지 직원의 반감을 사서 효율적
인 업무 진행을 방해할 수 있다.

사례 7. 현지인과 관계 맺기

미국법인의 HR 총괄인 후안은 한국인 주재원의 일에 대한 열정과 개
인의 이익보다는 회사의 이익을 우선시하는 모습에 깊은 인상을 받았
다. 한국인 주재원은 보통 밤 9시나 10시까지 일하며, 출장을 다녀와도
집보다 사무실에 먼저 들른다.

하지만 한국인 주재원들이 처음 만났을 때 보이는 행동은 아직도 이해하기 힘들다. 한국인들은 처음 만난 자리에서도 매우 개인적인 질문을 하곤 한다. 새로 부임한 한국인 박 차장은 처음 소개받았을 때 그의 나이와 결혼 여부를 물어본 적이 있다. 박 차장은 자신보다 훨씬 연장자였다. 그 후 후안은 박 차장이 다른 현지인 매니저와는 친하게 지내면서 자신과는 거리를 둔다는 사실을 깨달았다. 하지만 시간이 지나면서 박 차장과 현지인 매니저와의 관계도 소원해졌다. 박 차장은 업무상 관련이 전혀 없는 주재원들과는 친하게 지내는 반면 업무를 함께 수행하는 현지인 직원과의 관계에는 전혀 신경을 쓰지 않았다.

한국 기업에서 근무하는 현지 직원들의 큰 불만사항 중의 하나가 바로 한국인 특유의 집단문화이다. 한국인들은 해외에 파견되어 근무하면서 현지 채용인보다 한국인끼리 어울리곤 한다. 현지인들은 이러한 한국인들의 집단문화를 이해하기도 어렵고, 그 안에 들어가는 것도 어렵다.

성공적인 해외주재원 생활을 위해서는 어학 능력이나 현지에서의 성공적인 업무 수행도 필요하지만 무엇보다 현지인들과 관계를 맺어가는 활동이 중요하기 때문에 한국인끼리 어울리는 광경을 현지인들에게 보여주는 것을 최소화하고 현지인들과 적극적으로 교류할 수 있는 기회를 만드는 것이 중요하다.

사례 8. 현지 고객관리와 비즈니스 관행

사우디아라비아 고객으로부터 미팅 제안을 받은 국내 L상사의 권 부장은 고객 알 사이드를 만나기 위해 리야드로 출장을 갔다. 약속한 장소에서 알 사이드를 기다리던 권 부장은 그의 일행을 보고서 깜짝 놀랐다. 알 사이드는 무려 10명의 일행과 함께 권 부장을 만나러 나온 것이다. 10명의 일행에게 일일이 명함을 받던 권 부장은 일행 중 절반이 'Director' 직함을 가지고 있는 것을 보고는 당황했다.

권 부장은 미팅 중 알 사이드 외에는 다른 일행에게 말을 걸지 않았다. 미팅 약속을 잡은 대상이 알 사이드였기 때문이다. 그런데 약 2시간의 미팅이 끝나갈 무렵 알 사이드의 일행 중 절반이 권 부장과 악수도 하지 않은 채 미팅 장소를 떠나버렸다.

아랍 문화권 국가로 파견되는 경우 현지 비즈니스 관행이 고객관리에 매우 중요하다는 사실을 인지해야 한다. 아랍 문화권은 대부분 종교가 이슬람교이고 왕정국가인 경우가 많다. 왕정국가가 유지되는 이유 중 하나는 국가가 국민들에게 안정적인 생활을 보장하기 때문이다. 아랍 문화권 국가들은 외국 기업이나 자국 기업에게 의무적인 인원 고용을 요구하는 경우가 많다. 왕족이나 귀족 자제들의 고용을 요구할 때는 일정 직위 이상을 요구한다. 따라서 실제로 전문적인 업무는 수행하지 않으면서 외부의 일에 주로 이들이 관여하게 되면서 비즈니스 미팅 시 담당자 외에도 많은 인원이 미팅에 참여하는 경우가 많다. 이 경우 이전까지는 모르던 고객이나 관계자라 할지라도 명함을 주고받으면서 일일이 인사를 나누고 미팅 시에도 상대방을 배려하여 중간 중간 미팅 결과를 요약하여 알려주고 의견을 물어보는 것이 비즈니스 관행이다.

사례 9. 경력 개발

다음 달이면 본사로 복귀 예정인 해외주재원 최 대리의 얼굴에는 먹구름이 가득하다. 해외주재원으로서 성과를 거두었다고 해서 본사로 귀임했을 때 자리가 보장되는 것도 아니고, 오히려 해외 파견 기간 중의 공백기로 인해 복귀 후 불확실성만 가중되는 것은 아닌가 걱정이 앞선다. 최 대리는 차라리 해외주재원으로 지원한 것에 대한 후회까지 들기 시작했다.

해외 근무 후 본사로 복귀 시에는 다양한 이슈가 존재한다. 우선 이전 업무를 맡아서 복귀하는 경우와 해외주재원 본인의 희망으로 업무나 소속회사, 부서가 변경되는 경우가 있다. 전자의 경우 복귀 시점에 따라 다르겠지만 되도록 본인의 경력과 의사를 반영해 해외 파견 전의 업무와 유사한 부서와 자리로 복귀하게 된다. 물론 본인이 원하는 자리가 없을 경우 100% 만족할 수 있는 복귀는 어렵다. 하지만 자리가 나는 대로 본인의 희망대로 이동할 수 있다.

후자의 경우 해외 근무를 통해 쌓인 경험과 경력을 가지고 해외 주재원 본인이 새로운 경력 목표를 세워 해외 파견 전과는 다른 회사나 부서로 전환 배치를 희망하는 경우이다. 이 경우에도 전자와 마찬가지로 100% 확신할 수는 없지만 최대한 본인이 희망하는 자리로의 복귀를 고려하게 된다. 정리하자면 해외주재원의 경우 해외 근무를 통해 얻은 경험과 경력을 활용하여 해외 파견 전의 업무와 다른 업무로의 전환이 가능하기 때문에 새로운 경력 개발의 기회로 활용해볼 수 있다.

사례 10. 적절한 해외주재원의 수

한국 관리자가 많다고 꼭 좋은 것만은 아니다. 경영관리에 1명, 품질관리에 1명, 이렇게 두 사람만 있어도 해외조직을 이끌어가는 데 아무런 어려움이 없다. 오히려 현지 채용인들의 전문성과 숙련도와 발전 가능성 등을 고려하여 한국인 관리자를 배치해야 한다. 또한 해외법인 현지 채용인들의 성향이 한국인 관리자에 대한 평판이 좋은지, 한국인에 대한 선호도가 어떠한지를 조사해서 관리자 수를 조정할 필요가 있다.

참고로 해외주재원을 몇 명 채용하면 좋은지에 대한 기준이 되는 것은 '경영 이익 나누기 신입 1년당 인건비'이다. 경영 이익이 1억 4,225만 원이고 신입 1년 차의 급여와 상여를 합한 것이 2,845만 원이라면 최대 5명을 채용할 수 있다.

사례 11. 본사 인재의 해외 파견

인도, 싱가포르, 사우디아라비아 등에 있는 해외조직에서도 서 과장을 해외주재원으로 파견해달라고 본사에 계속 요구하고 있다. 하지만 해외마케팅팀의 오 부장은 서 과장을 다른 부서에 뺏길까 봐 전전긍긍하며 그를 절대 내보내려 하지 않는다.

본사 임원이 또는 부서에서 특정 인물을 해외로 내보내지 않으려는 이유는 많다. 하지만 대부분 그 이유들은 한국에 남은 사람들이 보완하면 되는 부차적인 사안이다. 중요한 것은 회사가 왜 해외에 진출하지 않으면 안 되는지를 충분히 알리고, 그 진출 성공 여부에 있어 우수한 해외주재원의 역할과 책임이 얼마나 중요한지 인지시키는 것이다.

참고로 한국에서 임원들이나 인사 관리자들은 미운털이 박힌 사람, 또는 중국어를 좀 할 줄 아는 사람을 파견자로 선호한다. 하지만 이는 대단히 위험한 생각이다. 새로운 시장, 위험한 전쟁터에는 홀로 내보내도 견딜 줄 아는 노련한 사람이 필요하다. 즉 회사에서 능력 있는 사람, 경험이 풍부한 사람. 업무 지식과 지혜를 갖춘 사람을 보내야 한다. 회사에 적임자가 없다면 찾아야 한다. 그 회사의 핵심 가치와 문화를 이해하고 관리 역량을 가진 자를 구해야 한다.

사례 12. 자기 개발

중국 상해에 파견된 박 과장은 현지에 진출한 한국 회사들을 대상으로 B2B 영업을 담당하게 되었다. 하지만 중국의 내수경기가 위축되면서 거래하던 한국 기업들이 하나둘 철수하기 시작했고, 박 과장은 현지 중국 기업을 대상으로 B2B 영업을 맡게 되었다. 혼자서 100개가 넘는 현지 거래처를 상대하다 보니 박 과장은 늘 시간에 쫓겼다. 회식자리도 많아서 자기 개발이나 운동을 할 시간적 여유가 전혀 없었다. 결국 1년 넘게 다니던 중국어 학원도 그만두었고, 한 달 사이에 체중이 급격하게 불어났다.

건강에 이상을 느낀 박 과장은 다시 자기관리의 중요성을 깨닫고, 매일 한 시간씩 일찍 일어나 조깅과 근력 운동을 하기 시작했다. 그리고 이동 시간에는 차 안에서 중국어 공부를 했다. 현지 거래처 사람들은 일취월장하는 그의 중국어 실력에 깊은 인상을 받았고, 중국 현지 기업과의 거래량이 급격히 증가하기 시작했다.

해외주재원의 자기 개발을 위한 첫 번째 단계는 시간관리이다. 아무리 바빠도 시간이 부족하다고 생각해서는 안 된다. 시간은 자신이 만들어내는 것이다. 아침 시간을 최대한 활용하고, 이동하는 등의 자투리 시간을 통해 규칙적인 운동을 생활화하고 외국어 습득 및 현지 문화에 대한 공부를 지속적으로 해나가야 한다.

사례 13. 현지 인맥관리

김 과장은 러시아로 파견된 후 러시아 전체의 영업을 담당해야 하는 영업소장 역할을 맡게 되었다. 어느 날 우연히 현지 채용인 이반의 소개로 러시아 최대 여행사의 임원과 만나게 되었다. 그는 한국에 러시아 사람들을 보낼 만한 여행지에 대해 자문을 구했고, 김 과장은 조언을 아끼지 않았다. 이에 감명받은 여행사 임원은 김 과장에게 자신이 아는 러시아의 여러 임원급 관리자와 고위 인사들을 소개해줬다. 김 과장은 이 인맥을 바탕으로 전임자보다 더 많은 영업망과 거래처를 확보할 수 있었다.

효과적인 인맥관리는 업무에 도움이 되며, 본인의 발전을 위해서도 중요하다. 평소 적극적인 인맥관리를 위해 여러 부류의 지도층과 만나는 노력이 필요하다. 이를 위해서는 업무상 만나는 사람들뿐만 아니라 업무 외 인연이 닿는 사람들과의 인연도 소중히 여기며 서로 도움을 주고받을 필요가 있다. 경쟁 관계에 있는 회사의 주재원이라 하더라도 주재원 모임에 나가거나 다른 인연을 통해 서로 친분 관계를 쌓고 네트워킹을 형성하여 여러 정보를 습득하고 업무상의 시행착오를 배워나갈 필요가 있다.

사례 14. 해외주재원 가족 적응(배우자)

태국으로 파견된 지 얼마 되지 않아 권 과장에게는 큰 고민거리가 생겼다. 인수인계를 받고 처리해야 할 업무가 산더미처럼 쌓여 있는데 배우자가 이를 못마땅해 하며 외롭고 쓸쓸하다며 하소연했기 때문이다. 그러다 보니 권 과장은 야근을 해도 일에 집중이 되지 않았고 집에 혼자 있을 배우자가 걱정되었다. 해외주재원 선배 김 차장은 권 과장에게 뜻밖의 조언을 했다. 다른 한국인 주재원들이 종교생활을 권유하던 것과 달리 김 차장은 권 과장에게 배우자의 학업을 제안한 것이다. 평소 아내는 대학원 진학에 관심이 있었던 터라 곧 태국의 대학원에 진학하게 되었다. 그 이후 권 과장 아내는 학업에 몰입하고, 현지 친구들과 어울리면서 더는 외로움을 느끼지 않게 되었고, 4년 만에 박사학위를 취득했다.

배우자의 성공적인 현지 적응을 위해서는 부부 간의 진솔한 대화와 선배 주재원들의 조언이 필요하다. 실제로 권 과장의 배우자는 현지에서 학위 취득에 성공하였을 뿐 아니라 현지인 네트워킹도 권 과장보다 훨씬 나았다. 귀국 후에는 모 대학의 교수로 임용되기까지 했다. 배우자의 적응에 대해서는 종교 생활이나 한국인 주재원 모임 이외에도 학업, 부업, 취미 활동 등 다양한 방안이 있을 수 있으니 해외 파견 초기 업무에 대한 어려움이 많다고 하더라도 배우자의 적응을 도울 수 있도록 함께 힘써야 한다.

사례 15. 해외주재원 가족 적응(자녀)

최 과장이 처음 일본 주재원으로 파견되었을 때 그의 자녀들은 각각 3살과 4살이었다. 아이들을 어느 유치원으로 보내야 하나 고민하던 그는 한국어와 일본어를 함께 가르치는 건국유치원을 제1순위로 꼽았다. 재일교포들이 사금을 모아 설립한 곳인 만큼 한국어 교육에 치중하는 곳이었다. 최 과장의 동료들은 영어와 일본어를 가르치는 YMCA유치원으로 보내라며 성화였지만, 아직 아이들이 한국어에 익숙하지 않은 것을 걱정했던 최 과장은 아내와 동료들의 반대를 무릅쓰고 아이들을 건국유치원에 진학시켰다.

4년 반 남짓의 해외주재원 생활을 마치고 한국으로 돌아온 최 과장은 자신의 선택에 뿌듯해했다. 함께 일본 주재원 생활을 하고 돌아온 동료들의 자녀들이 한국어에 익숙하지 않아 학교생활에 잘 적응하지 못했던 반면 최 과장의 아이들은 별 문제 없이 잘 적응했기 때문이다.

교육은 가족의 요구에 맞는 곳을 선택하는 것이 가장 중요하다. 경험이 많은 전임자와의 상담을 통해서 주거지를 구하기 전 학교를 알아보는 것이 중요하지만 무엇보다 자녀에게 맞는 학교나 교육기관을 선정하는 것이 더 중요하다. 자녀들을 데리고 현지 학교나 교육기관을 탐방하여 자녀들이 선호하는 시설과 교육 프로그램을 가진 학교나 교육기관을 선택하는 것이 좋다.

아울러 한국에서 학교를 다니지 않았던 미취학 자녀들의 경우 자칫 모국어와 한국 사회에 대한 교육을 제대로 받지 못해 귀국 후 학교생활에 어려움을 겪을 수 있기 때문에 국제학교에 보낸다고 하더라도 한국어와 한국 사회에 대해 부모가 직접 관심을 가지고 지도할 필요가 있다.

사례 16. 해외에서의 비즈니스 관행

일본에서 주재원으로 있는 한 차장은 자신을 대하는 거래처 관리자 야쿠수마의 태도가 달라진 것을 보고 깜짝 놀랐다. 친근했던 태도가 차갑게 변한 것이다. 나중에 알게 된 사실이지만 일본 내에서의 비즈니스는 상대방에 대한 예의와 배려를 중요시한다. 한국과 다른 점은 일 년에 두 번 상대방에 대한 예의로 가벼운 선물을 해야 하는 날이 있다는 것이다. 첫 번째는 8월 한여름에 보내는 '오쭈우겐'과 신년을 맞이하여 보내는 '오세보'이다. 평소 비즈니스 파트너로 중요한 거래처와 고마운

분들에게 선물을 보내지 않으면 사칫 오해를 살 수도 있다. 야쿠수마는 한 차장이 자신을 중요한 파트너로 여기지 않는다고 생각하여 화가 났던 것이다.

한국에서도 설날과 추석에 전 직원들에게 특별 상여금을 지급하거나 명절 선물을 하는 소위 '떡값' 문화가 있다. 세계 어느 곳을 다녀도 이와 비슷한 문화가 있다. 한 차장이 파견된 일본에서는 일 년에 두 번 '오쭈우겐'과 '오세보' 때 평소의 고마움을 가벼운 선물로 표현한다. 그러다 보니 주요 거래처 리스트를 평소에 작성해두고 두 번의 인사치레는 꼭 챙기도록 해야 한다. 너무 비싼 선물은 상대방에게 부담을 줄 수 있으므로, 3,000엔 정도의 음료수나 다과 선물을 보내는 것이 좋다. 이런 관행이 때로는 부담스러울 수도 있고 거부감이 들 수도 있지만 현지 풍습을 이해하고 따르는 것이 좋다.

사례 17. 현지의 물가와 생활

개발도상국으로 파견되는 주재원들은 대개 한국보다 여유롭고 풍요로운 생활을 기대한다. 인도네시아로 파견된 정 과장도 이런 기대를 안고 자카르타로 떠났다. 하지만 막상 도착해 보니 자카르타 물가는 비싼 편이었다. 과일, 육류, 채소의 가격은 저렴하였으나 공산품의 가격은 한국보다 30~50%는 더 비쌌다. 특히 과자, 우유, 참치, 김, 라면 등의 한국 상품은 유난히 더 비쌌다.

루피화와 원화의 가치 비교에 서툴렀던 정 과장과 가족들은 주로 한국 슈퍼에서 장을 보았다. 한 달이 지나 가계부와 카드청구서를 보던 정

과장은 깜짝 놀랐다. 한국에서보다 씀씀이가 커진 것도 아닌데 소비 금액이 2배 정도 많았기 때문이다. 정 과장은 그 후로 물건을 살 때 루피화의 가치를 원화로 환산하며 일일이 가격을 비교하고 물건을 구매하며 소박한 생활을 시작했다.

개발도상국의 물가를 만만하게 보아서는 안 된다. 최근 동남아시아 국가들은 높은 경제성장률을 보이면서 한국 외에도 다양한 국가의 사람들이 진출하고 있고, 인프라가 제한적이기 때문에 이런 외국인들이 거주하는 지역은 몇몇 지역으로 제한되어 있다. 이에 따라 주거지의 임대료뿐 아니라 일반적인 물가가 한국 수준이거나 오히려 한국보다 훨씬 비싸다. 특히 한국 공산품의 가격은 상상을 초월한다.

그렇기 때문에 한국에서 현지로 이삿짐을 보낼 때 상품의 유통기한을 고려하여 6개월~1년 치 한국 공산품을 함께 보내는 것이 좋다. 생선이나 미역 등의 해산물만 아니라면 통관에 큰 문제가 없다. 1년에 한 번 본국으로 휴가를 갈 때나 출장을 갈 때도 한국 공산품을 챙겨오면 좋다.

사례 18. 현지 주거지 구하기

대만에 파견된 이 과장은 집을 구하는 것이 가장 우선이라는 주재원 선배들의 조언에 따라 파견되자마자 주거지부터 구했다. 이 과장은 홍콩 사람이 주인이고 중간에 대리인이 있는 아파트를 임차하여 4년 가까이 살았다. 귀임을 앞두고 아파트 임대차 계약이 만료되었고, 이 과장은 집주인으로부터 보증금(통상 2개월 치)을 돌려받으려고 했다. 그런데 집주인은 원래 집 상태와 다르다는 등 갖은 이유를 대며 보증금의 일부를 돌려주지 않았다.

평소 집주인과 좋은 관계를 유지했다고 생각했던 이 과장은 이 상황을 이해할 수가 없었다. 아무리 억울해도 당장 한국으로 돌아가야 하는 상황에서 소송을 진행하기는 어려울 것 같아 협상을 통해 1개월 치의 보증금을 돌려받는 것으로 합의했다.

해외에서 거주지를 구할 때는 가급적 한국인이 주인인 아파트를 임차해야 차후 분쟁을 줄일 수 있다. 차선책은 한국인과 거래를 많이 했던 집주인을 찾는 것이다. 주인이 외국인일 경우 중간에 대리인이 있는 집은 피하는 것이 좋다. 대리인이 중간에서 농간을 부릴 여지가 있기 때문이다.

주택을 계약하기 전에는 한국인 커뮤니티나 복수의 부동산을 통해 집주인이 임대차 계약 종료 시 상습적으로 보증금을 깎는 사람인지 아닌지 확인해보는 것이 좋다. 또한 주택의 상태를 꼼꼼하게 살펴 계약서에 남겨두거나 사진을 찍어 집주인과 공유함으로써 혹시 발생할지 모르는 갈등에 대비해야 한다. 계약 만료 전에는 아이들의 낙서 자국이나 파손된 집기류 등을 원상 복구시켜야 발생할 보상을 최소화할 수 있거나 예방할 수 있다.

사례 19. 건강관리

중국으로 파견이 결정된 신 대리는 태어난 지 100일이 갓 넘은 아이를 데리고 외국생활을 시작하는 것이 마음에 걸렸다. 한국에서 1차 예방 접종을 일부 마친 후, 중국으로 가 2차 접종을 하기 위해 백신이 있는 병원을 찾아다녔다. 2010년 중반까지는 백신이 비싸긴 해도 접종이 가능했다고 하는데, 도무지 접종이 가능한 병원을 찾을 수가 없었다.

결국 신 대리는 배우자와 아이를 한국으로 보내 추가 접종을 하도록 했다. 중국의 의료 체계를 못 미더워하던 배우자는 아이의 건강 문제를 내세워 한국에 남기로 결심했고, 신 대리는 혼자 중국에 남아 주재원 생활을 하게 되었다.

중국에 있는 외국 병원은 1차 접종부터 하지 않으면, 원하는 약을 구하기 힘들다. 중국 보건소의 수입 약 리스트를 찾아 한국의 소아과와 비교 및 대조 후 호환이 가능한 백신을 확인하여 접종하는 것이 좋다. 만약 중국 보건소에도 호환되는 백신이 없을 경우 일본계 병원에서 확인하여 접종하는 것도 방법이다.

중국의 약품을 믿지 못해 무조건 수입산 백신만 고집하기보다는 좀 더 열린 마음으로 중국산 백신을 고려해도 좋다. 한국에서 접종하는 일본 뇌염 등의 백신은 중국산이다. 해당 행정구역 내의 보건소에서 중국 백신으로 순차적으로 접종한다면, 불필요한 자원 소모와 스트레스를 피할 수 있다. 또한 최근에는 대도시를 중심으로 한국어 사용이 가능한 병·의원들이 늘고 있다. 해당 도시에서 발행하는 교민 잡지 또는 온라인 커뮤니티를 통해 안내를 받거나 전임자들에게 조언을 구하면 된다.

사례 20. 현지 채용인 이직

이 차장은 10여 년간 중국업체와 거래를 해온 회사 내의 '중국통'이다. 그래서인지 사람들은 이 차장의 중국 발령 소식에 별로 놀라워하지 않았고, 가서 잘할 것이라 생각했다. 하지만 출장이나 단기 파견을 가는 것과 주재원으로서 업무를 수행하는 것에는 많은 차이가 있었다. 그중에 가장 힘든 것은 사람 관리였다. 이 차장이 부임한 지 한 달도 되지 않아 현지 채용인 3명이 그만두었고, 3개월 후에는 이 차장이 가장 신뢰하던 조선족 윤 씨마저 사직서를 내놓았다. 당황한 이 차장은 그들을 붙잡으려 했으나 자신이 정당한 수준의 급여를 받지 못하고 있다며 이직의 뜻을 굽히지 않았다.

이 차장은 주재원이 비단 업무 수행뿐 아니라 중국 문화를 이해하고 조직관리를 잘하는 것이 중요하며, 강압적 지시가 아닌 충성심을 갖고 현지 채용인들이 업무할 수 있는 조직 문화의 정착이 중요하다는 사실을 깨달았다.

중국에서는 한국과 달리 자주 회사를 바꾸며 몸값을 올리는 고용 문화가 있다. 그러다 보니 인원 채용 시 많은 수의 사람들이 지원하지만 대개 쉽게 이직을 한다. 또한 희망 급여 대비 업무 능력 및 태도가 천차만별인 만큼 좋은 인원을 선별하기가 어렵고, 직원에게 추가 업무를 주면 거부하거나 급여 인상을 요구, 혹은 퇴사해버리는 경우가 많다.

따라서 서류 전형 시 회사를 자주1년 이내 옮긴 사람, 희망 급여가 높은 사람은 제외하고 면접을 진행하는 것이 중요하다. 면접 진행

시에는 중국 현지인을 면접관으로 참여시켜 현지인의 시각에서 판단할 수 있도록 하는 것이 좋다.

근무 시에는 중국 문화에 맞게 정시 출퇴근을 준수해주어야 한다. 야근 업무는 지양하며 특별히 바쁜 경우는 사전 양해를 구해 자발적으로 근무할 수 있는 분위기를 만들 필요가 있다. 노동 계약서를 작성할 시 업무 범위에 대해 구체적으로 적어놓아야 향후 노사분쟁에서 법적인 책임을 지지 않을 수 있다.

사례 21. 현지 커뮤니케이션

송 부장은 멕시코 신규 진출 결정과 함께 현지로 건너가 공장 설립 작업에 매진했다. 그런데 한국에서 생산설비를 수입하는 과정에서 문제가 발생했다. 비용 절감을 위해서는 관세를 면제받아야 했는데, 기술자 출신인 송 부장은 이에 대한 정보도 경험도 없었기 때문이다. 결국 멕시코 세관 담당자에게 도움을 요청하게 되었다. 송 부장은 선물을 준비해서 통역사와 함께 세관 담당자의 집으로 찾아갔다. 그런데 예상치 않게 담당자의 태도는 냉랭했다. 송 부장은 아무 성과 없이 발걸음을 돌릴 수밖에 없었던 이유를 현지인 친구에게 들을 수 있었다. 멕시코의 중앙 파견 공무원은 자존심이 강하여 대표자 외 주위 사람들을 무시한다는 것이다.

송 부장은 그 다음 날 다시 세관 담당자를 찾아갔다. 처음에는 초보 수준인 스페인어로 대화를 나누다가, 세관 관련 용어가 너무 어려워 영어로 대화를 이어갔다. 담당자는 아주 흔쾌히 관세 면제를 승인해주었다. 그 이후 담당자와 친해진 송 부장은 저녁식사에 초대되어 그의 아내와 이들을 만나게 되었다. 담당자는 총 무결을 사측에게 영어를 매우 잘한다며 소개했다. 직접 총 무결이 영어 수준은 간단히 인사할 다룰 수 있는 정도였다.

통역이 반드시 모든 것을 해결해주지는 않는다. 통역을 믿고 활용하기보다는 현지어나 영어를 통해 직접 해결해야 할 필요가 있다. 개발도상국의 일부 핵심 부서는 지방 정부의 통제를 받지 않는다. 검찰, 세관 등이 그러한 부서의 공무원들인데 이들은 매우 자존심이 강해서 대표자 외의 통역자나 현지인들을 대화를 통해 협의를 하려고 하지 않는다. 대화 내용도 전문적인 분야를 많이 다루기 때문에 통역이 잘 안 되는 사례도 있다. 만약 해당 주재원이 현지 언어 구사가 안 될 경우 양해를 구하고 영어를 사용해도 무방하다.

파견부터 귀임까지
해외주재원 A to Z

개정판 1쇄 발행	2021년 01월 25일
개정판 3쇄 발행	2023년 10월 23일

지은이	박성민·리상섭
펴낸이	신민식
펴낸곳	가디언
출판등록	제2010-000113호
주소	서울시 마포구 토정로 222 한국출판콘텐츠센터 401호
전화	02-332-4103
팩스	02-332-4111
홈페이지	www.sirubooks.com
이메일	gadian7@naver.com

ISBN 979-11-89159-87-0(13320)